叢書・ウニベルシタス　1080

フェリックス・ガタリ

危機の世紀を予見した思想家

ギャリー・ジェノスコ
杉村昌昭・松田正貴 訳

法政大学出版局

First published by Pluto Press, London. www.plutobooks.com
Japanese translation published by arrangement with Pluto Books Ltd.
through The English Agency (Japan) Ltd.

フェリックス・ガタリ――危機の世紀を予見した思想家◉目次

フェリックス・ガタリ——危機の世紀を予見した思想家

凡例

一　本書はGary Genosko, *Félix Guattari: A Critical Introduction (Modern European Thinkers)*, Pluto Press, 2009の全訳である。

二　『　』は原書の書名イタリック。

三　傍点は原書の強調イタリック。

三　「　」は原書の引用符。

四　（　）［　］は原書に準じる。

五　〔　〕は訳者による補足。

六　原注と訳注はそれぞれ行間に通し番号（1、2、3……）、（訳注1、訳注2、訳注3……）を付して巻末にまとめた。

序　章

本書のあらまし

フランスの活動家にして思想家、フェリックス・ガタリ（一九三〇―一九九二）といえば、哲学者ジル・ドゥルーズと共同で本を書いていたことが真っ先に思い浮かぶかもしれない。六八年以降のフランス思想界において、資本主義と分裂症という広範なテーマを論じたあの一連の革新的な著作のことだ。とはいえ、ドゥルーズとの共同執筆はガタリの一部にすぎない。二人だけ名前を挙げておくなら、アントニオ・ネグリやエリック・アリエズといった哲学者とも彼は共同でプロジェクトを組んでいたのである。紆余曲折はあったものの、ガタリは結局、精神分析の道を選び、ジャック・ラカンの薫陶を受ける。のちにラカンとは激しく対立することになるのだが。クール゠シュヴェルニにあるラボルド精神病院では、ラカン派精神分析医ジャン・ウリとともに働いた。ラボルド精神病院はもともと神話のベールに包まれた民営の診療所で、成人してからのガタリにとって、そこは恐怖と知性に満ちあふれた場所だった。ラボルドでは彼も個人診療を行なっていた。一九九二年、このラボルドでガタリは亡くなった。享年六十二歳。パリのペール・ラシェーズ墓地に埋葬されている。マリー・ドゥピュセの回想によると、ガタリが亡くなった八月二十八日の午後は、いつもどおりのミーティングからはじまった。ミーティングでは、多くの患者が自分の気になるところを述べ、ガタリがそれに応答するという形になっていた。そのようなやりとりを煙たがる者や参加できない者までをなんとか誘いだそうとガタリは策を練っていた。

フェリックスはその夜に亡くなりました。

彼がいつも考えていたことは、話をする患者、もっとも引きこもりがちな患者、譫妄状態の患者、そういったグループのあいだにも対話は起こりうるということです。彼が言っていたのは、特定のグループではなく、「人間の有限性のもっとも完成されたイメージを表面化させることができる」人々のことです。「自分自身を引き受けようとしても、それはつねに奪い取られてしまう。自らの死よりも容赦のない審級において、つまり他者の存在に囚われることによって。」

翌日、談話室でウリがフェリックスの死を伝えると、患者たちは声をあげて泣きました。「そういうことを教えてくれてありがとう」と彼らは言いました。そのお返しに、その夜は、眠れずに徘徊する患者も多かったとはいえ、みなとても優しくて思いやりがあり、物音ひとつ立てませんでした。静かな夜でした。(1)

ガタリは何でもやってみるタイプの人間だった。若い頃から極左グループの常連で、一九四〇年代後半には郊外の好戦的なトロツキー主義者になっていた。フランス共産党の怒れる若き党員たちには、危険な「チトー主義」の宣伝者[2]（つまり反ソヴィエトの帝国主義者）というレッテルを貼られていた。そのような党員たちをガタリはパラノイアのようなものだと考えていた。忘れ去られ、失われた良き理想をガタリは数多く支持した。ヨーロッパでも、それ以外の地域でも、ガタリは社会や政治が前向きに変わっていくことを求めて発言し、衆目をあつめた活動家だった。活動の拠点は大学ではなかった。社会が大きく動いたことで大学が混乱に陥ったり、学術的な知識が社会にうまく浸透しなかったことで大学が動揺していたり、社会的変化によってこの象牙の塔の特権が損なわれたときなどは別だが。ガタリの拠点はまず小さな雑誌（一九五〇年代にトロツキー派のパンフレットからはじまったもの。ガタリも匿名で執筆していた）、領域横断的研究グループ、社会実験、さらには公共の場での抗議活動などであった。明確な政治意識をもった知識人として、ガタリがモデルとしていたのはジャン゠ポール・サルトルだった。サルトルの人気に陰りが見えはじめ、アンガージュマンについて語ることじたいが挑発行為となっていた時代だった。ただ、ガタリは自分が影響を受けた人物を数多く引きあいに出すので、彼を単なるサルトル主義者とみなすこともできない。ガタリはさまざまな世界を渡り歩いていたのである。ソルボンヌ大学では哲学専攻の学生であり、コミュニズムの周辺ではユーゴスラビアや中国にも足を運んだ政治活動家であり、さらに一九五四年までは構造主義的なラカン派精神分析学を熱心に信奉していた（ソムリーの精神病院ではジャン・ウリと数百時間かけて語りあった）。かつてガタリは自分のことを、それほどレーニン主義的でないレーニン主義者だと述べたことがある。中央集権主義など信用しておらず、むしろ愚かなことだと言っていた。労働者階級とかかわろうとしない組織集団――プロレタリアを糸であやつる十人の賢人たち――も同じく愚かだと思っていた。この点、自分のことを「ボルシェヴィキというよりむしろヒッピー〔ときには仏教徒〕[3]」だと述べていたイタリアの友人フランコ・ベラルディと似ていなくもない。ガタリは自分のトロツキー主義を「両義的」だと考えていたのである。[4] さらにユースホステル運動もまたもうひとつの重要な問題だった。この運動を通じて「若きホステル仲間〔アジスト〕たち」と結んだ友情、これについてガタリが曖昧な態度をとることは決してなかった。たとえば、一九六〇年代初頭、ガタリは、一種のマオイストだったこともあり、「中仏民衆連帯委員会」(Comité d'initiative pour une association populaire franco-chinoise) の創設を旧友ジャン・ボードリヤールとともに支援していた。[5] その機関誌*Bulletin d'Information*はきわめて短命だったが。

一九六〇年代の中頃には、ガタリはすでに一連のすばらしい概念を打ちだし、制度の内部でいかに治療を行なうかという問題に取り組んでいた。『精神分析と横断性』(一九七二年) では、精神分析のいう無意識の限界を明らかにしている。無意識は、社会的領域や歴史に浸透しているものであって、患者個人に治療を施す専門家たちによってあれこれ言われる筋合いのものではないと論じたのだ。ガタリにとって、主体は異質混淆的な構成要素が集まったもの、あるいはその集合的編成だった。オイディプス神話や数学的記号、つまりラカンのいう「マテーム」[6] の厳密な (といわれる) 使用、さらに部分対象 (全体を欠いた部分的な対象ではない) などという普遍的で抽象的な定量や、モナドとしての個人、そういったものとは別に、集合的編成の形成は集団的な生の実際の移り変わりを批判的に分析することで見えてくるものなのだ。患者はそのような集団的生のなかに自らを見出す。サルトル流の集団理論が生まれ、主体集団 (自分で決めた計画を積極的に実行する) と従属集団 (指示をひたすら受け入れる) とが非‐絶対的に区別されるようになった。主体集団と従属集団、それぞれが、社会の動きに対する個人の関係を左右し、主体形成のための力を生みだすのである。

『精神分析と横断性』所収の型破りなエッセイは、一九五五年から一九七〇年までに書かれたもので、そこにはジャーナリズム的論考、自伝的省察、立場表明などが含まれている。そのうち中心となる理論的なテクストは一九六四年から一九六九年まで、つまり決定的な理論的介入があった二つの時期のものである。ひとつは、制度の内部で横断性という概念を作りあげていった時期であり、もうひとつは、言語構造を批判的に捉えようとした時期である。構造主義的な思考のなかですでに作用している破壊的な機械をガタリは目敏くも「発見」したのだ。これをうまく展開すれば、主要な構造原理を揺るがすことになる。『意味の論理学』のなかでドゥルーズが行なった構造主義に対する批判をガタリは読んでいたから、そのおかげもあるだろう。(7)

ガタリのいう「スキゾ分析」の基礎となったのは『機械状無意識』(一九七九年)である。知的円熟期を迎えたガタリは、自分のことをもはや精神科医とは見なさなくなっていた。ラカンの遺産を保守しようとする専門家たちのエリート主義に対する批判はもちろんのこと、師匠ラカンとの確執も同様に激しくなっていた。ガタリは「スキゾ分析」という用語をつくり、心の問題に取り組む自らの考えを方向づけようとした。「スキゾ分析」は、そのような心の問題を具体化する諸々の制度や、心の問題と密接にかかわる社会的風潮、そういったものを背景に打ちだされた解決策だったのである。要するに、ガタリが関心を持っていたのは個人の心から解き放たれた無意識、すべての人がかかわっている無意識、精神分析理論の解釈マトリックスに制限されることのない無意識だった。去勢、オイディプス、心の発育段階、さらに数々の抑圧、そういったものの名のもとに、精神分析理論は欲望を不当に扱ってきたのである。ガタリにとって無意識は、あらかじめ用意された解釈格子のなかに閉じ込めて分析できるものではなかった。言い換えるなら、ガタリは、欲望と機械とを欲望機械という形で統合して、肯定的に生産的に無意識を捉えようとしたのである。一九六九年にガタリが導入したこの概念は、一九七二年、ドゥルーズとの共同執筆による名著『アンチ・オイディプス』のなかでさらに突っこんだ形で探究されることになる。よく知られているように、初期ガタリの著作に見られる破壊的で感染性のある機械は、いったん欲望と結びあうともはやその欲望の作用をどうすることもできなくなり、集合的無意識という工場のなかでその構成要素を生産し、再生産しつづけるようになる。機械は、特定の対象を持つことへの誘惑、禁止という欺瞞、意味作用というくびきから欲望を解き放つのである。

スキゾ分析には、意味をめぐる言語中心主義的な理論に対する実践的で詳細な記号論的批判が必要となる。そのため、無意識は言語のように構造化されているという主張を徹底的に退けることになる。またスキゾ分析は、具体的な状況や生活の苦境といったものを、政治的に改善し、暫定的に置き換えていくものでもある。スキゾ分析家のミクロ政治的な任務は、とりわけ構成要素の主体的編成や特定の要素が変異する可能性を見極めることであり、さまざまな袋小路を突破し、冗長なものを遠ざけたり弱めたりすることで、特異性を生みだしたり、引きだしたりしながら、諸々の集合的編成と環境のあいだ、あるいはその内部にある通路にどのような力があるのかを調べることである。「同じ複合体、あるいは同じ普遍的〈マテーム〉を無限に追い求めるというよりも、分裂分析的地図作成法は、現実のなかに無意識を求め、無意識でもって実験するものとなるだろう(8)。」

ミクロ政治的スキゾ分析は、表現の問題にともなう脱言語化された複数の雑多な記号論的線の流れを、それぞれの通路に特有の仕方で地図化する。どの種類の記号もつねに動いている。それは単なる言語的なシニフィアンではないのだ。リゾームは抑圧的な樹木状の構造体から解き放たれる。樹木的思考は序列的で、幹を中心に根、枝、茎、葉が配される。一方、リゾーム的思考には中心がない。異質なもののあいだにいつでも関係が生じうるのだ。スキゾ分析家は、空虚な官僚主義から逃れようとするもっとも小さくて複雑な、つまり分子‐リゾーム的な線を追跡する。新しい機械的接続と中断を、その形成レヴェルがどうであれ、導入し社会的領域にもたらす手段を見つけだすのである。

分子状のものを重視するということは、創造的で対抗的な逃走を特別に扱い、いわゆる専門家の中立性――かつてフロイトは外科医の「冷淡さ」[9]をそのモデルと考え、ラカンにとってそれはブリッジにおける「ダミー」の札のようなものであった[10]――を回避するような社会‐政治的分析が必要になるということだ。さまざまな構成要素を編成する生産的な結合性、これがガタリのいう機械である。個々の構成要素は、いっせいに動いているにもかかわらず、ひとつの全体を作りあげることはない。左翼的な委員会のひとりの若き活動家として自ら経験したことを踏まえ、ガタリはまず集団という社会学的概念からはじめる。ただ、面倒なことに、当時の左翼的委員会は自分たちの特異性（「わがグループ、わが反対勢力[11]……」）にあまりにも傾注しすぎたことで袋小路に陥っており、リーダーとそれに吹き込まれた教え――各人が自ら担う役割はもちろんだが――のイメージ（および幻想）をとおして集団的アイデンティティを間違って引きだそうとしていた。やがてガタリは、革命的な主観性（集合的「小集団《グルプスキュル》」）という新しい表現形式を生みだす戦略に向かうことになる。党や家族は、この新しい形式のモデルにはならない。ましてや個人がそのモデルになることは決してないだろう。ガタリにとって、これまでの革命理論は、闘争のこのような次元をあまりにも軽視するものであった。そしてこのことが、ガタリにとって、もっとも重要な問題となってくるのだ。

『精神分析と横断性』を読むと、ガタリがラカンに対して負っていたものがいかに深かったかがよく分かる。機械状無意識に最初に手をつけたのはラカンだった。ラカンがうっかり手をつけてしまったところ、それがガタリにとってもっとも大きな恩恵となる。ラカンの対象ａをガタリは対象機械ａという形で打ちだしなおす。そこには二つ理由があった。ここでいう対象は、その機能の仕方がすでに機械であって、はじめにひとつの切断をもたらすものだ。欲望の動機（欲望の力学）として主体を疎外するのである。次に、この対象は欠如（つねに失われているかぎりにおいて）を象徴するものであるため、それじたいから切り離されており、また取り戻すこともできない。それは隠れた財宝のようなものかもしれない。それが何かは誰も知らないにもかかわらず、探しだしたいという気にさせるものなのだ。つまりそれは、ヒッチコック映画のマクガフィンのような欠如の象徴化である[12]。対象機械ａをコンピューターのコードにおけるバグのようなものと考えてもいい。本当に修復が必要な問題かどうかはさておき、そのようなコードを書き換え、改善することがひとつの口実となり、ハッカーの欲望を動機づけ、プログラミングの達人たちが技を競いあうためのアリバイになるということも加味しなければならないが。

ガタリはこの小文字のａに脱中心化作用を引き起こす不均衡な機械の力を見ている。安全で確かな避難所を取り戻すことで、主体がこの脱中心化作用から回復しようとしても不可能なのである。ガタリがいうように、「対象ａは、地獄機械のように、個人の構造的なバランスを吹き飛ばす[13]」。ガタリにとって対象ａは意味作用の外にあり、そこにないもの、それはつねに新たな幻想に見せかけて帰ってくるひとつの機械なのだ。二〇〇〇年問題への備えなどがそうであったように、それがまったく芝居じみた災難を引き起こす場合もある。

ガタリは、小文字のａを欲望の動機と定義づけるラカンに対抗し、それを主体の欲望の機械的表象と呼ぶ。「機械の本質は、まさに代理表現としての、〈微分器〉としてのシニフィアンを切り離すこの作用にある。それは因果関係の切断であり、構造的に作り上げられた物の秩序にとって異質なものなのだ」[14]。欲望する主体－機械というこの結合によって、主体の位置が「機械の横に」[15]置き換えられるのである。最終的にこれが欲望する機械となる。ただ、ガタリが集合的主体という概念を構想するようになると、欲望を機械で表象するというこの発想は結果的に放棄されてしまう。集合的主体は、それぞれの機械を表象の重荷から「解き放つ」。「こういったものを表象する必要はない。そういうことは工業機械のほうがうまくやる！」[16]重要なのは、このような初期のころのラカン派ガタリが、欲望する主体については論じずに、欲望がどこに「ある」のかを明確に打ちだしていたということだ。欲望は主体のなかにあるのではない。主体は機械と並行して、あるいはその横にある。無意識は工場とか実験室のようなものであり、機械はそこにある欲望に侵入してくるのである[17]。

　機械という概念は、ラカンの影響を免れるためにガタリが用いたメカニズムだとひねくれ者は言うだろう。ガタリはラカン主義をずっと軽蔑しており、ラカン派によく見られる不介入の倫理全般をはねつけた。そのような不介入の倫理には、社会的公正の問題を追跡できなくさせる非規範的な手段や中立的沈黙がはびこっていたのだ。それでも、構造言語学的な帝国主義（「帝国の言説」[18]）は完全に退けられたとはいえ、グラフや図表、ノット、アルゴリズムといったラカンの遺産は、ガタリの『機械状無意識』やその後の著作に配されている多様なダイアグラム〔図表〕にもはっきりと見受けられる。実際、『アンチ・オイディプス』では、ラカン思想は一貫して賛美されているのだ。ラカンの思想は弟子たちによってその深層的複雑さが損なわれ、言語学やオイディプスの自己批判的展開が失われてしまった――オイディプス化するラカン主義の解釈[19]――という見解は『アンチ・オイディプス』にも見られる。

『分子革命』(一九七七年)には二つの版があるが、そこでは、さまざまな言語学的‐哲学的ルーツが手直しされ、「記号論的多極主義」を論じるのに適した高度な記号論的方法が示される。一方に超自我があり、もう一方に社会《ソシウス》があるというようなすっきりとした二分法でもって、広大な無意識の領域を根本から分析するためには、そのような高度な記号論的方法が必要なのである。イタリアにおける社会的・政治的展開、とくに一九七〇年代後半、左派の文化集団や社会集団、反主流派らが自由に連携したアウトノミア運動に関する論考において、ガタリは、彼の言う「一般化した革命」のなかで、集団行動の新しい分子的形態が党の形を越えてどのように生じうるのか、という点に着目している。最終的に、アリエズやネグリと共同で書いた著作のなかで、ガタリは移り変わりゆく資本主義の特徴について論じ、「特異性を繰り返し肯定しつづけるもの」[20]という新しい意味でのコミュニズム(自由と自治)をとおして、資本主義に抗うための見通しを立てようとした。直接的にはイタリアでの体験が影響していた。イタリアでは極左的な政治文化が発達し、反対勢力がひとつになって武装闘争を繰り広げ、それに対して国家が大規模な鎮圧を行なったのだ。

重複が見られる『分子革命』の二つの版には、主観性の形成というレヴェルで分子革命を論じているエッセイがあり、そこでは重要な区分や新しい概念が紹介されている。ガタリは、反精神医学にかかわった主要な人物やその謎めいた思想に批判を加えながら、それと自らがどうかかわったのかを慎重に描きだす。つまり、一九七〇年代半ばにヨーロッパで起きた精神医学に対するオルタナティヴ運動のなかに自らを位置づけているのである。精神医学に対するオルタナティヴの成果と関連づけながら、ガタリはシネマの理論を構築する。仲間を呼び寄せる力のある狂気のシネマにガタリは関心を持っていたのだ。狂気の特異性を探究することによって、狂気のシネマは、そのような仲間たちに新しいやり方で考え、感じるよう促す。さらにガタリは、機械状資本の理解に向けた独創的な記号論を生みだした。機械状資本は一種の部分記号で、自律的に機能する。マウリツィオ・ラッツァラートがいみじくも指摘しているように、[21] それは機械を介して頻繁にやり取りがなされる日常生活に蔓延しているものなのである。機械を介した交渉のなかに主観性が参入し、そこに従属することになるのだ。重要なのは、ネットワークとその技術的な構成要素――一種の中継装置として主観性のコード化、制御、監視を促す――に対するこのような主観性の機械状隷属は、非シニフィアン記号によって作用するということである。非シニフィアン記号は、入力点と出力点を開いたり閉じたりする情報の動きのような諸々のプロセスを機能させる（それは意味するというより、作用する）。ガタリの洞察が独創的で、今日でもなお価値があるのは、このように記号論と政治学とを結びつけたからだ。機械状の主観性は主体の不在である、と主張するガタリの読者もいる。彼らは「個人主義における究極的な本質としての主体という昔ながらの概念を粉砕し、それじたいを個人よりも〈まえ〉にあるものとして、それを完全に〈越えた〉ものとして捉える」[22] のである。主体ではなく、主体化があるのだ。それは、心的なものや言語の機能によって固定化されるプロセスではなく、欲望によって、さらには特異性の増大によって導かれ、連接的なリフレインで奏でられるプロセスなのである。ますます機械状になりつつある環境が一連の構成要素をもたらし、それによって主観性が生成してくるのである。そのような機械状の環境が新しい編成を生みだす力は、言表行為そのものに先行する一定の立場がなくとも、求められ、発せられる。フランコ・ベラルディが言うように、こうしてスキゾ分析は主体化のポストヒューマン的語用論となる。わたしたちがそれぞれ作りあげる特異な地図を住むに適した状態にし、一貫さ

	表現	内容
可能的	機械状系統流	非物質的宇宙
現実的	流れ	実存的領土

せ、共有できるものにすること、それがスキゾ分析の狙いである。[23]

『分裂分析的地図作成法』（一九八九年）や『カオスモーズ』（一九九二年）では、自己を発生させる主体化プロセスの非－表象的地図について詳しく論じられている。無意識の四つの存在論的機能、接続、さらにはその構成要素の性質によって、さまざまな特異性がどのように結びあうのかを実践的に扱うものだ。本書では、ガタリの存在論について細かいところまで踏み込むことはしないが、そのような無意識の存在論的機能が、ひとつの水平な線とひとつの垂直の線によって均等に分けられた四角形で示されている点については、ここで少し触れておきたいと思う。この存在論的四角形は四つの等しい領域から成る。左下の領域には物質－エネルギーの流れがあり、左上には機械状系統流[訳注1]とそのさまざまな技術的構成要素がある。右下には主観性の実存的領土（人間と人間でないものと無生物の）があり、右上には非物質的な宇宙があり、そこには価値、評価基準、他者との関係、美的経験、ユートピア、空想などが含まれる。この四角形の左側（流れと系統流）には、テクノロジーと物質の機能が言説的に示され、右側（領土と宇宙）には、倫理や美といった事柄や多くの質的な問題が非言説的に示される。ガタリの存在論を読むためのひとつの方法は、体系的な力（テクノロジー‐科学）と主観性（芸術）との出会いについて考えてみることだ。この両者の出会いについてはもう少し説明が必要だろう。

ガタリは、「表現」と「内容」といった記号論の用語をデンマークの言語学者ルイス・イェルムスレウから借用しながら、四角形の左側と右側についてそれぞれ論じている。このように用語を割りふることで、両側が互いに相互依存的な関係にあるということが分かるようになる。両者の関係は純粋に形式的なものなのだ。表現が内容よりも上にくるということはない。シニフィアンがシニフィエよりも上位にくるというようなことにはならないのだ。ただ、イェルムスレウは表現と内容のレヴェルをさらに定数（表現と内容の形式）と変数（表現と内容の実質）に分けようとするが、ガタリは流れや領土といった下側の機能を現実的とみなし、系統流や宇宙といった上側の機能を可能的とみなす。このように左から右へ、下から上へと読んでみると、現実的‐表現と現実的‐内容の四分円は流れと領土、可能的‐表現と可能的‐内容の四分円は系統流と宇宙ということになる。単純化していうなら、貨幣の流れ、リビドーの流れ、記号の流れといった現実的‐表現の流れは、さらに現働的とも呼ばれる。そういった流れは必要性や物質性とかかわるものだからだ。現実的‐内容の領土は、実存の感情的（情動的）次元とかかわり、いまだ有限の潜在性（現実化されていない力）が強く備わっている。そのため、他の部分に比べて、この領土はいっそう異質混淆的になるのだ。機械状系統流では、テクノロジーが、複雑に絡みあった不可逆的発展のなかで、選択、削除、冗長化（消滅せずに、収集的文化のなかで生きのこる）といった一種の進化のドラマを展開する。機械状系統流における可能的‐表現の組みあわせは、実際に可能なものをやや混沌としたプロセスのなかで引きあわせるのだ。もっとも興味深い編成は、非物質的宇宙という可能的－内容である。ここで、可能的なものに求められるのは、それぞれが互いに本当の意味で開かれ、集まるような特異性への道を示すスキゾ分析的助産術である。宇宙はもっとも開かれており、もっとも抽象的で、まだ現働化されていない諸機能の力がもっとも豊かなのだ。このことはまだあまり知られていないのだが。宇宙は純粋に潜在的なもので、それじたいに意味は何もない。それは作動させねばならないものなのだ。ガタリは、流れ、領土、系統流、宇宙の四角形でもって、それに見合った特性と媒介手段とを交差させながら、四つの側面をもつ記号、つまり複合的記号論の動的編成というまったく新しいものを作りあげたのだ。スキゾ分析の記述に区切りをつけるために、ガタリはこのような概念を用いたのである。

あるひとつの状況において、スキゾ分析家は、主観性がプロセスとして、また表現として現われ、その構成要素が流れによって操作され、規模の大きな変化をこうむる際に、現われと可能性のあいだで物事が実際にどのように機能しているのかを注視する。そのなかで、非物質的潜在性のようなものを識別しながら、右側と左側とを（二つの方向性をもつ交通でもって）橋渡ししようとするのである。このような機能とその相互関係を活用しながら、ガタリは自ら「メタ－モデル」と呼ぶものをダイアグラム化する。「メタ－モデル」は「自己参照的言表行為[24]」の特殊性を保持するのである。これは判読可能な星座的布置、つまり大なり小なり首尾一貫したひとつの宇宙のなかに現れるさまざまな構成要素が一貫性を帯び、あるいは結晶化するようになる主観性の自己定位について論じるものだ。ガタリの問いは驚くほどシンプルである。主観性はどのように自らをひとつの実存的領土として発生させるのか。どこかで具体化される（だけでないにしても）ような、計画と展望のこの集まりをどうすれば地図化し、ダイアグラム化することができるのか。物質の動き（流れ）を妨げず、また連接関係

（系統流）を無視せずに、新しい展望（宇宙）を開く力のある何らかの要素（特異性）を丁寧に引きだすような仕方でその地図を作成し、ダイアグラム化するにはどうすればよいのか。

人生においても、著作においても、複数の分野をいかに横断するか、ガタリにとってこれはつねに重要な問題だった。社会的な活動、制度的な関与、集団療法における精神病患者や個人診療の患者たちへの分析的治療、さらに哲学書や小説も書きながら、さまざまな分野を横断していく彼自身の自己モデル化をとおして、ひとつの独特な分析方法が生まれてきたのだ[25]。この分析方法の顕著な特徴のひとつがダイアグラムの増殖である。

『分裂分析的地図作成法』や『カオスモーズ』の読者のなかには、スキゾ分析家は何をしているのかと問う者も少なくないだろう。もっと言えば、ガタリ以外にスキゾ分析家はいるのか、と。二つ目の問いに対しては、おそらく答えはノーである。少なくとも今のところは。ただ、一つ目の問いは少々ややこしい。メタ‐モデル化という言葉でガタリが何を言おうとしたのかを考察する必要があるからだ。この二つの理論的なテクストはメタ‐モデル化の機能に関するものである。ガタリの考えでは、ダイアグラムは図形記号に還元することができない。というのも図形記号はあらかじめ設定された座標のなかに組み込まれた状態で、別に必要でも何でもないような特定の意味が付されてしまうものだからだ。一方、ダイアグラムは非‐表象的なものである。地図を作るたびに地図の内容がアップロードされるのだ。つまりダイアグラムが意味を与えるのである。ダイアグラムをとおして、モデル化からメタ‐モデル化への道が開かれる。この通路《パサージュ》は、表現のレヴェルから内容のレヴェルへと通じる道以外のなにものでもない。ダイアグラムにこのような生産力があるということは、つまりメタ‐モデル化には新しい基準を生みだす力があるということだ。それは機能するものであり、物事をひとつにまとめる力があり、意味など必要とせず、むしろそれをただ大量生産する。ダイアグラムはモデル（表現の側で、思考をつかさどっている現行の座標）を動かす。はずみがつくと、それは潜在的な力に満ちたメタ‐モデルとなる。メタ‐モデルは、ある意味で自らの活力のもとになるかもしれない。もちろんそれをモデル化（減速したり、固めたり）することはできない。ただそれじたいを哲学的にダイアグラム化することはできる（ちょっとしたスケッチ風に地図化できる）。ダイアグラムは、メタ‐モデルによって解き放たれた混沌をスライスしたようなもので、それは仮想のミミズのように新しい宇宙を切り開き、くねくねと通り抜けていくのである。しかしミミズは囲まれている。領土があるのだ。これはメタ‐モデルがもつ拘束のメカニズムだ。ダイアグラム的メタ‐モデルは、つねに探究しつづけ、目的を果たしつづける。それは決して静的なものではない。メタ‐モデルの拘束は生産的なのである。ただ、この拘束が具体化され、そこをさまざまな流れが横断するとき、純粋な潜在力が漉《こ》しとられてしまう。そういう意味で、メタ‐モデルは異質混淆性のモデルにもなる。メタ‐モデル化の地図は、あらかじめ存在する座標などに照らしあわせて（子供のころの「出来事」や「トラウマ」といった人間の問題を参照しながら）、個人の特異な自己関係を解釈するものではなく、自己を位置づける道筋について考えようとするものである。何らかのテクノロジー的系統流を使って危険を冒しながら（車の運転など）、ある状況における不自由さを解消しようとするときに、メタ‐モデル化の地図が役に立つかどうかを見極めねばならない。スキゾ分析的メタ‐モデル化には先見性があり、発明する力があり、積極的に実験を試みようとするところがある。「特定の状況で作動しているさまざまな地図作成法のなかで、それは潜在的なオートポイエーシスの核を浮き彫りにする。核と核のあいだを横断し、実際に作用するダイアグラム的な機能をそこに付与することで、そのような核を現働化させるのである」[26]。スキゾ分析家は、閉ざされた世界のなかのひとつの主体にふたたび動きはじめる機会を与えるもの、そういうものの到来に耳を傾けたり、目を凝らしたりする。欲望を再起動させ、誰かをまったく予期しない場所に連れていき、自己創出プロセスの特異なダイアグラムを描きながら現実的領土にもういちど足場を固めさせるものの到来に着目する。この自己創出プロセスはおもに倫理的－美的原理（科学万能主義や中立的立場というよりも）にもとづく、とガタリは言う。そこでは分析者もまた、芸術作品の影響圏に引きずりこまれる観客のように、芸術家の地図作成法とつながり、呼び起こされた世界の共同管理者として相互にかかわるようになる。ガタリの場合、それは、主体とさまざまな領域を横断する作用線とのあいだ（たとえば、強迫神経症に見られる儀式的行為と経済学とのあいだ）に見られる「主体化の転移」[27]を伴うものであった。

スキゾ分析家は次のことを理解しようとつとめる。

いまいる場所にあなたはどうやって辿り着いたのか。あなたにとって自分のモデルとは何か。それは機能するかどうかわたしには分からないが、人はともに機能しようとするものだ。他のモデルに接ぎ木できるかどうか見てみなければならない。もっとよくなるかもしれないし、悪くなるかもしれない。やってみないと分からないのだ……これが真実かどうかの判断基準は、まさにメタ－モデル化がそれじたい自己－モデル化に、あるいは自己－形成に変わるとき、はじめて見えてくる。[28]

スキゾ分析的地図作成法が生みだすのは実存的領土である。主体と客体、地図と領土、問題と解決とが同時に発生するということは、つまりスキゾ分析家が「言表行為の動的編成によって引きだされる可能的なものの領域」[29]に生きているということだ。言い換えるなら、地図はそれじたいが地図作成法であり、自己‐モデルなのである。それは解決策を導きだし、行動を軌道修正し、展望を開き、参照領域を新しくし、自信を持つこと、「参照宇宙の新しい星座的布置を潜在的に担うものとして出来事に応答すること（ある患者が通りすがりに〈ワープロを覚えたい〉と言ったりすることなど）」[30]なのである。スキゾ分析家は、リスクはあるが、実践的な介入を行なう。スキゾ分析家は、たとえ言葉でうまく伝わらないにしても、新しい表現の種を見つけ、それを育てることによって、人称以前の構成要素を再組織化し、再構築するチャンスを患者に与えるのである。これはソーシャル・ワークに近いようにも思われる。自分のアパートでひとりの患者をまえにして演じていた役回りを振り返りながら、ガタリもそんなことを言っていた。とはいえ、ガタリは自分の孤独をどうにかしたかったのだ。分析者が自らの曖昧さを認めること、実際に可能性に満ちているものを見失わせるような既成の診断を押しつけないこと、分析の真実はそこにある。[31]新しい地図作成法が新しい主観性を作りだすのである。

なぜガタリを読むのか

いまガタリをどう読むかという問題は、ドゥルーズ研究の二次的な文献のなかで長らく議論されてきたことのひとつだ。イアン・ブキャナンはこの問題を次のようにうまくまとめている。

ドゥルーズとの共同執筆のほかにも、ガタリには経歴があったということは強調しておく必要があるだろう。ドゥルーズ／ガタリの著作に関する二次的な批評では、ガタリの寄与した部分がこれまでまったく見過ごされてきたし、そういった部分は単に従属的な役割しか果たしていないと見なされる傾向があるからだ[32]。

このような訴えがあるとはいえ、ガタリがさまざまな形で展開した構造主義に対する批判は、この支配的な言説をいまだ信奉している理論家たちにとって、とりわけ精神分析の領域では、いまだに受け入れがたいものになっている。このことはスラヴォイ・ジジェクのドゥルーズ論『身体なき器官』のなかにもっとも顕著にあらわれている点である。この本によれば、ドゥルーズは、ガタリとの共同執筆のなかで、たとえそれが「見せかけ」にせよ、「息抜き」のようなものを表現しているというのだ。どうしてそうなるのか。ジジェクがいうには、ドゥルーズが共同執筆作業のなかで見出した流動性の概念こそが、「考えるという任務からうまく逃れることができた[33]」証拠だという。要するに、ドゥルーズは、自らのもっとましな（つまり、初期の）見解とは裏腹に、構造主義を貶めようとするガタリの誘惑に負けたということなのだ。たしかに、もともとドゥルーズは構造主義的な手法をある程度支持していた。とはいえ、構造をめぐるガタリの批判は、構造のなかにすでに位置づけられている機械を始動させることからはじまったもので、そのような上っ面だけの責任転嫁に還元できるものではない。こういった点について、ジジェクは決して真面目に論じようとはしない。ガタリを読んでいないのだ。それだけではない。のちに、ジジェクはガタリのことを、「解釈による錯乱[34]」を好む、気ままな精神錯乱的思想家と見なすようになった。ガタリの著作は正確に引用する必要などなく、ただ括弧にいれて注で示せばよいというのだ。ジジェクの大げさなレトリックによって、このようにガタリが戯画化され、退けられるのは、ひとえに構造主義を救済するためである。構造主義を定着させていくためには、保守的な個人攻撃がどうしても必要なのだ。

なぜいまガタリを読まなければならないのか。批判的な受容という文脈からは、次のような二重の理由があげられる。それは、共同で書いた著作のなかでガタリが寄与している部分を黙殺するような傾向を是正するためであり、藁人形論によってガタリの寄与をただ追い払おうとするような意見に与せず、ガタリ自身が書いたテクストを実際に読むためである。

この行き詰まった状況を乗り越えることができれば、社会理論や政治理論のなかでいま行なわれている議論に対してガタリが何を提案しようとしていたのか、さらによく理解できるようになるだろう。分子革命を論じた二つの著作は扱いにくいものではあるが、そこには資本主義批判の要点が述べられている。それは国民国家の境界を越えた、テクノロジー－科学－情報の隷属的脱領土化と連動する生産、その決定的な支配力（国家や市場に対する）の異質混淆的な形式とその意味を歴史的に理解するところからはじまり、資本主義のグローバル化（統合された世界資本主義）や非物質的労働の出現といった問題と大々的に向きあうものなのだ。『帝国』のなかでハートとネグリが非物質的労働について論じる際、二人は情報化と情動性という現代のネットワーク社会における複雑な関係性にまず触れ、そこでは機械状の主観性の条件に関するガタリの見解が取りあげられている[35]。

ガタリは一流の反資本主義的思想家である。彼にとって資本主義は社会全体の事柄なのだ。そこでは生のすべての次元――生のリズムや質感のすべて――が、コンピューター管理された地球上のあちこちで、隷属的で領土的なまとまりとして結びあわされていく。「資本主義は何よりもまず社会全体をコントロールしようとする」[36]。そういう意味で、ガタリはグローバリゼーション批判にも寄与している。グローバリゼーションは、イデオロギーや文化、制度といった出来事のパラメーターを越えて伝わっていく。出来事というものは本来、資本主義による市場のサイバネティックス化や自由化、公有資産の民営化、絶え間のないリストラと際限のない危機、流動的な工場、不安定雇用、強いられた順応性、過度の搾取といったものとは別のところではじまるものなのだ。資本主義的生産のターゲットは主観性である。資本の可動的で流動的な側面やその利権に合わせて、またそれに仕えるような形で、主観性が生産される。こういったことをガタリは見抜いていたのだ。統合された世界資本主義においては、すべてが生産的なのである。主観性、すなわち想像力や創造性、多様なエネルギー、魅力、シンボルを操る力といったものは、搾取可能な新しいタイプのコンテンツなのである。もっとも一般的な意味での認知（記憶、知覚、想像力、感情などを含む）は、現代資本主義の原材料となる。非物質的労働は、「物質的」な衣装に包まれた非物質的な（触れることのできない）コンテンツを生産する。テレビゲームのコンピューターコードなどがそうだ。主観性そのものが危機に陥ると、その政治的賭け金はぐっとあがる。マルチチュードは、この非物質的労働の時代において、認知資本主義のために作られた社会関係や「生のかたち」を奪回し、それを社会的で政治的な自己組織化の新しい形に作りかえていくことができるし、またそうしなければならない、とハートとネグリは言う[37]。

ネグリとハートの『帝国』では、マルチチュード的活動家の抵抗のあり方について多くのページが割かれており、その背後にガタリの声を聞きとることができる。帝国は、さまざまな場所に、さまざまな組みあわせの形式でもって主観性を生産し、とりまとめる。ただ、このような隷属化は不完全なものである。「人称」というカテゴリーとは別に、無数の仕方でまとめあげられた構成要素の集合的

（社会的）まとまりとしての主観性は、表現の自律的領域、特異性への権利、類まれな発明力といったものを求める活動的な顔を取り戻す。主観性は、自らを従順な市民消費者としてモデル化しようとするテクノロジーに抵抗したり、それを意味づけなおしたり、自分なりに使いなおしたりして、自らを別様にメタ‐モデル化する。たとえば可動式のメディア――ワイアレスのテクノロジー――は、散発的にせよ、長続きする自己組織化の形にせよ、その可動性をひとつの協同プロジェクトとして再構成すれば、政治的に進歩的で、非搾取的な目的にかなうようになる。ガタリは生産の機械的次元から決して目をそらさない。ハートとネグリがコミュニケーションの問題にこだわるのと同じ理由からそうするのだ。「生産の手段とマルチチュードの心や体とがどんどん結びあわされていく」[38]。そういう意味で主観性は機械状なのだ。機械的次元の自律的で、オルタナティヴな、新しい目的を支配する力、これを取り戻すことがきわめて重要なのである。要するに、安直なヒューマニズムでは機械的なものから抜けだせないということだ。ガタリにとって、地球規模でコンピューター化がすすむこの時代、機械と人間は、創造的な特異化の可能性をめぐって自己を参照したり探究したりする際に、あまりにも多くの点で混ざりあっている。それはつまり、たとえ均一ではないにしても、この惑星をおおっているグローバルなネットワークシステムの広漠たる機械状系統流には、特異性への権利要求が内在しているということなのである。

ガタリはハートとネグリが『帝国』の末尾で引きあいにだしているようなタイプの現代的活動家である。断続的に抗議行動をおこなうマルチチュードの力をガタリは論じているし、創造的な特異性を協同しながら楽しく切り開いていくことをすすめてもいる。一方でまた、革命の諸分子をまとめる力もあり、横断的な組織化のためのツールを創出し、情報‐資本主義をめぐる新しい記号論にも熱心に取り組み、さらには資本主義とその敵どちらに対しても情動の力を鋭くつかみとる力が彼にはあった。その挑発的な存在論でもって、ガタリは、活動家‐知識人たちに、主観性の問題を提起するよう促す。主観性の問題は、さまざまな領土――そこでは別の宇宙を構想することが可能であり、生のかたちが根本的に変わってしまった人々がそこに住むだろう――を手に入れるための集合的な活動や、多様な流れを伝える巨大な変動システムのもっとも重要なポイントとなるからだ。

ガタリ自身の著作が徐々に英語に翻訳され、その人生や著作をめぐって書かれた補足的な文献がゆっくりと広がっていくにつれて、かつて読者を困らせた難解な問題群も、やがてきわめて重要な政治的課題をガタリがどう見抜いていたのか、そういった考察へとつながることになるだろう。一九九〇年代初頭、晩年のガタリは、以下のようなことを直観した。この千年の闘いは驚くべきかたちになりつつある。それをうまく理解するにはどうすればよいのか、正しい武器を構えてそれと向きあうにはどうすればよいのか、この千年の闘いが示してくれている、と。

各章について

本書は批評的入門書であり、それぞれの章においてガタリの人生や思想のおもな特徴を中心に論じながら、彼の主要な政治‐社会概念および実践について解説するものである。関係資料を数多く示しつつ、諸概念の解説を試みながら、それがいかに今日的意義を持つかを示す。第一章「若き活動家の形成」では、若き日に活動家として修行を積んだことで、ユースホステル協会など多くの極左グループとかかわることができた、という『カオスモーズ』のなかの謎めいた言葉を歴史的および理論的文脈のなかで捉えてみたい。このようにホステル運動の若きメンバー、いわゆるアジスト〔ユースホステル会員〕としてのガタリの顔に着目することで、雑誌の共同出版をとおして彼がどのように制度的なものを創出し、それをめぐって主要な概念を生みだすにいたったのかが見えてくる。ガタリは師フェルナン・ウリの影響でホステル運動にかかわるようになった。ウリの指導のもと、ユースホステル運動にかかわった初期のころのガタリの経験、さらには制度を生みだすことへのこだわりといったものは、ユースホステル運動の時代から、一九六〇年代の集団研究のためのさまざまなグループを経て、雑誌『ルシェルシュ』の出版、ドゥルーズと共同で編集した雑誌『シメール』、さらにラボルドでの組織的実験まで、生涯にわたって見られるものである。もちろん、こういった初期のころの経験をガタリは単に焼き直しているだけだ、と言いたいわけではない。その点、『三つのエコロジー』における「エコゾフィー」に関するガタリ自身の警告は注目に値する。「新しいエコゾフィーは、内在的なものを何度も折りたたむ学問領域でもなければ、古いタイプの〈活動家主義《ミリタンティズム》〉の単なる刷新でもない。むしろそれは主観性の分析と生産を同時におこなうような媒体《エイジェンシー》と方向づけ《ディスポジティヴ》を配備するひとつの多面的な運動となるだろう(39)」。ガタリが述べているように、「スキゾ分析が問うているのはただひとつ。ひとはいかに自分自身をモデル化するか、である(40)」とするなら、まずこの問いをスキゾ分析家自身に投げかけてみることが賢明だろう。では、ガタリは自分をどのようにモデル化したのか、と。

　第二章「横断性と政治」では、横断的ツールとして、ラボルドでの制度的集団生活における「グリッド」〔フランス語の「グリーユ」の英語訳で日々の活動の役割分担表のこと〕や「日課表」といったダイアグラムの重要性について論じる。わたしは「ツール」という言葉を用いるつもりだが、ガタリには、ツールよりも機械のほうが存在論的に重要だという確信があった。特定のツールや人間の身体のどこかが、相互にかかわりあう社会的およびテクノロジー的集合体の条件のもとでおこなう「集合的なダンス」、これを決定づけるのは機械だからだ。[41] 次に、横断性という概念の政治的道筋について考える。横断的闘争という言葉でフーコーが意味するものは、新しいタイプの主観性の生産というガタリのもっとも重要な関心事といかに結びあうのか。「〈立ち現われる主体〉をめぐる哲学の伝統を抜本的に問うている」点、さらに「当時、実質的にはまだ認識されていなかった、主観性の集合的生産様式や主観性構築の技術的様式の広範な領域を発見した[42]」という点で、ガタリはフーコーを絶賛する。ガタリのいうミクロ政治とフーコーのいう権力関係のミクロ物理学はともに政治的領域に目を向けるもので、そこでは、継承される個人化作用に抵抗する主観性が、実践的な方向で、つまり「分析的特異性」の地図作成法において創出される。[43] さらに、グローバルな政治理論のなかで横断性の概念がどのように用いられているのかという点についても触れてみたい。横断性は不賛同の新しいかたちとなる。そこを強調すれば、ガタリは反グローバリゼーション運動やテクノ政治の理論化の要になってくるだろう。ただ、同時に、反対勢力を方向づけるためのモットーとして横断性の概念を用いることについては懸念も少なからずある。たとえば、フーコー主義者はガタリがこの概念で言おうとしたところを外して考えようとする。

第三章「主観性、芸術、そしてエコゾフィー」では、『三つのエコロジー』(一九八九年)におけるガタリの大胆な三つのエコロジー観——生物圏、社会、精神という三つの次元——に示されるおもな概念について考える。ガタリが本当に新しかったのは、彼にとって中核となる主観性の問題をとおして、芸術とエコロジーの関係について論じたことだ。ガタリの思想を詳細に考察しながら、このような点も明らかにしたいと思う。「ひとは主観性の新しい様式を、芸術家がパレットから新しい形式を生みだすように作りだす」[44]とガタリは言う。エコロジー――ガタリはエコゾフィーと概括する――は主観性の新しい生産力を呼び起こす働きがある、という信念がガタリにはあった。彼が確信しているモデルは、芸術の領域から引きだされたものだ。美学は、ミクロなレヴェルの関心もマクロなレヴェルの関心もどちらも横断するような倫理的な応答可能性によって裏づけられる必要がある、とガタリは考えた。知の非超越的エコロジーとしての横断性〔知が領域別に分断されないということ〕という展望もまた、エコゾフィー的な美と倫理の実践例を通して模索される。そのような実践例は、特定の芸術家や出来事について論じたガタリの著作に見られるもので、そういった芸術家や出来事がガタリの三つのエコロジー的観点に生命力を吹き込んでいる。エコゾフィーという発想は、三つのエコロジーを言い表す概念であり、四つの存在論的機能によって捉えなおした場合、それはスキゾ分析的手法（メタ－モデル化）を表現するためのもうひとつの方法となる。ただ、この発想は、一九八〇年代を通して、ノルウェーの哲学者アルネ・ネスやその支持者たちの著作などで広く議論されていたようなものと結びあうことはなかった。この点はガタリが触れなかった問題のひとつだ。ただ、ガタリはリン・マーギュリスとジェームズ・ラブロックが推進したガイア理論を引き立て役として利用した。この二人は、地球上に生息するものの総体を生物相《バイオータ》という概念であらわした。それは環境を内側からいっせいに持続させ、安定値を固定せず、むしろ変動的な値で捉えていく（ホメオレーシス対ホメオスタシス）、ひとつのサイバネティックス的コントロールシステムのことだ。ガタリは、このような捉え方をあまりにもアニミズム的で生気論的だと考えていた。[45]ガタリの基準点は、生きているもののシステムではなく、生きているものが外的な座標――機械状系統流、歴史を動かすという発想、創造的に突然変異する物質的媒体の異質混淆的（非直線的）因果関係、もっとも有望な隠れた特質を引きだし展開することで現働化されるような潜在性——とどのような関係性をもつのか、というところにあった。機械状系統流と生きているものとのあいだの、さらには人間とその非人間的な属性との相互作用や交差は、つねに世界を再創造するもので、真に特異な機械を生みだす。ガタリが提案しているのは、ポストヒューマンのエコゾフィーでもなければ、ポスト自然のエコゾフィーでもない。端的に言えば、機械はひとつの構成要素にすぎない。物質的な流れや集まり、記号的な流れや集まりのなかに介入するひとつの物なのだ。それはまた、「先行する一連の機械の境界に自らを位置づけるものであり、来るべき機械のための進化論的系統流を生みだすもの」[46]でもある。ガタリの言うオートポイエーシスの萌芽がこのような考え方のなかに示されている。それはもはやホメオスタシス的生きたシステムの特性ではなく、すべてが自律的であると想定できるような他の諸システムにまで拡張されていくものなのだ。それはさらに社会、記号、経済の流れや一連の非物質的な機械状の集合的編成によって促進される。[47]加えて、環境保護をめぐる選挙政治の舞台では、ガタリによる最後の公的な政治参加が見られた。職業政治に対して彼は不信感を抱いていたのだが。エコゾフィーは「横断性のためのもうひとつのツール」（イヴァン・イリイチ「コンヴィヴィアリティのためのツール」にならって）として、「主観性の生産を取り戻したいと願う個人と集団の思い[48]」にかなうものであった。

ガタリが記号論に寄与した独創的な点は、非シニフィアンの部分記号〔非意味的部分記号〕を理論化したことである。これについては第四章「非シニフィアンの記号論」で詳細に論じる。部分記号あるいは記号粒子といったこの新しいタイプのものは、内容や意味という意味論的な次元を欠いており、非表象的なものであるという点で信号に近い。ただ、物質的強度をもって流れるその分子的次元には政治的な力がある、とガタリは付け加える。銀行カードの磁気をおびたあの帯状の黒い線がいい例だ。帯電した粒子が何列も並んでおり、いまや航空機産業や銀行業によって完全に領土化されている。あの帯の部分が機械にものを言わせるのだ（これは機械が相互に行なう非人間的な言表と行動、さらにデータの領域である）。こうして人間のユーザーをその集合体のなかに統合するのである。ガタリは新しいタイプの記号を理論化したのだろう。カードを使うことで、ガタリは情報‐資本主義ネットワークにアクセスすることができた。新しいタイプの記号が重要になるのはそのような文脈においてかもしれない。非シニフィアンの部分記号を通して、テクノロジー世界を記号論的かつ政治的に批判したガタリの仕事は、ある一時期のものであり、いわゆるインターネットという文字が出てくる前に、あるいはワイヤレスネットワークの爆発的増加の前に書かれたものである。とはいうものの、わたしはガタリをネチズン——もちろんこの言葉もまだなかったが——と見なすつもりはない[49]。ただ、ガタリは初期のころのコンピューターの熱狂的なユーザーのひとりだった。キーボードとディスプレイによって、カフカの夢について同様に考えている人々とやりとりができるようになり、新しいメディアが提示する選択の問題が話題になっていたころのことだ[50]。もちろん、特異性をめぐるこのポスト‐メディア的展望は、あらゆるレヴェルで大企業の凡庸さが媒体に侵入することで、いとも簡単に台無しにされる、ということもガタリは分かっていた。フランスにおける自由ラジオ運動で目撃したことがまさにそうだった。ガタリはコンピューターを「異端の神」だと言って警戒しており、特異性とマスメディアとのあいだの関係性というパラドックスについてもよく考えていた。この二つは大衆が脱特異化するにつれて、互いのことを無効化する（ユーザーの自律性や創造性を弱める）ようになる。ポスト‐（マス）メディア状況は、重要な新機軸を数多く打ちだした。たとえば、情報革命によってもたらされたメディアの集合化を通した個人的プログラミング、ハイパーテクストや複数ユーザーの相互関係などを特徴とする、もはや直線的ではないコミュニケーション様式における新しいタイプのリテラシー、生産者とユーザーとを相互依存的なクリエイター（「私的なものと公的なもののあいだにバールのように押し込まれたもの」）[51]として再定義すること、新しい情報テクノロジーから出現し、研究と開発の目的にあわせて折り重ねられていく、不測の、あるいは「間接的な」社会的慣習、ニュース報道のねじれから生じてくる批判的なメディア教育プログラムへの呼びかけ、などである。

『資本主義と分裂症』の第二巻『千のプラトー』において、ドゥルーズとガタリは、平滑化と条里化のモデルを数多く論じている。無定形でしなやかなフェルトと機織りの布で作られたキルトとを対比させる技術的モデル、平らな空間が、条里化された水平線（メロディ）と垂直の面（ハーモニー）とを横断しながら対角線を描いていく音楽モデル、航海学的な条線（進路と点）に従属する強度をもった平らな海の海洋モデル、計量的なものと非計量的なものという多様体の二つのタイプを対比させる数学モデルなどである。ここでわたしが問題にしたいのは、では、情報モデルはどういったものになるのか、ということである。第五章「情報の条里化」では、平滑／条里という区分についてもう一度考えてみることで、情報の条里化が、かつては平滑であった非官僚的な空間を隷属させていく様子を明らかにしたい。英国の植民地政策によって捕虜にされたカナダのイヌイットやオーストラリアのアボリジニーという二つの歴史的な例を引きながらそのあたりを詳しく検証する。さらに、平滑／条里という対概念に追加するかたちで、情報という新しい次元を取りあげ、社会的規制としての条里化が多くの社会的慣習を毀損《きそん》していく様子を示したい。また、いまはもう廃れてしまった情報的な条里をもう一度意味づけなおすことで、この評判の悪い管理体制をコミカルに、芸術的に、あるいは他のやり方でさまざまな領域に再導入すれば、滑らかさがネットワーク社会の周辺に浸透するようになるといった点にも触れてみたい。わたしが言いたいことは、要するに、情報的条里化は外部からやってきて、土着の人間にそれを一連のコードとして押しつけるということだ。そういったコード化は現存する文化的慣習の深部にまで達する。やがて、その土地に暮らす人々が、植民者による情報的隷属化に抗うようになり、変化とアイデンティティの刻印、解放と拘束とのあいだの絶え間ない相互作用のなかで、創造的で革新的なやり方でそのようなコードを再プロセス化することになる。[52] 情報科学は、個人にＩＤを割り振ることで区分けを設けたり、数字と空間を結びあわせたり、動きを抑えたりしながらひとびとの差異を管理する。国勢調査、パスポート、身分証明書といったものはすべて占有の一形式としてのこのような数値化を裏づけるものであり、この点については、ドゥルーズとガタリが、「木を切り倒すように人々を扱うよりも、数字のように扱うほうが悪いとは言えない[53]」と認めたうえで、具体的に論じているとおりである。植民地政策による捕獲に関する二つのケーススタディを通して、アイデンティティを割り振る情報科学という領域のなかで、平滑と条里とが互いに深くかかわっている様子を見ていきたいと思う。

やや数は少ないもののガタリはシネマについても論じており、そういった論考では、狂気をめぐる諸制度に新しい観点をもたらすようなドキュメンタリー作品のなかに、精神医学のオルタナティヴな流れを探しだそうという試みが見られる。社会運動にかかわる自主制作の映像作品にガタリは関心をもっており、そこから制度論的批判の媒体として映画を用いる国際的な活動領域を切りひらいていく。つまり、「社会のなかで精神的に病んでいる者たちに用意された運命に対する考え方を撹乱する[54]」という具体的な目的に焦点を絞るようなミクロ政治的シネマの可能性を切りひらくのだ。ガタリの場合、反精神医学――これについてはガタリもまだ立場があいまいである――とシネマとが具体的なかたちで結びついたのは、ブリュッセルにある「精神医学に対するオルタナティヴのための国際（もともとはヨーロッパ）ネットワーク」の家族治療専門家モニー・エルカイムが召集した一九七五年の最初の集会でのことであった。地球規模で見られる反精神医学の喫緊の課題は、一九六三年のケネディ法に現れていたのかもしれない。ケネディ法は、脱制度化という反精神医学の戦略を逆手にとって、アメリカ全土の精神病院を閉鎖させたのである。当時の政府は、この脱制度化と退院とをいっしょくたにしたのだ。その結果、大規模なホームレス現象を招き、構想からして不十分なコミュニティ・ヘルス・センターや社会復帰施設（正しくは民営のアパート）の名目で、元患者たちを収容施設に押しこんだのである。『狂人の解放』という注目すべき映画（シルヴァーノ・アゴスティ、マルコ・ベロッキオ、サンドロ・ペトラリア、ステファノ・ルッリ、一九七五年）の上映は、ガタリにとってひとつの啓示のようなものだった。もちろん、この映画の理想主義、さらには精神障害をもつ患者たちを産業労働者のなかに紛れ込ませてしまう古いやり方など、手放しで絶賛するわけにはいかない要素もたしかにあったのだが。一九七〇年代前半、上質なシネマがいくつかあったおかげで、ガタリは、デマと権威主義に汚染された反精神医学運動から抜けだすことができた。第六章では、マイナー文学と同じく、このようなマイナーなシネマにガタリが着目した意味について考える。それは、精神医学をめぐるオルタナティヴな活動を拡大し深めていくうえで、人々に訴えかけ、かかわっていくためのひとつの試みだった。『分子革命』におけるマイナーシネマに関するガタリの理論〔邦訳「映画と欲望」、『精神と記号』所収〕を読むときに、ドゥルーズが『シネマ2』のなかで触れているマイナーなものという概念（おもに第三世界の映画の例をとおして）を導入してみてもいいだろう。ただ、ガタリの言うマイナーシネマは、第三世界の映画というカテゴリーにそのまま接ぎ木できるものではない。映画に関するガタリの端的な議論は、映画研究における映像素材の区分にまったく対応しない。ガタリはジャンルにこだわらず、きわめて巧妙に、ドキュメンタリー映画、ハリウッド的な大きな物語、ヨーロッパの映像作家、これらのあいだを縫うように進むひとつの通路を作りだすのである。

今日、反精神医学は大方忘れられてしまっていて、サイエントロジー〔カルト的新興宗教〕の大げさな言葉や心の健康を消費のターゲットとする自由経済市場のなかで首をもたげる程度だ。しかし、一九六〇年代後半から一九七〇年代初頭にかけて、反精神医学は一貫性のあるひとつの社会運動として一連の政治的立場を掲げていた。医療という権力を批判すること、患者が権利を失うことに異議を申し立てること、カウンターカルチャー的ライフスタイルを評価すること、社会統制の粗雑な形式のひとつとして精神医学を暴露すること、などである。狂気の探究と社会的な正常病（normopathy）——資本主義的分裂症——の批判は、この時代に広く見られる文化現象だった。たとえば、サイケデリック・ロックにおけるピンク・フロイドの最高傑作『狂気』[55]（*Dark Side of the Moon*）はまさにそのような文化現象のひとつだった。その一方で、反精神医学は、国家機関における権力の組織図を世界的な規模で書き換えるよう求めた。このような反精神医学運動は、どの国でも、病院、診療所、国民保健制度の壁の内側と外側に自らの領土を切りひらくためにさまざまな作戦を実行し、その具体的なきっかけをつかもうとするものだった。いまや反精神医学は下火になりつつあるが、それでも本書では、ガタリの思想に息を吹き込んだこの重要な社会的・政治的状況と率直に向きあい、美的表現をになうメディアを批判的に評価しようとして、ガタリがこのとき下した決断とは何だったのか、そこのところを見ていきたい。ガタリは、精神分析療法を、患者と医者とのあいだのあまり意味のない分析的な出会いにおいて、社会的なものから神話的な解釈へと引きこもる改革論者のようなものだと徹底的に批判していたにもかかわらず、診療所の仕事を自ら手放すことはなかった。そこでは、それぞれの役割を多様化させようとする（医者がもっている昔ながらの権威を脱中心化する）[56]反精神医学の基本的な取り組みがさらに進んだ形で取り入れられていたのである。

ガタリは、マイナーなものの生成を捉えるための特権的メディアとしてマイナーシネマを分析する。第七章「情動と癲癇」では、そのようなガタリの手法の背景を探り、その応用の可能性について考える。精神医学へのオルタナティヴという文脈において、ひときわ目立つ映画がある。マルコ・ベロッキオの『ポケットの中の握り拳』（一九六五年）である。無力感がただよう家庭環境のなかで、癲癇患者が置かれる立場について考える作品であり、一般上映が制限された作品である。ガタリにとってもこの映画は重要だった。ベロッキオはガタリのお気に入りの監督で、『狂人の解放』を制作したグループのひとりでもあった。このシネマにはこちらにまとわりついてくるような、重苦しくて痛ましい雰囲気があって、それが情動の自律性、つまり推論や表象で捉えようとしても捉えきれない情動の力を裏づけているのだが、そのようなシネマのなかで癲癇はどのように機能しているのか。情動はどこからともなくパッと現われて、「あなたのなかに存在しはじめる」。それは発作のようなものであり、主体を一掃してしまうような容赦なき特性を持つ。[57]このような点について考えるために、現代的な「伝記」映画についても触れてみたい。ポストパンクのバンド、ジョイ・ディヴィジョンの元ヴォーカル、イアン・カーティス（俳優サム・ライリー）の生涯を描いたアントン・コービン監督の『コントロール』（二〇〇七年）である。とはいえ、ジョイ・ディヴィジョンをガタリが好んで聞いていたというわけではない（いずれにせよ、彼はパンクをあまり好まなかった）。とにかく、情動は現代哲学において広くその重要性が認められている概念であり、その情動の理論にガタリが寄与した特異な点について考えてみたいと思う。ガタリが新境地を切り開くのは、情動と癲癇とがひとつに結ばれる点においてなのだ。癲癇は自律的なもので、その場の空気にかかわる（粘着性があり、動きをとめる）ものである。ガタリのいう情動は、この癲癇という一種の概念にもとづいている。ガタリにならってわたしは次のように問いたい。情動を扱う哲学者たちはこれまで、同化も捕捉も不可能な、生き生きとしていてつねに開かれているものというその特徴を「肯定的になにかを意味するもの」と捉えてきたが[58]、はたして癲癇にもとづいて情動を考えることに何か肯定的なものがあるのだろうか、と。『ポケットの中の握り拳』や『コントロール』における癲癇の発作に見られる周期的なエネルギーの変換は、情動の欠如という辛い状態をただ物語っているだけだ。たしかに、情動にはものごとを変化させるような、きわめて誇らしげな批判的潜在力がある。しかし、同時に情動はあっさり死に向かうものでもある、といった慎重な見方もある。第七章では、そのあたりのバランスをとりながら、少し調整を施したい。そのためにも、ガタリが実存的情動を理論化するうえで癲癇が果たした役割について詳しく考察するつもりである。さらに、ガタリが実存的情動という概念を、現象学的精神医学の文献、たとえばウジェーヌ・ミンコフスキーの重要な著作『生きられる時間』などからどのように引きだしたのかを明らかにしたい。また、ガタリはさまざまなタイプの情動をダイアグラム化し、それが主体形成にどのような影響を与えるのかを解き明かすのだが、そこにこの病がどうかかわっていたのか、この点についても解明したい。というのも、癲癇の発作は主体がどうしてもその影響を受けずにおれない強度から生じるのだが、現実的なものと創造的にかかわる機会はほとんどもたらしてくれず、そこには前向きに変わっていくことができるような余裕はあまりない（楽しみよりも悲しみ、逃走よりも死）。二つの映画を例として並べてみると、どうやら両者の観点には制約があるように思われるのだが、はたしてガタリのいう癲癇患者であれば、癲癇という差異的な強い情動とどのように向きあい、それをどのように展開するのだろうか、というような点にも触れてみたいと思う。

結論では、とくに機械をめぐってガタリが独自の理論を展開する様子や、いまなお進化しつづける主観性の生産のための技術的な世界の歴史、それを構成している巨大な機械状系統流（機械状エコロジーのための機械状主体）、そういった発想から見えてくるものとはいったい何なのかといった点に着目する。ガタリにとってミクロ政治とは、統合された世界資本主義によって生産される支配的なタイプの主観性がいつまでも幅を利かせないようにするために、もっとも小さなレヴェルに実践的に介入していくことなのだ。「生産の手段、あるいは政治的表現の手段を取り戻すことだけが問題なのではない。政治経済の領域を離れ、主観性の経済という領域に踏み込むことが重要なのだ」[59]。主観性の経済における闘争のあり方は、機械状系統流において何が展開しているのかによって決まるものである。

第一章　若き活動家の形成

第三セクターのアルバイトとしてはじめて労働市場に入ったわたしたちとは異なり、ガタリは早熟にも十六歳にしてすでに政治的な意識を持っていた。彼はパリ解放の申し子であり、その「きわめてワイルドな思想」に染まっていた。とりわけユースホステル運動の影響が大きかった。[1]過激な指導者だったフェルナン・ウリ（一九二〇—九八）の助けをかりて、ガタリは、ホステルを渡り歩く夏のキャラバン旅行に参加する。この旅は、ガタリのような若者のために、ウリがパリ郊外のラ・ガレンヌ＝コロンブで組織したものである。ガタリは同県の出身者で、しかもウリは彼の理科の先生であり、すでに顔なじみだった。[2]実際、日記のなかで、ガタリは、ある夢の一コマを回想している。そこには「ラ・ガレンヌの実家を出るための二つの異なる道がある。そのひとつはフェルナン・ウリの家へと通じていた」[3]。本章では、この年上のほうのウリ（もうひとり弟のウリ〔ジャン・ウリ〕がいた）がガタリを導いた道を辿ってみたい。

ガタリにとってフェルナン・ウリの影響は、実践と理論の両面において決定的なものだった。ガタリはかつて次のように述べていた。

この領域（一九五〇年代半ば、ラボルド精神病院で患者の院内クラブやワークショップを開くこと）でわたしに能力があったとすれば、それはわたしが十六歳の時から、ユースホステル運動のような組織や極左的な活動全般においてずっと「活動家」だったという事実に依るものだ。(4)

ガタリのイメージといえば、ドゥルーズやネグリ、アリエズなどとの共同執筆者としての姿がまず頭に浮かぶ。一九四〇年代後半にはじめた薬学の研究を断念してからは、ガタリの足跡は精神分析のほうへと傾く。ちなみにガタリは薬学のことを「家業」と呼んでいた。(5)一九五〇年代初頭、この大家のセミナーに参加するようになるのだが、ラカンの薫陶を受けたガタリは、その後はラボルドで生涯を過ごすことになった。ここでガタリは、制度の組織化をめぐって自由に実験を試みていた。とはいえ、ガタリ自身が打ち明けているように、「ここでの超自我主義にはつねに忠実」(6)だった。ガタリには自分でこなさなければならないこともあった。もうひとりのラカン的超自我であるジャン・ウリのおかげで、薬学のインターンシップから解放され、ようやくガタリはこの道を諦めることができた。(7)フェルナンの導きでガタリは活動家の道を歩むようになり、そこでフェルナンの弟ジャンが取り掛かろうとしていたものに出会うのである。

ポスト六八年のフランスにおける知の巨人たちのことはひとまずおいて、本章では、パリ郊外のひとりの無名な教員にまずは着目し、そこからガタリのイメージを浮き彫りにしてみたい。フェルナン・ウリは、「制度論的教育学《バラック》」(8)の名のもとに、セレスタン・フレネ（一八九六―一九六六）の思想を新しい時代の兵舎的学校のなかに取り入れようとした運動の中心人物としてよく知られていた。一九六〇年代の都市部における大きな学校（小学校・中学校）は、教室がひとつか二つしかない地方の校舎を移転したものであった。地方の校舎では、小学校の場合、年齢の異なる生徒が少人数で学んでいた。まさにこれはフレネの運動を特徴づけるものでもあった。一九六〇年代のはじめ、フェルナンの名は制度論的教育運動（institutional pedagogy movement〔以下「アイ・ピー」と略記〕）の誕生と密接にかかわっていた。これはフレネの教えから派生してきた運動――「一派と認められるもの」[9]――で、パリがその拠点となっていた。とはいえ、精神分析に基づくきわめて理論的なアイ・ピーの言葉づかい、子供たちのことを「ケーススタディ」的に記述するその様式、さらには運動にかかわる教員たちの認定方式（フレネにはなじみのない発想）を専門家たちのあいだで決めようとする動きが広く見られるようになり、フレネ自身もそれを快く思わなかった。実際、アイ・ピーは、フレネの考え方にまったく新しい要素を導入したのである。つまり、フレネ的活動において、いまや教育学における学術的な研究がひとつの役割を果たすようになったのだ。[10]フレネは彼のいる南フランス、カンヌの外れから、パリ・グループの雑誌（『イル・ド・フランスの教育者』*L'Educateur de l'Ille-de-France*）の活動に影響を与えることはできなかった。結局、アイ・ピーは、パリのフレネ・グループ「パリ近代学校協会」（Institut Parisien de l'École Moderne）から破門されてしまうのである。

ガタリに影響を与え、その政治教育をサポートした教育者はフェルナン・ウリだけではなかった。フェルナン・ドゥリニー（一九一三―一九九六）は、精神的にも社会的にも周縁的な子供たちと過ごしながら、彼らを病院に収容させないための手段を提供した。一九四八年頃、ドゥリニーは「大ザイル・パーティー」（La Grande Cordée）という名称で知られる「治療のためのキャラバン」もはじめている〔詳しくはフランソワ・ドス『ドゥルーズとガタリ――交差的評伝』を参照〕。これは「非行少年や非行にはしりそうな若者、さらには感情のコントロールが苦手な子供たちのための宿泊所のネットワークであり、そこにはユースホステルのネットワークからの支援があった。精神医学の治療などまったく効かないような子供たちが、ここでは〈普通の〉大人たちから歓迎を受けたのだ」[11]。スポンサー、支援団体からの資金援助、寄附があり、さらにはパリからキャンプ地や自治体への輸送が何度も行われたおかげで、ドゥリニーはなんとか彼なりの移動式治療法を維持することができた。ドゥリニーがともに暮らし、活動している子供たちのことを制度的に管理するよう求める教員や専門家たちもいたが、それに耳を傾けることもなく、彼は「住むにふさわしい場所」を作ろうとした[12]。最終的にドゥリニーはラボルドの門を叩くことになる。一九六五年のことである。ジャン・ウリとガタリはラボルドでドゥリニーたちに住む場所を提供し支援した。ドゥリニーの映画『ル・モワンドル・ジェスト』（*Le Moindre Geste* 一九六二—七一）の一部は、ジョゼ・マネティとジャン゠ピエール・ダニエルによって一九六五年から六六年にかけてラボルドで撮影されたものである。このあとの十年間、ドゥリニーは、ガタリが所有していたグルガの家で映画を制作したり、短命に終わった雑誌『カイエ・ド・レール』（*Cahiers de l'Aire* 一九六八—七三）を刊行したりしていた。グルガはドゥリニーの暮らすモノブレのコミューンからも近かった。ドゥリニーもマネティもガタリとは異なるタイプの人間だった[13]。とはいえ、どちらも制度論的研究グループ連合（ＦＧＥＲＩ、一九六五年創設）のための出版物の作成にしばらくかかわっていた。実際、ガタリの監修による（おそらく支配的な役割を果たしていたのだろう）『カイエ・ド・ＦＧＥＲＩ』（*Cahiers de la FGERI*）のあの職人的な制作はある程度ドゥリニーの功績によるものだ。そこには雑誌『ルシェルシュ』（*Recherches*）の初期のころのものも含まれていた[14]。

ガタリは自らの精神療法を「スキゾ分析」と名づけたわけだが、その前からすでに「制度論的精神療法」として知られていたもの、つまり制度的な枠組みそのものを集団生活におけるひとつの媒体として前景化しながら行なう分析にずっと携わっていた。このようなアプローチは、分析を行なう者と分析を受ける者との二者関係や、当時もっとも前衛的だった精神分析の実践にも広く見られた家族主義を意欲的に脱構築するものだった。実際、無意識は、精神分析の基本である転移を用いたとしても、言語やその象徴的な働きだけでアクセスできるものではない。ガタリは、ひとつの制度がある種の主観性を生みだす過程に着目した。同じく、フレネに着想を得たアイ・ピーで活動する教育者たちのあいだでも、学校そのものが生徒たちのなかに、どのようにある種の学習困難を生じさせているのかが議論の的となっていた。ひとつの制度に見られる組織化や人工物、参照領域、および集団生活といったものが、集合的な自己発明をとおして現れてくるという考え方は、経験論的社会学や組織研究のものではなく、精神分析学のいう部分対象がそのモデルとなっていた。部分対象とは、その対象の記述に還元することのできないもののことである。「制度論的な対象」（それは欠如にもとづくものでも、そこから部分が切り取られてしまうような全体にもとづくものでもない。いかなる全体性にも還元できない、とりわけ制度がおしつける各種のアイデンティティに還元することのできない肯定的で生産的なものとして捉えることができるものである）は、ひとつの集団がもつ欲望の分析をとおして見えてくる。それは、増殖する参照点とかかわりながら自らの創造に関与し、交渉する。こうしてそれぞれの集団は、ひとつの制度という創造的な場を占有することができるようになり、彫刻のような作業でもって、ひきつづきそれを入念に仕上げていくのである。とはいえ、大勢の子供たちが軍隊のような作業だけで管理されている「兵舎的」学校では、こういったことはきわめて難しかっただろう。制度論的な対象は、その住人にいかに受容され、取り込まれていくのか。制度論的教育学と精神療法はかなり似通った問題を扱っていたのである。

若き活動家として修業中の身であったガタリは、一九五〇年代はじめにまずソムリーの小さな精神病院に勤めるジャン・ウリを訪ね、制度論的な実験の秘訣を教わった。数年後、ガタリはラボルドに加わり、「グリッド」――各種作業の担当者を文字どおり表で表わしたもの。参加者全員の名前が記されたローテーション式の予定表――を考案する。さらに、制度のなかの複雑な相互関係がいかに実際のグループやそのメンバーたちの心のバランスに影響を及ぼすのか、その仕組みを理解しようと、患者たちのポートフォリオを作るようになる。ひとつの制度がもつ「精神療法的な共同作用」をいかに高め、最大化できるか。その実験にとりかかったガタリは、固定化した役割を緩和し、凍りついた序列制度を融かし、それまで目をそむけていたものに目を向け、超自我や対象との偏狭な同一化を解きほぐそうとした。役割の再定義、さらには揺るぎなく序列化された権力関係やアイデンティティの置き換えがミクロ政治的にあちらこちらで生じていた。こうして制度のなかにいるものの幻想を中断させるのである。そうしなければ、制度のなかにいる者は、なんら正当性がないにもかかわらず、ただそれが継続しているという理由だけで、権威者の立場とありふれた業務という固定化された序列のなかに押し込められているような気になってしまうのだ。もちろんグリッドにも欠陥はあった。官僚的な発想から、当初はやや中央集権的なものになってしまっていた。この点については第二章で論じるつもりである。

アイ・ピーの活動家だったジャンとフェルナンは、一連のフレネ的手法を実践的な知識として身につけていた。フェルナンは一九四〇年代後半からフレネ運動のメンバーだった。ジャンはフレネ的手法を借り受け、ソムリーでも、その後のラボルドでも、その手法を新しい形の共同作業に応用した。[15]ある意味では、ガタリもまたウリ兄弟からフレネの手法を修正された形で学び、吸収していた。

ユースホステルを他の極左的実験と同じように扱うわけにはいかない。すべてをいっしょくたにしてしまうと、広範囲にわたるユースホステル運動の国際的な影響力が見えなくなる。一九三二年、国際ユースホステル協会（ＩＹＨＡ）が設立される。フランスはその最初の加盟国のひとつだった。ホステルは二十世紀初頭ドイツで生まれたもので、リュックサックひとつで地方を旅する者の要望にこたえるものであった。一九〇九年にアルテナで小学生用ホステルをはじめたリヒャルト・シルマンが一般的にユースホステル運動の創設者と見なされている。ホステルはもともと教育的な実験だった。国際ユースホステル協会の政治的立場は、何十年にもわたるその活動から窺い知ることができる。一九三〇年代には国家社会主義者による占有を見事に阻止し、その後も南アフリカの加盟を断固拒否し、南アフリカが求める「白人用」ホステルと「黒人用」ホステルという二つのネットワークを無条件にはねつけた。とはいえ、運動じたいはその国際主義や若者の旅を重視する点において中道主義的なものであった。一般的には地方を徒歩で旅し、それぞれの民族の文化に接することが好ましいとされる。いくらか制約はあるものの（ホステル利用における年齢制限、性別による宿泊施設の区別、施設管理人など）、そこでは、自立することの重要性や、新鮮な空気や体を動かすことの大切さが体験できる。組織としてのユースホステルは、概して非営利のＮＧＯセクターのボランティア団体で、国際ユースホステル協会の規約に則り、それぞれの国において理事会および評議員会を中心に組織されている。各国のユースホステル協会は教育を担う省と連携し、シルマンの流儀にならって、「遠足」や「林間学校」のような野外授業のための宿泊施設を提供している。(16) ガタリの言う「キャラバン」がこれである。ウリがラ・ガレンヌ郊外で組織したもので、休暇中に歩き回る一団の生徒たちのための宿泊施設として学校とホステルが利用された。また、範囲をかなり厳しく制限していたとはいえ、ドゥリニーが子供たちの通る道や迂回路、経路などを考えるときにも、このネットワークが役に立った。ドゥリニーは紙のうえや映画のなかでその地図を記録し（それは逃走線というよりも、反復と放浪の線だった）、独自の実存的な領土を記述しようとした。それにしても、ホステル、極左的な活動、人民教育、これらのあいだにどのような関係があるのか。ユースホステルとウリの制度論的教育学とがいったいどこで結びつくのか。こういったものが修行中の若き活動家であるガタリに何をもたらしたのか。このあとガタリが試みる諸集団の横断的実験にどう影響したのか。

ユースホステル運動におけるフランスのアノマリー

ユースホステル運動の歴史において、フランスは一種の例外《アノマリー》である。各国のユースホステル協会がその地域や領域によって区分けされ、さらに下位区分が設けられるということは珍しくないが、フランスでは、競合する協会が出てきては政治的・宗教的な線で分断されていた。これは国際ユースホステル協会にとって特別な課題となっていた。フランスで最初に加盟したのは、この運動のカトリック系党派である「フランス・ユースホステル連盟」（Ligue Française pour les Auberges de la Jeunesse〔以下「カトリック連盟」〕）であった。長らくマルク・サンニエ（一八七三―一九五〇）の名とともに記憶されてきた組織で、政治的には不戦論の立場、セクシュアリティをめぐっては保守的な構えを見せていた。[17] フランスで最初のユースホステルは、パリの南に位置するビエルヴィルのサンニエの別荘で設立され、一九三〇年にオープンした。

一九三四年、別のユースホステル協会がフランスで誕生する。「非宗教ユースホステル・センター」（Centre Laïque des Auberges de la Jeunesse〔以下「非宗教センター」〕）である。ある歴史家が次のように述べている。

この協会は、フランスの教育サークルに潜む反教権主義を支持し、人民戦線政府に対しては忠誠を尽くした。また、ホステルを利用する若者たちがユースホステルの造営や管理にかかわる必要性を強く訴えた。フランスでは各地でホステルがキノコのように数多く出現していた。ホステル利用者はどのグループも自分たちの雑誌を作り、ユースホステルがもつ神秘的な雰囲気――古い時代の「くだらない」伝統から若者を解き放つこと――について真面目に話しあった。この運動は自分たちの共感する詩人（プロヴァンスの作家ジャン・ジオノ）を有し、自分たちの好きな歌集（マリー＝ローズ・クルゾの『歌の鍵』*La clé des chants*）を讃えた。[18]

このようなホステル運動の歴史のなかにガタリとウリを位置づける重要な論点がここにいくつか示されている。まず、レオン・ブルムの人民戦線に見られる社会党の政策を重視している点である。人民戦線は、一九三六年に、ファシズムの脅威に対する左翼政党の統一戦線を背景に台頭してきたものだ。人民戦線が強く訴えていたのは、余暇を通して文化を豊かにすること、さらには教育の間口を広げることであり、これが刺激となって新しい組織が数多く生まれた。さらに重要なのは、ユースホステルの「非宗教センター」や「カトリック連盟」のような現存する多くの組織に資金を提供したことだ。当時、余暇省（Ministry of Leisure）の大臣を務めていたレオ・ラグランジュは、のちに「非宗教センター」の会長の座についた[19]。一般人が運営するホステルは、「カトリック連盟」のものよりもすばやく広がった。有給休暇をはじめて楽しむ労働者たちが過ごせる場所として一般人ホステルを奨励する政府の政策がおもな原因だった。「コミュニスト」による子供たちのための夏合宿、林間学校（colonies de vacances）およびその指導者の養成を行う団体（Centres d'Éntraînement aux Méthodes d'Éducation Active）は、いまでも神話的存在となっている。この団体のメンバーはフレネの信奉者たちで、寄宿生のための部屋が用意されていたフレネの学校もこの取り組みに加わった。当時、政府は若者の組織と連動する取り組みを広範囲にわたって支援していた。人民戦線のもとでは、ホステルや学校、その他の施設が人民教育のための交流の場となっており、余暇を楽しむ新しい機会を提供し、また若者の旅を奨励するものであった。いわば市民社会の総意にもとづく政治イデオロギー機械だったのである。この盛り上がりは戦後において再燃することになる。「非宗教センター」のホステルに見られる自己組織化もまた重要な特徴となっていた。それは労働者たちを監督しながらその独立独行を促すものであった。ここから発展的に諸々の施設が実際に作られるようになり、協働がもつ本来の権限を取り戻すことになった。協働はホステルの精神を活気づけ、戦後の数年間、復興と再建という大きな負担にもかかわらず、加速しつづけたのである。もっと言えば、第二次大戦中、いまだ占領されていないフランス僻地のホステルには、「レジスタンスの中心」となったものまであった[20]。サンタルバンのような精神病院が進歩的な医者や芸術家、レジスタンスの闘士たちの避難所となっていたように[訳注2]。

とはいえガタリ、ウリ、ユースホステル、制度論的分析、これらを結びあわせるうえで重要な役割を果たしていたのは、やはり自主制作による共同出版物だった。フレネからインスピレーションを得たフェルナン・ウリの教育論では、自主制作による学内誌とその編集と配布をめぐる共同責任がおもな特徴となっていた。各国のユースホステル協会の多くは、独自の定期刊行物をもっており、フランスであれば、「カトリック連盟」の『情報と資料』(*Information et documentation*)などがあるが、こういった定期刊行物がこの制度そのものの構成要素となっていたわけでもなく、つねに発明しつづけようというこの制度の狙いにもそぐわなかった。また、こういった刊行物の多くは『前を向いて生きよう』『楽しく進もう』『われわれとともに』『夜明けは近い』といったようなロマンティックな名前を掲げているわりには、個々のホステル団体の自主管理から独立した形で刊行されているわけでもなかった。[21]出版活動もまた制度的な問題の重要な要素となっていたのだ。

国際ユースホステル協会は、フランスにおける個々の組織が自主的にひとつの国家的な団体に統合されること——戦時中、占領下フランス政府のもとで不自然な形で決定された——を望んでいたのだろう。この国際組織は、戦後の数年間(一九四七—一九四八)、このような動きを支持しており、非宗教センターの分派にメンバーシップの権限を与えなかった。第三の団体である「フランス連合」(Union Française)が一九四七年にカトリック連盟に加わり、「フランス・ユースホステル協会」(Fondation Française des Auberges de la Jeunesse)となったのはこのあとのことである。(訳注3)一般人によるホステル運動は、「非宗教センター運動」(Mouvement Laïque)が独自の路線を歩みはじめると、おのずから分裂せざるを得なかった。[22]フランスでは一九五五年になってようやく「ユースホステル統合協会」(Fédération Unie des Auberges de la Jeunesse)という形で統一がなされたのである。

制度を問うこと

フェルナンの制度論的教育学は、ジャンとガタリが制度論的精神療法をめぐってラボルドで試みていたことに近かった。どちらのアプローチにしても、分かっていることは、制度的な背景じたいの分析が必要だということだった。一九六〇年ごろ、セラピストや教育者などさまざまな専門家たちがウリ兄弟のもとに集まり、「制度論的精神療法・社会療法作業グループ」（GTPSI）の名のもとで、制度の諸問題、つまり制度をいかに生みだすか、創造的な組織的解決法を用いていかに制度を改変していくのかといった問題を話しあった。この種のグループの数が急速に増えてきていた。先にも触れておいたとおり、一九六五年に「制度論的研究グループ連合」（FGERI）が設立され、一九六〇年代後半にはこのFGERIから「制度論的学習・研究・教育センター」（CERFI）のようなサブグループが出てきたのである。ガタリにとって、CERFIはきわめて重要な社会集団機械だった。CERFIについては本書の結論で詳細に論じるつもりである。

フレネの支持者たちは、フェルナンとともに「療法教育のための基盤グループ」（GET）を立ち上げた。FGERIと合流した彼らは、精神科医、反精神医学者、哲学者、建築家、都市計画専門家、活動家などと付きあうようになった。ジャン・ウリは、それぞれのクラスにおいて個々の学生の事例報告を作成するといった精神分析のモデルをGETに導入した。(23) FGERIは、専門領域を横断する実験的な研究の集合的編成にほかならず、ガタリの言葉を借りるなら、それは「(煽動する者と参加する者の量、レヴェル、コミュニケーション、さらにはその制度的・ミクロ政治的選択といった空間の関数に比例する形で）作りあげられた諸問題を、別の学問領域をつうじて乗り越えるための迂回、路」だった。[24] 活動家と専門家が合流して行なったこのような実験には目的があった。それは主体化の場を作りだすことであり、異質混淆的な要素と局所的な状況に敏感な生徒－教師の関係を正しく認識し、「兵舎的学校」の主観性を乗り越えることであった。ガタリはそこにフェルナン・ウリの功績があると考えていた。こうしないかぎり「あらかじめ用意された解釈格子」をもった者が強引に意見を押し通すようになってしまうのだ。[25]

ここで強調しておきたいのは、フェルナン・ウリとその仲間たちは、フレネ運動とかかわりながら、教育を背景に制度を批判したということだ。そう考えると、制度論的精神療法の基本的な考え方や影響力などがいくらか明らかになってくるだろうし、ガタリがGETに興味を持ちつづけていたことも理解できるようになる。ガタリがとくに注目していたのは、特異化を重視しながら演じられる役割や、さまざまな構成部分（固有の参照点）がひとつの集合体を構築する自己組織化のプロセス、ほかの集合体との関係、さらにはそういったものが主観性に及ぼす効果の分析などである。ガタリにとって、これは「有限性と真正性の構成要素」であった。[26]

制度論的教育学に関するフェルナン・ウリの古典的著書『制度論的教育学に向けて』（*Vers une pédagogie institutionnelle* アイダ・ヴァスケスとの共著）における教育原理とその方針には、ガタリの集団概念にとってきわめて重要なテーマが含まれている。ウリとヴァスケスが強調したのは、書くという行為が個人的な営みであると同時に集団的なものであるという点である。書くという行為は、個人が意味や特徴を表現するためのものであるだけでなく、意思の伝達を首尾よく行なうためのもの、つまりひとり以上の他者（クラスメート、親、学外の文通相手）によって読まれ、聞かれるものでもあった。ひとつの主体集団が語り、耳を傾けられているかのように。

ガタリの場合、そのような主体は、異質混淆的な構成要素が集団的もしくは集合的に集まったものであった。この主体の形成は、モナドとしての個人や底なしに見える内面性、さらにはフロイト的宇宙におけるオイディプスや去勢といったコンプレックスによって決定づけられた抽象的で普遍的なものからいったん切り離したうえで、個人が自らを見いだす集合的生が実際にどう変動しているのかを批判的に分析することで見えてくるものであった。ガタリは、主体集団（自ら決めたことを能動的に追求する）と従属集団（受動的に指示を待つ）とを非‐絶対的に分けて考えるサルトルの集団理論を気に入っていた。サルトルの理論では、主体集団と従属集団それぞれがその構成員と社会的プロセスとのあいだの関係を左右し、主体化のための潜在的な力を方向づけていく。主体化の問題については後の章で詳しく論じる。また一方でガタリが興味を持っていたのは、その分野が何であれ（人間界、非人間界、有機的、非有機的、等々を問わず）未分類の（序列的に組織化も分類化もされていない）構成要素から主体がどのように形成され（テレビやインターネットのような機械、さらには娯楽のための装置などが主体の「モデル化」においてますます影響力を持つようになってきている資本主義のなかで、あるいはそれに反して）、自己の生産を特異なものにする不安定で創造的なプロセスのなかでいかに組み立てられていくのかという点だった。主観性とは、さまざまな構成要素が自己意識へと「自己生成的にまとまった」[27]ものであり、そういった構成要素が脱‐差異化された状態で凝集したものなのである。

主体化をめぐる教育学的シナリオは、書くという行為の確かさを裏づけようとしてまとめられたものであり、出版され、複製されたテクストの流通をとおして読まれることが目的であった。このプロセスの柱となったものは、個々の集団的な学内誌であり、そういった出版物を学校間でやり取りすることであった。個人と個人のあいだ、個人と集団のあいだで文通がはじまったのだ（結果的に、フレネの言う個人的な「自由テクスト」の部分だけをクラスの前で読みあげる形となり、それが集団の興味を引き、その部分についてみなが判断を下し、修正を施し、意見を述べ、集団的な出版物に採録できるように編集を施すのである）。地理的に異なったさまざまな学校の集団が、書かれた原稿をみなで交換しあった（普通であれば見過ごされてしまうような日々の状況がこうして再確認されることになった。そのような内容がほかの学校の読者には珍しかったのだろう）。フェルナン・ウリにとって、「「自由テクストで構成された」学内誌」は、第三の物（それはただの物なのではなく、つねに単なる物以上の物であった）を作りあげるうえで「特別な力をもつ表現手法[28]」なのである。それは生徒たちを多様なネットワークに接続させ、教員－生徒という堅苦しい二者関係を崩壊させるものなのだ。教員－生徒の二者関係においては、優れているものが劣っているものを指導する形になってしまう。ウリは一連の精神分析学的対象——部分的、過渡的、制度的な対象a——に共鳴する。このような対象はどんどん類型をなさなくなり（表象としても非シニフィアンとしても）、出版されたテクストという第三の物やその他の媒介者によって、どんどん特異なもの、比類なきものになっていく。この第三の過渡的対象は、あるひとつの集団が共同で保持しているものであり、その構成員たちの関心に合わせて焦点化する。構成員たちは、そのような対象によって自らを方向づけ、それらをとおして横断し、それによって意味を変化させるのである。学校の印刷室を中心とするこのような集団のグーテンベルク的達成、さらには実際に共同で物づくりをするなかで集団的に「仕上げられていく」（修正されるということではない）テクストの実現などは、今日のネットワーク化された仮想的共同体やリアルタイムのブログなどの時代においては、やや規模が小さいように思われるかもしれないが、媒体としての第三項がもつ機械状の広がりは、いまでもまったく損なわれていない。教室とコミュニティとのあいだの関係は、教育学的にも文法や読解、作文などを教えるための主軸となるものであり、教室を世界にむけて開放するものなのである。その基礎的な作動原理を精神分析学的な方向に沿って理論化するには、教室のなかで具体的に考えていこうとするフレネ自身の思想ではもはや対応できない。フレネは、パリの支持者たちのなかに見られる厳格な精神分析学的言語に疎外されているような気になっていた。とはいうもののフレネは、物質的なレヴェルで、学内誌や印刷室、協同会議といったさまざまな媒体を取り入れた。こういったものは、ウリ兄弟にとっても、きわめて有効なものであり、不可欠なものであった。フェルナン・ウリは次のように述べている。

療法士と患者とのあいだに媒体となるものを導入することは、何よりもまず治療に必要な条件である。極端な形で図式化するなら、それは制度論的療法を特徴づけるものでもある。媒体とは、一見すると物（道具あるいは目標）や人物、制度などを意味するかもしれないが、それはつねに物や人以上のものなのだ。一九五七年の学会で、フレネは次のように述べていた。銅像はわたしのためにではなく、小出版社のために立てられるべきである、と。[29]

出版社といっても、フレネはテクノロジーにこだわっていたわけではない。そもそも、学校の敷地のなかに印刷所を持ち込むことはフレネの独創ではない。独創的なのは媒体としての印刷所の役割である。それは横断－移動の場であり、そこでは序列関係が再構築され、責任が割り振られ、引き受けられ、さまざまな機能とその機能の変化が独自の仕方で管理され、学校、教室、黒板といった現存する制度的建造物があらゆるレヴェルで問題化される。もっと言うなら、印刷室は、状況の特異性を踏まえながら、フレネとその支持者たちが用いた数多くの媒体のひとつにすぎない。学校の印刷室についてはもう少し詳しく見ておきたいと思う。

学内印刷所

フレネは試行錯誤しながら学んでいくことを重要視していた。エコール・フレネ（一九三五年にフランスのヴァンスで最初のエコールが開校）は授業のない学校で、言語（作文や読解）は技術的な媒体をとおして、自然に、しかし受け身にならない形で習得されていた。複製技術の利用は、フレネが学内印刷所と呼んでいたものの主軸となるものであった。学内印刷所というのは、一九二六年にフレネが発行しはじめた学内誌のタイトルでもあった。数年後、フレネはこの学内誌に「シネマ、ラジオ、写真など」という副題をつけている。フレネの学校には印刷室が一部屋あって、そこには当時流行していた彫版（リノリウムや木版）、可動式の活字、さらにステンシル印刷や手動式のゲステットナー印刷機などもあった。実際、フレネは学校で使うことができる小さな出版物を作成し、仲間の旅行者たちにも売り込んでいた。テクノロジーはコミューン主義的な学校生活に役立てる形で利用され、生徒たちが学校を自分たちのものにするための手段となっていた。フレネも、のちにはガタリも、テクノロジーはミクロ政治的な活動によって力を発揮するものであり、学内誌を作るために印刷所を設置し、そこを授業の拠り所のひとつとしながら国が定める教科書の導入に異議を唱えることで、本当の意味での運動を作りあげることができると考えていた。それはすなわち、技術的な選択と政治的な選択とのあいだに一種の接合がなされていたということである。

先のウリの言葉にもあったように、学内誌を作り、それをフランス内外の学校どうしでやり取りするというプロセスのなかには、集団的な自己批判も組み込まれていた。個人が作った自由なテクストにすぎなかったものが、デッサン風のものから言語へと変化し、そういったものが集められていくのである。学校で用いられる本は、このような印刷室で作られたものばかりであった。機械による複製にずっと着目していたとはいえ、フレネは印刷室を万能の解決策とは考えなかった。印刷室はあくまでも「自由で創造的な作業のための技術」であって、手段ではなかった(30)。フレネの独創性は、印刷技術を利用しようとしたところにあったわけでも、「自由テクスト」の作成に力点を置いたところにあったわけでもない。彼の独創性は、そういったものを平等主義的で民主主義的な雰囲気のなかに定着させたところにある。こういった空気がきわめてシンプルな形で、一段高く作られた教壇を取り払い、標準化された学校の教科書といったものを拒むようになっていったのである。

とはいえ、印刷技術に頼るところは大きかった。フレネの場合、機械によって複製を作っていくなかで、書いたり読んだりすることの意味や動機づけ(興味そのものを引きだすというよりも、興味をどんどん深めていくこと)を見出していったのである。生徒たちにとって、自分たちの作品が印刷されていく様子を目にするのは、魔法を見るようなものであっただろうし、フレネの言葉を用いるなら、それは「学術的な取り組みと現代における生の複雑なプロセスとをすべて統合するような新しい伝達手段の適用範囲を拡大し、表現のあらゆる可能性に火をつける永遠の魔法、果てしなき喜び」だった(31)。フレネが観察しているように、最初は、スケッチとして表現されたものが定着され、謄写版として白黒（部分的に手作業で色を入れていくものも含む）[32]もしくはカラーの見事な複製画に仕上がっていく様子に驚いていた若き書き手たちも、やがて自らの本に仲間たちの作品を取り込んだり、毎日新しいスケッチを書き加えたりと、夢中になりながら、自分たちでどんどん作業するようになっていった。何部かは親にも送り届け、それ以外は学内誌として他の学校に郵送し、集団で作った出版物を交換しあった。フレネにとって、このような活動は「自分たちだけの作品を創造し、所有し、伝えたいという子供の欲望を効果的に刺激するもの[33]」であった。本そのものがまさに形式と内容なのである。他の学校との文通は、最初は「教師が書いたものを子供たちが聞き取り、書き写したものだった。このような作業をとおして、生徒たちは、スケッチとは別に作文の練習を着実にこなすことになるだろう[34]」。書き写す行為はやがて自主的な作文を促すことになる。「そして奇跡が起こる。この循環は揺るぎないものだ。何かを表現するうえで原稿というものが果たす役割を子供は完全に理解している。こうして原稿はまとめられ、印刷されるのである。白地に黒字で書かれた堂々たる一ページが、挿絵入りで、生命の書に加えられていくのだ[35]」。

協同会議

フレネは、協同会議による民主主義的な組織化を重要視していた。協同会議とは、教室のなかで生徒たち自身が運営する週に一度のイベントであり、そこにフェルナン・ウリも着目していた。これは、協同教育という週に一度の会合を構想していたフレネの発想から出てきたもので、その醍醐味は、壁に貼られた新聞を読んで議論するところにあった。新聞には三つのコラム――批評、祝いの言葉、要望――があり、生徒からの感想もまた名前を伏せずに毎週掲載されていた[36]。これは多くの学校でよく見かける、匿名でこっそり書かれた気の抜けた感想や頼まれて書いたコメント（「意見箱」）のようなものではなく、また任意に選ばれたお役所的な応答などとも違っていた。毎号議論になり、それぞれの立場が説明され、弁明が貼りだされる。必要とあらば、さまざまな作業に生徒たちが再度取り掛かることになる。「こうしてみなで検討することは、批判的であると同時に建設的であり、これほど倫理的で有益なものは他にない[37]」。

フェルナン・ウリがヴァスケスと共同執筆した著書のなかで、制度は次のように定義されている。

個々の人間の行為のレヴェル、すなわち個々の人間の潜在的な力や機能（業務、地位、責任）、役割（社長、秘書）、さまざまな集まり（チームの主将、さまざまなレヴェルのクラスなど）、さらにはそういったものの効力を維持する諸々の儀式などに応じた場所、時間、立場[38]。

つまり制度は、このようなさまざまな活動で構成されるものなのである。こういった活動は制度の材料となる。そのすべてが形の整った記録可能な物を後に残すわけではないが。会議においては教師もまた多くの参加者のひとりであり、ときには申し立てを拒否することもあるだろうが、それでもやはり、クラス全体が自律的な集団、つまりガタリのいう主体集団として活動しつづける。主体集団は自らプランを練りあげ、語り、聞き取られ、自分たちの目的を遂行するリスクを負い、それに対して責任を持つ。実際、協同会議の場合、混乱が生じた際に言葉が見つかるまでみなが黙っていることもある。どこでどう言葉が見つかるか誰も正確には分からない。ラボルドでは、洗濯室から派生した独自の隠語が用いられていた。それをジャン・ウリは「ランジスティーク」(lingistique)〔「ランジュリー」(lingerie)と「ランギスティーク」(linguistique)の掛詞〔「衣類整理室言語とでも訳しておこう」〕と名づけた[39]。生徒たちの場合であれ、精神病患者の場合であれ、普通の子供/大人の社会、政治、経済といった広い世界に紛れ込んでしまうと、姿が見えなくなってしまうだろうし、ただ無視されるだけかもしれない。そういうリスクがつねにある。フェルナン・ウリにとって協同会議は、集団の目(個々の人間の逸脱行為や功績などを目撃する)であり、脳であり、心であり、要するにひとつの精錬機械だった。それは「組織の中枢だった。この会議には、新しい制度を生みだす力があり、コミューン主義的生活環境を制度化する力があった」[40]。つまり、制度の材料を作りだす力がそこにはあったのだ。この材料は、記号論的にうまく定義づけられたものとして形成される場合もあれば、形式と材料のあいだの非シニフィアン的結合によって横にずれていくものを生みだす場合もあった。この非シニフィアン的結合には意味作用(シニフィエ)はなく、意味を生みだす構造的なシステムのなかでそれが全体化されることもなかった。制度的材料に形を与えようとするこのプロセスから実際に物ができあがることはほとんどない。このような表現は実質的なものを迂回するのだ。実際にそこに残っているものという意味での物を飛び越えていくのである。形を与えようとする試みの大半が、編集室の床に残っているものや会議の時間に記録されなかったものなどといっしょに掃き捨てられてしまうのである。記号論的にうまくまとまったものだけが承認されるというわけではなかったのだ。

協同会議は、組織という次元で見ると、グリユール(grilleurs)とグリユーズ(grilleuses)〔ラボルドで役割分担表(グリーユ=グリッド)をつくる男女〕の集合体を教育の世界において実践しているようなものであった。グリユールやグリユーズは、ラボルドにおいて「役割分担表」の監督者として出てきたものである。今日のようなプライバシー尊重の時代においては驚くべきことだが、当時はこれが自己発明や自己管理につづく自己批判のための装置であった。ラボルドで行なわれていたように、患者の書類が議論のために公開されるなど今日では考えられないことだろう。(41) うまく機能するシステムとは、えこひいき（特定の地位に落下傘式に人を送り込むなど）をせず、抵抗運動、内部崩壊、いわゆる搾取作用（調理スタッフとして雇われた者が治療作業にかかわるときの不安など）といった問題が表に出てきたときには敏感に対応し、作業の分割を認め、それじたいをつねに複雑化させるものである。権威主義への誘惑は医師にも教師にもつねにあるからだ。

状況の／における精神分析

媒体となる第三の物は、精神分析的状況に見られる治療の二重性やもっともらしい分析的中立性を批判するうえで、制度的状況において根本原理のひとつとなる。一九四〇年代にジャン・ウリが師事した共産主義者の精神科医フランソワ・トスケル〔トスケイエス〕は、二重の分析の先を見ていた。次の引用で述べられているようなものがその発端となっていた。

象徴秩序の非人称的で多様なネットワーク……材料の組織化、さらには患者と患者、患者と医師のあいだの精神的・社会的相互作用の結果として、精神病院のなかで、医者の知識を踏まえながら、作りあげられることの多い集団治療のひとつの形式(42)［に向けて］。

さらにウリの場合、

精神科医と患者とのあいだにひとつの媒体を導入することは、少なくともはじめのうちは治療に必要な条件となる。極端に図式化して言うなら、それは制度論的精神療法を特徴づけるものでもある。そのような媒体は、物（道具や目標）あるいは人物、または制度のようなものだと思われるかもしれないが、それはつねに物や人物以上のものなのだ(43)。

このような媒体はさまざまな形をとりうる。教育の場では、クラスで発行する学内誌などが、協同会議とともに言表行為の集合的編成体《アセンブリッジ》（訳注4）となる。それは、集団が時間をかけて創造し、何度も作りなおしながら維持する組織的な制度なのである。媒体となる第三の物は、一対一の関係の外部にあって、そこでみなが協働して作業し、一連のやり取りを強制的に行なうことで（慣例によって定められた会議において、決議の段になったところで、誰かが新聞について演説を行なうなど）、集団的に責任を引き受けていく場なのである。

フレネのやり方で行なわれる制度論的実験は、精神分析学というよりも、むしろ「作業で学ぶ」という原理が根本となっている。フレネのいう作業の概念は、作業／遊び（work/play）が文字として区別される以前のものであり、彼なりの脱構築をとおして辿り着いたものである。フレネは自らの概念を打ちだすために作業－遊び（work-play）と連ねて書く。問題となるのは肉体労働ではなく、統合の精神に満ちあふれた物質的で知的な活動である。それは仕事になる遊びというような、摸倣的なものではない。たしかに「作業による学び」には「秘められた社会的生産への可能性」がある、という点をフレネは否定しなかった。しかし、彼が強調していたのは、「社会のために直接役立つもの」[44]を結果的には作らなくとも子供たちは喜んで作業するということだ。ガタリもまた、ラボルドでは固定化された一連の作業を割り当てているのではないか、それは労働をとおして社会に適応させるためのひとつの形式ではないか、と言われて、自己弁護しなければならなかった。[45]ガタリと同じく、フレネにとっても、作業‐遊びは技術を学ぶための修業のようなものではなかったし、いかなる意味でも矯正的なものではなかった。そういうふうに解釈することは、「あまりにあからさまな実用重視の目的を迂闊にも子供の活動に」[46]押しつけることになるだろう。同じ理由で、作業‐遊びは、子供の学校世界を作りあげている集団的な様態のなかで、喜びと疲労、臆病さと驚きのどちらも合わせ持っており、仕事から遊びを引きだすというような愚かなことを許すものではなかった。フレネは、学校の実際の敷地内で、知的労働と肉体労働という区別、後者が付属として機能するような区別、つまりこの時代に典型的にみられた「社会の二重性」を受け入れなかった。[47]またしてもここで媒体としての第三の物の登場である。職業訓練（仕事）として定義づけられるのか、芸術の手法（遊び）として定義づけられるのか、という固くてゆるがない二元論から解き放たれた学内印刷所の作業‐遊びである。ここで問題になるのは、教師と生徒のあいだの相互作用をどう深めていくかということであった。主人公が二人というモデルではもはや十分ではなかった。制度論的運動にかかわっていた者にとって、このモデルはきわめて限定的なものだったのである。

　フレネの教えでは、生徒たちは自分たちで決めた目的を積極的に追究する主体集団となるよう促される。これと対極にあるのが、大人しく指示を待ち、空虚な連続性を生きる隷属集団である。どちらの集団も主体形成のための力を創出することで、構成メンバーと社会的プロセスとの関係に影響を及ぼす。つまり、構成メンバーが受け入れることのできるリスクの量や、構成メンバーがそのような集団をどう利用できるのか、といったことに影響するのである。劣等感や怠慢といった幻想を遠ざけ、他者との出会いに対して多くの者が身につける鎧を引きはがすといった修正がもしあれば、そこから未完の創造性を引きだすことになるだろう。これは主観性の再モデル化を行なうことではない。むしろ、ほとんどバロック風ともいえる絶え間ないミクロ社会学的な変化をとおして新しいタイプの主観性を生みだそうとするものだ。この動的な作りかえ作業のおもな媒体となるのが、ユースホステルの例をあげて先に触れておいたとおり、集団で作りあげる雑誌なのである。このような雑誌は「食卓や寝室における日常生活やスポーツ、ゲーム、文化的生活、さらには研究会や集会での激論のさなかに生じる制度的な原材料[48]」と深くかかわるものなのである。ホステルの共同部屋や協同会議のことなどもここに加えていいだろう。ガタリは、ラボルドのグリッド〔役割分担表〕を一般化できると思っていなかった――「このように物質的に置き換えることができるようなモデルなどひとつもない[49]」。ユースホステル、フェルナン・ウリの制度論的教育学、さらにはラボルドの制度論的精神療法、これらは相補的な形で横断的な実験を行なっていたのである。横断性については第二章で詳しく論じる。

横断性とは、

さまざまなレヴェルのあいだで、とりわけさまざまな方向で最大限のコミュニケーションが実行されるときに、具体化されるものである。それは主体集団がめざす対象そのものである。われわれの仮説は以下のとおりである。すなわち、ある制度のさまざまなレヴェルで、無意識的な横断性のさまざまに異なる比率を変えていくことは可能だということである。(50)

生徒たちの集団が横断的な力を具体化するためには、学校での経験や意味をひたすら受け入れるだけのゲットーから出る必要がある。彼らは、学校運営上のくだらない序列やあらかじめ用意された記号論（書物、制服、しぐさなど）によって分けられ、しかもその大部分は彼らの手の届かないところで管理されている。普通、学校の子供たちは、ひとつの集団として実際的な力をほとんど持たない。彼らの横断性は、打ちだされるチャンスがないので、その制度的な効力はきわめて限定的であり、その意味ではずっと潜在的なものとしてとどまる。この状況を変えるために、人民教育は教育制度を再編し、集団的な創造行為（集団的統一の拠り所となるものはみなの財産となり、共有されていた）によってそれをつねに作りかえながら、物質的なレヴェルから知的なレヴェルまで、何度も検討しつづけてきたのである。従来は別々のものであった役割と責任とがそこではひとつになっていた。学校での経験を生徒たちが自ら作りあげていくための制度的な材料といえば、やはり学内誌だった。ホステルの時代からFGERI、その後のCERFIによる雑誌『ルシェルシュ』まで、ガタリの人生においてこのような集団的出版活動はつねに見られるものだ。フレネの学内誌――「自由テクスト」を両面刷りにしたもの――がガタリに与えた影響を見ておくことは重要である。またフレネの学内誌が、学校新聞や年報、ひとりか二人くらいの編集者（あるいはおせっかいな教師や会費を募る職業的な団体）に束縛されて作る大判の機関誌などとどう違うのかを知っておくこともまた重要である。集団で作る雑誌は、急進的な制度によって主観性が生産される際に、横断的なツールとして用いられる。そういった雑誌は、制度的な材料を集合的に作りあげるうえで役に立つ。それは、単にひとつの制度が生みだしたもの（さらにはその制度のなかに参加者を送り込むもの）ではない。むしろ制度そのものが、みなで時間をかけて雑誌を作り、磨き上げていくことで生じてくるとも言えるのだ。そこには、こういったプロジェクトにかかわるすべての事柄が含まれている。連続的に発行せねばならないという苦しみもそうだ。いったん手に入れた名声にすがりつきたい編集者たちやエントロピーが増大するにつれて——ひょっとするとそれは仕上がることのないものを楽しむことなのかもしれないが——その横断性をいっそう促したいと思っている編集者たちにとって、次の号あるいは次の版を出さねばならないということが足かせとなる。フレネは、ヨーロッパ、メキシコ、南アメリカなど国際的な例をたくさん挙げながら、学内誌、新聞、定期刊行物の戦略的効果を強調した[51]。

集団的な自己産出や、新聞のように記号論的実質を伴う生産品に中心的な役割を付与する制度的材料の形成などについてこのように考えていくと、やがて、ある解釈ストラテジーにたどりつく。それは新聞の発行や編集といった集団作業のなかに、制度化のプロセスを検証するための原材料を見出そうとするものだ。新聞という生産品は、編集作業やその他の活動によって産みだされる制度的材料の主要な形態なのである。実際のところ、欲望する製品や幻想といった広範囲にわたるものがすべて実質的な形を見いだすわけではない。ひとつの集団がある領域に自ら参入しようとするにせよ、その領域のおもな目印を、創造的で横断的な交差をとおして回避しようとするにせよ、そういった領域に対する位置決めがすべて実質的な形を見いだすわけではないのである。あるいはその領域に備わっているおもな目印を、創造的で横断的な交差をとおして集団は逃れようとする。とはいえ、そのような出版物が欠かせないのは、ひとえにそれが具体的な情報源として生き残るからである。ガタリの知的形成を把握するひとつの方法は、彼を雑誌出版の世界に位置づけることだ。それを段階ごとに辿るというのではなく、ひとつの領土の地図を作成する手段としてそれを捉えていくのである。そのようなプロジェクトを背景にしながら、ガタリは自らの領土を築き、新しい参照の宇宙――政治的なもの、美学的なもの、認知的なものなど――を作りあげたのだ。

時間割の機能

フレネの運動に着目する歴史家たちは、この運動が教室の構成や予定表の作成、とくに日々の時間割に注意を払っていた点を強調する。端的に言うなら、生徒がそれぞれ自分の能力に合わせて「自由テクスト」を作文するところから一日がはじまる。このテクストは大きな声で読みあげられ、投票によって選ばれたものは黒板に書きだされ、編集される（「仕上げられる」）ことになる。短い休憩をはさみ、生徒たちは授業のためにふたたび集まるよう教師に求められる。授業といってもそれは「自由テクスト」と学校の「図書室」の情報カードを用いて行われる。「図書室」の情報カードというのは、実質的には、さまざまなテーマを取りあげるフレネの授業のなかで作成された切り抜きや教育上の資料で構成されていた。野菜だけのランチ（地元の生徒たちのなかには自宅に帰って昼食をとる者もいただろうが）のまえに、印刷の作業を行なった。さまざまなグループがそれぞれ自転車で印刷屋に出入りしたり、レコードを聴いたり、手芸をしたりとさまざまな活動を行なっていた。正式な授業は、カードのコレクションや他の学校から届いた文章などを朗読しながら進む。午後の短い休憩のあと、最後に「穴埋め」の作業――補足すべき他の事柄――をして一日が終わる。日々の予定は、カードを用いた作業‐遊びの個々のプランや、週に一度の協同会議、さまざまな集団活動（ガーデニングや手工芸）であり、さらに取りあげるべきテーマがあれば、それに合わせて組み込まれる形になっていた(52)。民主主義的な目的、作業‐遊びのスケジュール化、交代制で行なうさまざまな活動など、ラボルドで採用されていたグリッドと重ねあわせて見ることができるだろう。さらに、規則正しい集団活動がいかにフィードバックの仕組みや、スケジュールを再調整する手段をもたらすのか、そこのところも見えてくる。ガタリはウリ兄弟からフレネ式予定表作りを学んだ。ガタリにとってグリッドとは、日、週、月、さらにはもっと長い期間で、しかも基本的には交代制で、時間と作業を管理するための複式記入表だった(53)。グリッドは何よりもまず職員を管理するための道具（進化し、徐々に洗練されていく）なのである。このような文脈で「活動〔闘争〕」という言葉が意味するのは、革命どうこうという話ではないし、またアジテーションよりも管理能力のほうが重視されていたはずである。とはいえ、これは妥協ではない。ガタリがホステル運動における若者たちの課外活動や制度論的教育学から学んだものは、組織化をめぐる教訓のまさに本質的な部分だったのである。結果的に、フレネの支持者たちはフレネの闘士として知られるようになった。また、多くの自称活動家たちがフレネ運動から追放されることになった。彼らは自分たちのことを専門家とみなし、当時流行っていた教育者の言葉《エデュスピーク》づかいを用いたのだ。次章では、横断性の理論において、スケジュールが提起する問題について詳しく見ていきたいと思う。フーコーが述べているように、「時刻表は過去から受け継いだもの(54)」であり、それは管理されたしぐさやリズムの形で身体にしみ込み、従順さを植えつけるものなのである。

偉大なる組織者であるフレネからウリ兄弟、さらにはガタリにいたるまで、制度的生の横断化という点で明らかに一貫性が見られる。同じく、学内印刷室から『ルシェルシュ』（一九七七年、*Martin Paris* 紙のオフィスでガタリがその立ち上げを手伝った「自由ラジオ」の放送局なども含む）[55] にいたる定期刊行物の印刷作業に見られるように、つねに機械がかかわっているという点でも一貫性がある。その主調となるのは、人民を教育することであり、さまざまな集団が出版事業をとおして制度的材料を集合的に自己産出することである。これは昔ながらの教育的枠組から逸脱したものである。教師と生徒の関係を書き換えることでフレネが教室を民主化したように、ガタリは、医療に携わる者と携わらない者とのあいだの関係を脱分割化し、現行の医者－患者というシナリオを書き換えた。フレネからガタリにいたる制度論的活動家たちは、制度的材料を創出し、社会的創造を切り開くその潜在力を探究することで、個人および集団の情動を表出し、伝えるための横断的な社会ツールを作りあげた。このようなツールやそれを補う技術は、主観性の構成要素を再構成する特別な手段なのである。こうして新しいタイプの責任が引き受けられ、さまざまな見方や生き方が今後可能になるかもしれない。これらのツールがあれば、人を苦しめることのない建設的な制度的材料を作ることができるのだ。

第二章　横断性と政治

横断性とは何か

一九六四年、演劇と精神療法をテーマにある学会が開催された。ガタリはそこで「横断性」と題する報告を読みあげた。そのなかで彼が用いた中心的な批評概念のひとつが横断性だった。ラボルド精神病院で、ガタリは制度のなかでいかに主観性が形成されるのかということを分析的に批判し、また実験を試みていた。横断性の概念は、精神療法的で政治的なツールとして、まさにその場所で作りあげられたものである。とはいうものの、一九六四年の段階で、ガタリはまだフロイトの無意識理論（普遍的なコンプレックスによって構造化された深層心理モデル。個々の人間の内部にあって、さまざまな衝動を引き起こすとされる）から抜けだせないでいた。このあと五年の歳月を経て、無意識は機械状の性質を帯びるようになる。ガタリは、自らもそう述べているように、概念を「借りてきて混ぜあわせる人」[1]であった。やがてガタリは、精神分析における無意識の概念に機械の次元を混ぜあわせ、結果的に以下のような見解にたどりつく。言語は表象内容を集約しない。普遍的なコンプレックスの文法だけでは、特殊な環境で生じる特異性を理解できない。間主観性は普遍的な組織構造を迂回し、必ずしも解釈に役立たないような、超人間的で非有機的な構成要素や非主体的な編成に取り込まれる。人類や大いなる本能といった遺産だけを拠り所とするわけにはいかない。いまここで必要なことは何なのかを考慮せねばならない。無意識は時間と場所に依存し、それぞれの審級で展開する。このような無意識の分析は専門家たちの領分ではない(2)。

概念を混用し、さらには盗用したとガタリ自身が認めているからといって、それをそのまま受け取り、彼のもっとも力強い概念的創造を他人の功績と考えるのは間違いだ。たとえば、ドゥルーズとガタリの伝記をまとめたフランソワ・ドスのあの不朽の学術的大作のなかで、ガタリは概念どろぼうとして描かれている。ドスは他人の見解を何ら疑いもせず、ただ引き写すのである。心理学者ジネット・ミショーは、横断性の概念をガタリに勧めたのは自分だと言っている、とか(3)、「グリッド」はクロード・ジャンジラールが考案したもので、シェネ精神病院からガタリがラボルドに持ち込んだものだ(4)、などとドスは考えている。しかし、横断性のような概念は、完全にまとまった形でいきなりできあがるものではないし、静的な実体としてとどまるものでもない。このことは、ドスが捉え損ねている問題のひとつだ。

ガタリは、社会的な要求や問題、さらには実際にそこにある物を実践的な分析のなかに再導入した。個々の人間は生来的に社会的存在であり、精神発達の諸段階を超えても不安の根源は残る、というフロイトの考えに触発され、ガタリは制度論的分析の対象を家族や言語構造、さらにはオイディプス神話の外部にあるものと考えるようになった。高度産業社会(資本主義であれ社会主義であれ)において、つねに不安の根源となる超自我(実際の影響力はさておき、政治的指導者など)の社会的再生産という問題について、ガタリは、暫定的でややぎこちないものではあったが、「超自我によるデータの〈適合化〉を修正するという発想に辿りついた」のである。「このデータを新たな〈通過儀礼的な〉承認のようなものに変容させ、それ以外のものはすべて排除するというある種の去勢的手続きを盲目的に求める社会の訴えを退ける」のである。(5) その狙いは、超自我としての指導者が煽りたてる去勢への絶え間なき不安（精神分析の用語で言う変わらぬ〈父〉の大いなる連鎖）を引き起こすことではなく、いま置かれている制度の内部（現実的なものも想像的なものも）に革新的な参照点を新たに求め、作りあげることによって、新しいデータの受容を成し遂げることである。ガタリは当初、ラボルドでの活動のことを、このような超自我の手直しなのだと説明していた。ラボルドではさまざまな仮説をめぐって試行錯誤が続いていた。その治療のなかで、ガタリの目線は、精神療法における二元的分析から、精神病院という環境のなかで実際に自分を見出していく患者のほうへと向くようになった。これは、数多くの伝統的な分析方法に対して真っ向から異議を唱えるものであった。わけてもフロイトやラカンからもっとも隔たっていた点は、やはりラボルドで治療を受けていたのが精神病患者《プシコティック》〔神経症ではないということ〕だったということだろう。

ガタリは、集団を分析することで――ある集団のなかの誰であれそれぞれが分析的役割を演じる――制度的配置を前景化する。フロイトの分析から受け継いだ古めかしい遺産のような抽象的な概念規定や象徴秩序（ラカン、ウィニコット、またはクラインの定義による）を支えるさまざまな公認の対象から解き放たれた異質混淆的な構成要素の集まり、あるいは集合的な編成と見なされる脱個人化された主体の欲望、これを理解するには、現実の諸集団が織りなす組織的布置を批判的に分析しなければならない。ガタリが訴えていたのは、機械状無意識というものは必ずしも会話をとおして見えてくるものではなく、表現のあらゆるタイプの要素や内容とかかわるということだ。

横断性は、精神分析における転移（患者と医師とのあいだで交わされる積極的・消極的情動の動き）の概念を無効にするものであった。「転移」と題するもうひとつのエッセイ（初出は一九六四年）のなかで、ガタリは次のように述べている。


事実上、転移には現実的な二重関係は存在しない。……（母と子の）この関係を現実的な状況のなかで思い描くとき、性質上、それは少なくとも三角関係になっていると分かる。言い換えるなら、現実的な状況のなかには媒介的な物がつねにある。なんだかよく分からない補助のようなもの、あるいは媒体として作用している物があるのだ。(6)


間主観的な出会いから切り離されたこの物が、精神療養的な場において集団の問題へと再導入される。それは普遍的なものでもなければ、原始的・神話的なものでもない。転移という現象は、制度のなかで生じる偶然的な出会いを背景に、潜在性と創造性の場を生みだすのである。

もし転移が、無意識を意識的なものにするための人為的な関係であるとするなら、横断性はむしろひとつの制度がその居住者すべてに影響を及ぼすための手段となる。それは集団の無意識であって、あからさまな権力関係や、垂直的（ピラミッド）あるいは水平的（分布状態）用語でもって記述される客観的法則を描写的に分析するだけで捉えきれるものではないのだ。つまり、これは社会的領域および歴史に浸透する無意識なのである。

ドゥルーズが述べているように、ガタリのもっとも重要な功績のひとつは、「（非序列的な）横断的関係」[7]という政治的概念を打ちだしたことである。精神病院のなかの生活について考えるだけでなく、政治的な諸集団についても考えながら、ガタリは次の点を明確に示した。つまり、階級にもとづく支配的ピラミッド構造や、専門分野にもとづく労働の分割といった垂直的な関係性のなかに横断性は見当たらないということ、また老人の患者集団や、隔離病棟に入れられたもっとも不安定な躁病患者に見られるような純粋な水平性のなかにも横断性はないということである[8]。

あれでもないこれでもない。それではいったい横断性とは何なのか。ガタリは続けて次のように述べている。

横断性は、純粋な垂直性と単なる水平性という二つの袋小路を乗り越えようとするひとつの次元である。横断性は、さまざまなレヴェルのあいだで、とりわけさまざまな方向性とのかかわりのなかで、最大限の意思伝達がもたらされるときに実現されるものである[9]。

横断性は、序列にとらわれることを避ける。ひとつの固定点にとらわれて、命令を下したり、受けたり、一連の命令を上へ下へと伝えたりすることを避ける。単なる収容施設――その状況でなしうること――になることを拒むのだ。

ガタリの考えでは、横断性とはひとつの制度がもつ無意識の次元である（ここでレヴェルのちがいについてのガタリの感覚的把握を規定しているのが顕在的か潜在的かという二者関係であるというところに、初期ガタリのフロイト主義の残滓を見ることができる）。無意識の次元にアクセスするためには、集団的な関係性のなかで、またそのような関係性をとおして、横断性の比率がどのようにあらわれてくるのかを分析する必要がある。ガタリは人間でないものを例に挙げて考える。野原で目隠しをされた馬の苦境に思いを巡らせるのだ。完全に目隠しされた状態での他者との遭遇は心的外傷をともなうが、目隠しがひらくにつれてそのショックも次第に和らいでいく。目隠しされた馬の世界では、横断性の比率が低い。馬の目隠しを調節することで、目に見える範囲、あるいはもっと一般的に、参照の領域をひらいていくことで、利用可能な情報のやりとりが実際に増え、横断性の比率が高まるのである。このような情報のやりとりがなければ、垂直方向でも水平方向でも行き詰まることになる。一方、目隠しをさらに強化すれば、横断性の潜在力は弱くなる。「病院の場合、横断性の比率はスタッフひとりひとりの無知の度合いによって決まる」[10]とガタリは言う。ここでいう無知は、垂直方向の仕掛けと水平方向の調整、口やかましい注文、ジェンダー化された労働区分、さらには専門家たちのちょっとした過ちの連発というような「目隠し」によって人為的に引き起こされる。とはいえガタリは、徹底的な無知やそれに伴う心的外傷からも制度的横断性を分析するための手がかりを慎重に引きだす。ドゥルーズが述べているように、これはガタリが横断性という発想を軸にして打ちだしたもうひとつの重要な功績と見なしていいだろう。要するに、これが主体集団という概念なのである。

ひとつの主体集団は横断性の最大化を目指す、とガタリは考える。このような集団は、自らの関心を言葉で表現し、他の集団との対話などをつうじて、外部とかかわりながらそれを追求する。しかし、このように開かれていることで不安定になる場合もある。その集団が外部とかかわるために利用する資源を、外とのやりとりやその介入によって壊される危険性もあるのだ。それにもかかわらず主体集団は、狂気という内面的形式、あるいは境界線上に位置づけられるその様態を表出することで、自らの安全を脅かすこの開放状態を調節しようとする。開かれているが壊れやすい、拡大を望みつつも縮小しがちという二重の疎外に対応する形で、主体集団は自らの有限性と向きあうのである。

ひとつの方向性としては、疎外幻想を改めることで、創造性が引きだされ、抑圧が取り除かれ、自己管理が促される。とはいえ主体集団は、ある種の自己切断をとおして隷属集団になりさがってしまう場合もある（官僚的には、ひとりのリーダーとその神話的権力という幻想を固定化し、横断性を阻止する場合が考えられる。あるいはその集団が革新的な「歴史の主体」ではなくて、そこに絶望が蔓延している場合。さまざまな状況が明らかになるときに、自らの言葉が他の集団によって吸収されてしまい、それを認めるかぎりにおいて「歴史の主体」になりうる、そういう失意がはびこっている場合である）[11]。

また、もうひとつの方向性としては、隷属集団を構成する者たちが、その集団のルールや儀式のなかで、つまり「誤認の諸構造」のなかで引き抜かれたり、そこに植え込まれたりする場合もあるだろう。ガタリが言うには、主体集団は対話形式で何かを述べようとし、隷属集団は、場所や相手を見極めずに、自らの大義名分を聞き取らせようとする[12]。隷属集団は、外部から受け取るものに束縛され自らの目的を追求できない。このような集団は、構成員たちに無駄な時間を費やさせ、自分たちの目論みの無意味さや危険性から目を背けさせるような仕組みを作動させる。ただ、重要な点は、他者との交渉を通じて豊かになろうなどと夢にも思わないもっとも閉ざされた隷属集団であったとしても、そこにはどうしようもなく困難な状況を解くための鍵が隠されているかもしれないということだ。主体–隷属といった区別が、必ずしも相互に排他的なものにならないのはこの点である。このことをガタリは、同じ制度的対象の二つのアングル、二つの側面というふうに述べている。しかし、主体集団の場合、個人が外的な脅威に向きあう危険性はいっそう高くなる。その集団的立場を傷つける可能性があるからだが、同時にそれは、個人が理想として自ら掲げるさまざまな徴候を押しあげようとする潜在的な力でもある。

主体集団が、つかの間の集団的なプロジェクトのなかでどのように外部と交渉するのか、そこにガタリは注目した。

集団が自らの運命の主体となり、それじたいの有限性および死を引き受けるとき、超自我に送られるデータが修正され、その結果、ある社会秩序に特有の去勢コンプレックスの閾《しきい》もまた局所的に修正されるのである。(13)

これは、主体集団の構成員が自らを外部にさらすときに引き受けるリスクの正の結果である。まさにこれが集団における横断性の構造なのだ。ガタリは横断性について語る際、この点に繰り返し触れている。(14) おそらく一九六四年あたりのことだろうが、超自我というフロイトの用語（去勢という罰が必然的に伴う）、あるいは実際の外的脅威を一括して表象し、そのような脅威を内面的に作りあげていくその力にとらわれていたガタリにとって、それはひとつの出発点のようなものであった。(15) 外部との関係を築きあげることが、精神病患者とつきあううえでの必須条件となる。とはいえ、超自我が自らのうちに取り込む対象を修正しながら患者と向きあわなければならない。また、どちらのタイプの集団にせよ、潜在的には入力信号を生産的で新しいやり方で受け取ることができるはずだ。こういったことはフロイトの図式からも明らかであり、これがやがて集団をめぐるガタリの思想へと変貌をとげるのだ。ただ、この場合、超自我による摂取に家族主義やオイディプス的残留物が含まれていてはいけない。精神分析の反動的な公式はいうまでもなく、去勢の不安をひたすら求めたりする必要もない。進歩的な制度的背景があり、横断性のツールがあり、さまざまな理想や社会的要求が手に入るような状況であれば、超自我は罪のない（罪と欲望のあいだの関係を断つ）新しい対象を認めることができるのだ。フロイト的精神分析において、超自我は内的世界と外的世界のあいだに作業場を設けて、後者を前者に作り変えていく。フロイトの言葉でいうなら、現在（外部）を文化的過去（系統的遺産）へと作り変えていくのだ。このようにして自我は、自ら快楽を拒みながら、超自我の顔色をうかがうのである。(16)

横断性のツール

権力／知識という制度的組織体の凍結状態を解きほぐすプロセスにおいて、さらには、ただ場所を移すだけの関係からひとつの変換方法としての分析的転移関係へと導きなおす（治療的成果を請け負う）うえで、横断性が投げかける次の問題は「ではどうするか」ということだ。抑圧を誘発しないものに超自我はどのようにアクセスできるのか。ガタリが取り組んだのは、集団のなかで横断性を増大させる方法を創出することであった。この時、横断性が求めるのは、日常生活に根づいた実行可能な解決策であり、超自我を作動させないように、自らの関与率を修正する制度の局所的な政治学である（ガタリはまずある種の徴候や禁止を取り払おうとし、さらにその地勢図を完全に消し去ろうとした。ガタリにとって、欲望は領土化できるものではなく、特定の座標に割り振ることのできないものであった)。超自我はガタリにとっても重要な概念だった。フロイトの地勢図(自我、イド、超自我)では、超自我が門番となり、さらには(第三の)押しかけ客となる。「こういった選択肢にすべてが丸め込まれていく」とガタリはいう。「欲望には二通りしかないという。抑圧を欲望し、その狙いを積極的に支持することで、自らを欲望として維持するか、あるいは抑圧に抗い、自らを欲望として見失うか。まったく抜け目のないカラクリだ[17]」。陳腐なコンプレックスを誘発しつづける、昔ながらの家族三角形に見られる「一般的な父」といった発想をガタリは繰り返し批判しつづけた[18]。

先述のフランソワ・ドスは、ガタリの精神分析批判の原風景を四十年ほど遡った時点に見出そうとしたのだろう。ガタリが九歳のころ、祖父母と暮らしていたときのことである。ガタリは折り悪く祖父の死を目の当たりにしたのだ。祖父は化粧室に腰掛けて、お気に入りのラジオ番組を聴いていた。その足元でフェリックス少年は紙人形で遊んでいた。その状況で祖父が亡くなったのである。ガタリが五十代のころに語ったこのエピソードだけをドスは切り取り、そこからガタリが生涯にわたって死――死のような反復――を怖れていたこと、変化や斬新さを貪欲に求めようと動きつづける彼の姿勢などを説明しようとする。ただ、ドスはなぜガタリが時代にそぐわないフロイト主義に傾いたのかということを理論的に説明してくれているわけではない[19]。

横断性にはツールが必要である。ツールであれば何でもいいというわけではない。ここでいうツールとは、地元の金物屋の棚に並んでいるような道具のことではない。横断性のためのツールは、制度を変化させる作業に見合う形で作らねばならない。要するに、発明しなくてはならないのだ。イヴァン・イリイチの読者であれば、横断性のツールと楽しく盛り上がるためのツールとの関係性に着目するだろう。イリイチの考えでは、抜本的な制度改革――支配階級をなくすこと――は、産業的な生産モデルが押しつけてくる重々しい「生なき人間のための大道具」[20]ではなく、自立性や創造性、意味の共有可能性を育むツールを用いてなされる。横断性であれ、楽しく盛り上がることであれ、それが高まれば集団関係に幸福感がもたらされると思われるかもしれないが、イリイチもガタリもそういう幸福感を得るための個々のシンプルなレシピからはすぐに身を引いた。イリイチもガタリも、さまざまな制度がさまざまな段階で進展していくなか、まったく同じツールをなんでもかんでも適用するわけにはいかないと考えていた。

ガタリは「グリッド」の名で知られる当番表（時間と作業が交替する複式記入型の表）をラボルドに導入した。[訳注5]この精神病院のすべての人間が「グリッド」にかかわった。それは、企業などで見られる試験的な配置換え、たとえばCEOが卸売店に入り、また逆に物流担当者が上層部へ昇進するなどという、その日かぎりの異動だけでなく、基本的には交替制だった。医療に携わらない者から医療スタッフ、さらには患者までもがこの当番表に組み入れられ、時間と作業がよりいっそう細かく分けられ、非線形的な形で予定が進むにつれて見えてきた成功例と失敗例に合わせて微調整がほどこされる。そのように発展していくなかで、さまざまな段階で監督と見直しが繰り広げられるようになった。医者と患者の関係を脱神話化することによって、制度の横断性を最大化させる効果がグリッドにはあった。クラブ、委員会、集会、会議、パフォーマンス、勉強会など、それが内向的なものであれ外向的なものであれ、一連の集団的な活動がグリッドを機能させていたのである。ラボルドのようなひとつの制度のなかで、ひとりひとりの役割をあらためて構造的に定義づけることは、上から変化を押しつけたり、下から圧力をかけたりすることと根本的に異なる。グリッドは結果的に横断性のツールとなったのであり、それによって「責任が個別に割り振られるようになったのである。それは、階級社会が昔から生みだしてきた官僚主義的な業務や受動性に対する唯一の改善策だった」[21]。

規模の大きな大学によくある研修病院の場合、研修医たちは、制度に横断性をもたらす彼らの力を摘み取るような労働条件のもとで働かざるをえない。病院のエントロピーに飲み込まれてしまい、横断性を利用して変化をもたらすことができなくなるのだ。常駐の状態で研修を受け、長時間働き、医師たちについてまわる。この縦割りの世界では、看護師よりも経験が少ないにもかかわらず、医師のほうが看護師よりも明らかに上に立つものとされる。しかし、もし当番表に組み入れられたなら、彼らの制度的な立場はたちまち流動的なものとなり、責任の新しい領土や関係性のなかに踏み込むことになるだろう（たとえば看護師は、医療とは関係のない作業をかつての上司と対等に肩を並べて行なうことになるかもしれないし、医療関係者でない者と対話を試みながら新しいやり方でそれを行なうことになるかもしれない）。同じく、個々の集団の内部での横断性も情動的な意味でかなり高まるかもしれない。毎週末、それぞれの立場を無効化する儀式（テレビの病院ドラマのように飲んで騒いでというあの手のもの）に明け暮れるようになるかもしれない。かつての役割やそこに付随する抑圧幻想に舞い戻らないように、互いによい関係を築くのである（もちろん、それは神話にもとづく精神分析的コンプレックスを、社会的規定や宗教的な神秘化の形式として当り前のように受け入れたりしないということだ）。そうでなければ、権力者に対して昔ながらのやり方で対応せざるをえないだろうし、家族生活の残留物である決まりきった伝達手段に屈することになる。

時刻表の問題

フーコーの信奉者たちがガタリのグリッドについて何か言うときは、きまって『監獄の誕生——監視と処罰』のなかの時刻表と「処罰の時間」について論じた箇所を引きあいに出して、この横断性のツールの問題点を指摘しようとする。各種作業を繰り返し行なわせ、集団行動や個人行動に強制的なリズムを組み入れ、活動を統制すること、そこにフーコーが見ていたものは、いかに「時間が身体を貫き、それにともなって権力が細部まで支配するようになるのか」ということであった[22]。秩序や従順さを無駄なく生みだしていくなかで、身体の動きを拘束したり時間を区切ったりすることが、次第に細かくなると同時にだんだん同質的なものになっていく点をフーコーは強調する。

ドゥルーズが重要視していたのは、ざっくりと言えば、フーコーの一望監視システムが、ひとつのダイアグラム、ひとつの抽象機械、その適用範囲に内在する力関係の時空マップになっている点である[23]。時刻表とは、ある特定の制度的母体における時間と作業がひとつのダイアグラムとして具体的に集められたものである。一見すると、グリッドもまたこのようなダイアグラムと合致する。実際、ガタリはグリッドをひとつの抽象機械と捉えていた。

わたしたちがラボルドでグリーユ（グリッド）と呼んでいるものについて考えてみましょう。さまざまな形で現実化され、さまざまな段階があるとはいえ、そこからひとつの抽象機械が現出します。わたしたちが直面した問題は、時間の流れ、労働の流れ、義務や金の流れといったものを、同様の制度のなかで一般的に見られるものとは別のやり方で、いかに結びあわせるかということでした。普通ですと、たぶん比較的静かに機能する組織図のようなものがあるのでしょうけれど、グリーユの場合は、紙に記された時間割、身振りの記号学で記された役割分担の「ローテーション」、法と社会の記号学で書かれた序列的分類の修正といったものが必要になります。こういったことは、同一の抽象機械の特殊な現われであって、ある意味では、何かを生みだすための関係性が変わったことを示しています。その変化はたしかに局所的ですし、広く反響するものではありませんが。(24)

フーコーの描いた時刻表は、単位がどんどん小さくなって、その分だけ身体に対する拘束力が大きくなり、新しいものを生みだす力を奪い、実際のところ自由に動くことすらできなくさせるようなものであった。このフーコーのいう時刻表に重ねあわせるために、グリッドの力学や通時的な側面にはあえて触れず、その共時的な切り口だけで固定化する、ということがないように配慮する必要がある。抽象機械というのは、簡単に言えば、表象によって媒介されていない形式‐物質のあいだを結びあわせるものと考えていいだろう。つまり、それはあらかじめ用意された指示対象によって固定化されるものではないし、それをひとつの実質として仕上がったものに還元することもできないのだ。グリッドは、記号学と記号論（さらには制度そのものを創出する多種多様なもの）を異質混淆的に寄せ集めたものであり、また局所的な関係性のなかに多数の物体を配置するものなのである。もちろん、現出してくる抽象機械のさまざまな結合が日課として固定化される場合もあるし、下手をすると、ひとを無理やり動かす厳格なモデル（毎日午後六時に全員集合というような）になることもある。とはいえ、抽象機械は新しいタイプの現実、「つねに回転している」創意に富んだ現実を作りだすことができる。

そういう意味では動的なものであり、実体化してきたものに束縛されることもない（実体化してきたものが一般化されることはない）。抽象機械を理解するもっとも簡単な方法は、それをひとつのダイアグラムとして捉えることだ。グリッドは、いまだ存在しないひとつの制度のダイアグラムなのである。それはラボルドの瞬間的な側面を表象するものというよりも、進行中の創造行為を導くものなのだ。とはいえ、あらかじめ定められた目的に向かうものではない。グリッドは形式的なプログラムのようなものではなく、ひとつの未完の作業であっていつでも修正可能であり、形式にそぐわないものや予測不可能な要素であふれかえっている。スティーヴン・ゼプケは芸術もひとつの抽象機械だと論じているが、そこから分かることは、ひとつのダイアグラムがもつ破壊性は創造行為が生まれる条件になるということである。(25) 新しいものを創出する手段を見いだすためには、まず何らかのダメージを与え、その残骸を取り除かねばならない（教授に箒を持たせるのは難しいが、分野によっては、そのような協調性の欠如もまたプロセスの一部となる）。精神病院における労働の分担や命令系統といった既存の組織モデルとのかかわり、さらには精神分析学派が作って広めた慣習や定説とのかかわりにおいて、こういったことは、横断性の否定的な課題となっていた。

ラボルドでは何よりもまず交替制が重要であると考えられていた。グリッドの効力はそこにある。交替で作業を行うことで、不毛なものや硬直したもの、さらには近寄りがたい専門家たち（精神科医や看護師）に付随する数々の幻想を、根絶するところまではいかなくとも退けるのである。実際的な問題はさておき、原則として、病院内のすべてのことに誰もが精通しているという状況もありえたのだ。ラボルドについて書くときガタリが必ずと言っていいほど強調するのは、ひとが集まる新しい方法を模索する際に用いるダイアグラムはたくさんあって、グリッドもまたそのひとつだということである。もうひとつの特徴は、集団的な労働を組織するこの新しい方法が、何らかのマニュアルに書かれていたものではなく、ガタリが若いころに実験を試みた集合的な自己決定の要素を断片的につなぎあわせて作ったものであったという点だ。[26] いったんダイアグラムとしてのグリッドが機能しはじめると、ガタリがそれまでに体験した人間関係の決裂、いさかい、拒絶、失敗などがすべてその動的編成を構成する要素となった。そうして立ち現れてきた集合体は、制度の力、まさにその存在論的な本質を分析する重要な部分となったのである。ダイアグラムをとおしてさまざまな強制（行政によって、あるいはさまざまなスタッフによって導入されたすべてのコード、緊張症による沈黙、医療関係者でないスタッフが注射を打とうとしないこと、「本物の」医者に診てもらいたいという要求などを念頭に置きながら）を引きつづき行なう場合、反抗心や感情的な行き詰まり、脱線など、種類は何であれそういったものが必ずつきまとうということをガタリは理解していた。ひと、時間、場所、仕事といったさまざまな構成要素をひとつに結びあわせることによって、物質に新しい形式を横断的に与えていきながら、想像的《イマジナティヴ》に何かを生みだしていくうえで、そのような強制は役に立っていたのである。ガタリは、イリイチの流儀で「専門家の道具であったものに素人もアクセスできるように医者の手から注射器を奪うこと」[27]は、それほど簡単なことではないと教えていた。ガタリは、大きな紙に名前、作業、時間、場所を書き込んだ抽象的なダイアグラムに導かれながら、その横断的な線に沿って、異質混淆的なさまざまな極のあいだを全体化も中央集権化もせずに移動する。[28] ドゥルーズはこの横断的な線のことを可動性と対角線という言葉で端的にうまく表現した。この一枚の紙は、まだ仕上がっていないという意味で抽象的なのである。それはひとつのダイアグラムであり、一九五〇年代後半にはじまったきわめて長いプロセスをとおして仕上げていかなければならないものである。ただし、これで話が終わったわけではない。実際に形をもたない抽象機械が完全に物質的なものとして現出することはない。とくに一枚の紙のような場として完全に具体化されるものではないのである。抽象機械の潜在力は、それを具体化しようが現実化しようが、失われるものではない。そのような潜在的な力（ヴァーチャリティ）は、常備されている積立金でもなければ予備的形成品でもないし、剰余でもない。それはあまりにも漠然としていて、大雑把なものなので、そのような経済的な捉え方ができないのである。グリッドという抽象機械の潜在力は、たしかに紙のうえに現れるのだが、それを文書として崇めることはないし、またダイアグラムによって設定されたさまざまな出会いから生じる社会的な関係や独創的な言語にまでその作用がおよぶことはないので、いったん現実化されたものでもすぐさま潜在化することになる。実際、さまざまな場所で立ちあがる数々の抵抗を認めなければならないのだ。ここで重要になってくるのが生成という概念である。時刻表は、特定の時間にあなたがそこにいることを示すものであり、一見すると融通のきかない座標のようで衝撃をうけるかもしれないが、ラボルドでの作業じたいは、くっついたり離れたり、場合によっては核分裂を引きおこすこともあった。そうするうちに新しい言語が生じてきて、この状態、つまりダイアグラムを展開するうえで押しつけられる数々の強制を、頭文字や補足の記号、内輪だけのジョークなどで伝えあうようになる。ラボルド専用の小さな用語集（petit glossaire labordien）なども存在する(29)。

ダイアグラムはジャガイモの新しい芽のようにひとつの線を描きだすことがある。日々の活動表（La feuille de jour）がいい例だ。集団的に作られたこのイベント一覧は、毎日公表され、院内のおよそ三十箇所に貼りだされ、誰もがそれに目を通すことになる。活動表には、病院のなかでいま何が起きているのかという情報も掲載されており、「情報の坩堝」とも呼ばれる。デザインを統一し、補助器具の紹介やパロディ風のスタイルを一様に採用するなど、そこにはある種の美学がある。それは病院内のすべての部門に横断的に接するひとつの織物であり、承認された新しい事実を方向づけ、近い将来にむけて、いかに運動を時空と調和させていくかという哲学的な問題を提起するものである[30]。

グリッドの歴史において、活動表は一般的に一九八四年に出現したと考えられているようだが、グリッドには少なくとも一九五七年以来の歴史がある。医者と患者、さらには医療に携わらないスタッフとのあいだの自然な友好関係が見られた時代ということであれば、グリッドそのものはまだなかったものの、一九五三年の病院創設時をその開始点と見なすこともできる。分析的ダイアグラムの歴史的な時代区分ということであれば、状況が実際に盛り上がりはじめたのは、一九五八年あたりである。歴史的な次元でこのダイアグラムを時代的に位置づけるとすれば、少なくともCERFI（制度論的学習・研究・教育センター）のメンバーをもとに、いくつかの時代区分をもうけることができるだろう[31]。つまり、次の三つの時代である。

一、一九五八年〜六六年　きわめて構造化され、中央集権化された時代
二、一九六七年〜七〇年　かなり脱中心化された時代
三、一九七〇年〜七三年　かなり中央集権化されたものの、脱中心化された要素を伴っていた時代

この歴史は、格調の高いヘーゲル流のジンテーゼとは別の形で、ダイアグラムの体系性が強くなったり弱くなったりする様子を示すものである。その盛衰は、日・週・月といった単位で作業が入れ替わ

り、強制されるその周期とかかわり、またグリユールとグリユーズ〔グリッドの作成者。本書五九―六〇頁参照〕が身体の動きを監視し、当番制のなかで自動的に生じてくる変化の「容赦なきリズム」を目撃するその分析的機能ともかかわっている。グリッドの第二期で、作業ローテーションにおける自動的変化と月々の縦座標がいったん休止した際、安堵のため息がもれた。この中断は、事態が面白くなりかけていたときに割り込んできたと思われなくもないが、既存のプログラムの解体から生じてきたものだからである。しかし、その後ふたたび中央集権的な傾向が見られるようになる。グループの構造も変わって、二十五人単位の混成グループが五つないし六つ作られ、細分化が進んだ。グループはさまざまな責務に応じて空間的に組織され、それぞれに独自のミクロ－グリッドと監視人《モニター》が配備されていた。監視人の役割は、グループ間のトレードやローテーションについて他の監視人と直接交渉することである。病院のなかで横断性が生じてくるそのあり方は、ダイアグラムで示される内容が変動するにつれて変化した。この時代は、規律訓練型ではなく（動きやジェスチャーに規則性がなく、へとへとになることもなかった）、あくまでも精神療法的なものであった。とはいえ、作業療法的なもの（技能の再習得にむけて、簡単な作業を見立てて訓練する療法の一種）ではなかった。そこで重要視されていたのは、作業の多様化でもなければ物をやりとりすることでもなく、スケジュールを決定することでもなかった。むしろ、情動の共有可能性における「転移の潜在性」や幻想の通路《パサージュ》が重視されていた。洗濯室や台所の価値が突然高まったり、その場所がゲットー化したりなど、ときにはまったく予期しないやり方で、特定の場から生じてくる分析的チャンスを大事にするのである（昔ながらの帰属意識に患者たちの多くが覚醒するのだ）。言い換えるなら、このプロセスのなかで当然生じてくる集団的な抑圧と制度的な問題とかかわりながら、ひとりひとりの関係者が特異な場面を作りあげ、また作りかえていくわけだが、ガタリはそのような特異な場面にむけて、型にはまった分析的座標を横断するためにグリッドをひとつのツールとして用いたのである。これは、ラディカルな民主主義や反階級的な自己形成といったイデオロギー的な実験なのではない、とガタリは言う。患者と看護人という治療上の軸を保持しつつ、その特異な地図をあらゆる次元で理解するにはどうすればよいのかを探ろうとするものだったのである。[32]

複雑に絡みあう周期と相互作用、さらには百五十人もの人間を長期間にわたってローテーションさせる地図の詳細など、その価値を認める者がいたとしても、ガタリにとってそういったものはまだ互いに結びつきすぎていた。要するに「非結合的な接続」による解放がまだ足りないとガタリは考えていたのだ。[33] 還元主義的な統一へと向かう傾向を押しとどめるために、横断性はあくまでも横断的に作用する必要がある。存在論的にもひとつの全体――フーコーが従順な身体をめぐる自らの分析を押し込めようとしたまさにあの全体――としてまとまる必要はまったくない。部分を「全体的調和」のなかに統合し、時間の流れにそったものを「複合的時間」[34]のなかで調和させるような効率のよい機械を作りあげる必要はないのだ。矯正的な時間割やグリッドの当番制（他の身体に分配され、結びつけられる）には、調整機能にも似たメカニズムがある。時間割や当番制は新しいタイプの主観性を生みだすために動員されるのである。そのような主観性は、関係者のまえに露出してくる制度のあらゆる次元とかかわるなかで、ただプロセスとしてのみ見えてくる。ガタリは場所と作業との関係で算定される客観的な要素としてグリッドにおける時間を捉えていた、と考えるのは還元主義的な見方だろう。逆に、時間というものはそれが克服される方法のなかにある。つまり、出会いがどのようなものであれ、そこで作用するすべての意味から引きだされる実存的なリフレインのなかにあるのだ。それが主観性の生産を促進する。そのような動機が一貫性をもたらし、さまざまな機能のマーカーとして持続するのである。とはいえそれは固定されたものではない。質的変化や複雑化、特異な価値化などを伴うからである。そういったものは、客観的に分類できるような座標にも対応していない。技能や目的、達成される作業の点から算定されるものであったとしてもである。ガタリにとって「もっとも重要なものは、リズミカルに変異する時間化の軌道である。それが実存の新しい構造を構成する異質混淆的な要素をひとつにまとめるのだ[35]」。

横断性のグローバル化

ガタリは、病院というひとつのコンテクストのなかで、たとえばグリッドのような横断性のためのツールを創造的に用いて、主観性を特異な形で生みだそうとしたわけだが、そのような特異な主観性の生産は、物事を一元化しようとする全体によって捕縛されてしまうこともある。この問題は、横断性の概念をより広範な社会的・政治的分野に応用する場合に、さらなる問いを誘発する。この問題を理解するために、最近の政治理論からいくつか例を引いて考えてみるのもいいだろう。

グローバル政治学に関するリチャード・K・アシュリーの説明によると、横断的な闘争は、境界を持たず、未完であり、非デカルト的空間座標に従うもので、非実在論的で、絶対的な目的はない、などとされている[36]。

デイヴィッド・キャンベルは、横断性を「ポストモダン的生のアナーキーな状態」と捉える。それは超越的な原理（「第一原理」）にもとづく政治的表象の失敗から生じるとされる(37)。

アシュリーやキャンベルにつづき、ローランド・ブレイカーの考えでは、異議を申し立てることは、境界線を無視する超国家的な現象であり、横断的闘争は国際的な政治理論の国家中心主義を打破するものである。さらに、それはグローバル政治に典型的な区分（代行機関《エージェンシー》、国家のふるまい、国民主権のあり方、国家を超えた関係性といった属性）によって空間的に表象されるものではないとされる。つまりブレイカーは、横断性の概念に触発されて、グローバル政治の生を「破壊的に読み、書く」のだ。ブレイカーが挙げているもっとも重要な例は、ベルリンの壁の崩壊である。それは「本質的に横断的な現象だったのであり、そこでは、言説のさまざまな力学と媒介作用の多様な形態が、相互に結びついた諸領域から成るひとつのマルチチュードとして機能していた。そこには、路上での抗議行動から非合法的な文芸雑誌の出版にいたるまで、数々の領域が異議を申し立てていた(38)。」この出来事の解釈は、出来事そのものの性質に合ったものでなければならない。つまり、標準的なカテゴリーを壊し、現存のモデルを問題化するような多様な形式の、多様なレヴェルでの流動的な分析が必要なのである。

マイケル・ハートとアントニオ・ネグリは、『マルチチュード』のなかで、ゲリラ活動の組織化が経済的・社会的生産において変化した様子、すなわちフォーディズム以降のネットワーク社会や情動労働の出現とのかかわりで協調的に変化した様子について書いている。これはすなわち、分散型ネットワークの構造が真に民主主義的な組織化のモデルになったということを意味する(39)。一種の主観性としてのマルチチュードは、さまざまな特異性（複数の差異化されたもの）を持つ開かれたネットワークから生じてくる。それは創造的な接続可能性をつねに最大化し（コミュニケーションをとおして)、その途上で共有され、作りだされた共通の目的(特異性と共通性はたがいに矛盾しない)に向かう(マルチチュードは自らを組織し、統治する方法を最後に学ぶ)。一般的に、ハートとネグリの場合、横断性は制度とは何かという定義を超えてより大きな領域へと進む。マルチチュードがともに創出する共同的な生は、ばらばらな特異性を結びあわせ、まとめることができる制度的リソース(ツール)と調和した主観性を求める。ネッド・ロシターが強調しているように、ここで問題になるのは、組織化されたひとつのネットワークのなかで、共同的な立場と特異性とのあいだでいかに翻訳を行なうかということだ[40]。

このような点で、横断性は精神病院の柵を飛び越え、グローバル資本に対する政治的な闘争ともかかわってくる。もちろん、ラボルドにおける横断性を、この施設から社会的生そのものの生政治的な生産へとそっくりそのまま移行できるという意味ではない(横断性のツールは、別のブランドがただ用意されているというのではなく、多様なものなのだ)。政治理論にとって問題となるのは、この概念を広く応用していくなかで、それがいかに寄与するのかを、否定的な言葉ではなく、肯定的な言葉でどのように定義づけるかである。先に触れたような理論的な介入には、たしかに具体的な提案は見られないのだが、最初の三点に関しては、この概念を権力と結びつけるフーコーの——ガタリのではない——見解に基づきながら、横断性が否定的に展開する様子を浮き彫りにしている。ただ、否定的に捉えることでかえって見えてくるのは、ミクロ物理学的な権力関係の細かい編み目の交点で生じる横断的闘争について、フーコーがほんの少しだが考えを巡らせるあの精密さである。フーコーは否定的な判断基準からはじめて、すぐさまその先へと議論をすすめるのである。

「主体と権力」のなかでフーコーは、否定的な定義とは異なるかたちで横断的闘争を捉えている。

一、それは国家や特定の種類の経済あるいは政府に限定されるものではない。
二、それは権力の効果とかかわる（たとえば、身体に対する医療の専門家たちの効果）。
三、二つの意味において、それは「すぐそこ」にある。それが批判する権力が近くにあり、またその標的（すぐ近くの敵）を選ぶということ、さらにそれは、来たるべき革命の未来ではなく、現在に属しているということである。
四、さらに重要なことは、そういった闘争は、個別化や正常病的な隷属に抗う。
五、それは知と結びついた権力の効果とかかわる。というのも、それは「神秘化する表象」の正体を暴くからである。
六、それは個別化をもとめる定義や分類によってごまかされ、隠される特異性を取り戻す。そのような定義や分類は、ある種の主体を作りあげ、他者を排除する。(41)

わたしが言いたいのは、つまり、フーコーもガタリも伝統的なモデルから距離をとりつつ、横断性について考えながら、やがて主観性の生産を変化させるような闘争の領域へと踏み込んでいったということだ。ガタリやフーコーの言う横断性は水平性の価値づけとかかわる（「思考の垂直性」に対するものとして。とはいえ、ガタリが述べているように、ひとつの方向だけを価値づけることにならないよう配慮しながら）。(42)さらに、一定の範囲に閉じ込められたモナド的個人へと主体を押しつぶさずに主観性を変えていく、という狙いがフーコーにもガタリにもある。フーコーが具体的に述べているように、これはたんなる反権威主義ではなく、抵抗のための闘争なのである。こういったことは、フェミニズムや反精神医学、子どもの権利、あるいは他の社会運動のなかではっきりと例証されている。

横断性はそういった運動が共有しているものであり、主観性の新しいあり方を生みだすことに力点をおいた変革なのである。先の項目その一を、ガタリは肯定文に変える。というのも横断的闘争は「当該国の特定のコンテクストから生じてくるものと理解すべき」だからである。[43] ベルリンの壁崩壊に対するブレイカーのアプローチがこれである。ソヴィエト連邦の政治改革やハンガリーがオーストリアとの国境を開放したこと、さらには東ドイツの諸都市で起きた大規模な暴動などがどのように作用したかを踏まえつつ、ブレイカーはいまそこにいる人々の横断的流れに着目する。ただ、当時、ガタリが考えていたことはこれとは違う。ガタリの考えでは、ベルリンの壁が崩壊したことで解き放たれた横断的な力は、かつて不動のものとしてあった思想の軸（左と右、東と西）を問い直すものであった。とはいえ、慢性的に危機におちいる資本主義にむけて東を解放したあとの不安定な成り行き——「ここでの大きな主観革命を方向づけることは難しいだろう」[44]——が背景としてあったし、宗教的な過激派や民族主義、さらにはネットワーク社会が同時に台頭してきていた。ガタリが言うには、脱分極化によって社会が価値化および参照のための軸を失うと、社会は不定形なものとなり、すべてのレヴェル、すべての制度において内的一貫性を維持できなくなる。ただ、それは社会体のそこここで「微視的な」動きが激増するということであり、社会はその再分極化に開かれた状態となる。[45] 一九九〇年代初頭、ベルリンの壁崩壊のあと、ガタリは、ひとつの重要な政治的決意として、労働運動（そのまえに労働組合主義に対する批判があった。労働組合主義は見通し的にも先細りになっていて、党の古くさい階級モデルのために身動きがとれない状態だった）や女性の権利、エコゾフィー的実践といった「進歩的な新しい軸」を中心に再分極化をすすめようとした。こういった軸のひとつひとつが「相互に認めあい、やりとりし、相談し、全体で豊かになる方向に向かうような研究を行なえるよう手筈を整えはじめる」[46]ということである。ガタリが理論化した新しい軸は、構成要素がいろいろとあって、流動的な場合が多かった。ガタリはそれをさらに煮詰めて、少なくとも彼の書いたもっとも公式な声明文においては、労働者とエコロジー運動のあいだの関係性を刷新したり、そのような対話がひきつづき交わされるなかで、主観性を新しく作りなおそうとしていたりする。ガタリが下した診断は、ヨーロッパの人々が広く脱領土化されているということだった。ヨーロッパの人々は、日常的な全体主義や旧態依然とした経費節減に立ち向かいながら、これまで西側諸国について抱いていた幻想と対峙しなければならなかったのだろう。全体主義や経費削減を思わせるものから彼らは逃げようとしていたのである。

フーコーの項目その三が意味するところをよく考えてみると、潜在性と対立するものとしての直接性という問題について、フーコーはあきらかにガタリと意見を異にする。両者ともに大文字ではじまる革命（「無力なアナーキー」[47]と萌芽的党組織とのあいだで立ち往生する「古いかたち《スキーマ》」の革命）を拒否しているとしても、である。ガタリは、横断性のツールのなかに潜在的なものが包み込まれていて、活動家たちはそれを解き放ち、そのプロセスのなかで影響を及ぼし、自らも影響を受けると考えている。一方、直接性をめぐる仮説は潜在的なものを現在に流し込む。横断的な活動家たちは「いますでに生きている未来」[48]において、潜在的な力がもつ衝撃をさまざまな特異性のあいだに伝え、来たるべき人民（マルチチュードは存在論的には「つねにすでに」あるのだが、政治的には「いまだない」[49]）を呼び起こすのだが、直接性をめぐる仮説ではそのような課題はあまり考慮されない。この問題については、マイナーシネマとの関連で、第六章においてふたたび論じるつもりである。

ガタリのいう主体化のプロセスは、「人称」以前の、あるいはそれを越えた集合的プロセスにおけるその自己定位的で自己産出的な特異化のプロセスであり、そこに見られる還元不可能な多数性およびポリフォニーはひとつの横断性を誘発する。それは、あらゆる領域で生物と無生物が交差している大規模な機械状系統流の時代における主体化の作業に匹敵するものだ。フーコーの項目の四と六は、主体化に直接かかわってくる。差異の育成に対する抑制をどうするかという点、アイデンティティという拘束服によって破壊された関係性を修復するという点、官僚主義的に刻み込まれたアイデンティティをどうするかといった点などである。官僚主義的なアイデンティティの刻印は、企業と政府が推進するカテゴリー、グラフ、データによって行使される権力の効果である。カテゴリー、グラフ、データは、行政による監視をとおして生みだされ、あらゆるタイプの情報的条里化を隷属させる。第五章では、この情報的条里化という概念を「分人化」のひとつのタイプと捉えながら論じてみたい。フーコーの見解では、横断的闘争は、個人を隷属状態（自分を自分自身に拘束する）から解き放ち、また主観性の従属形式（資本主義的で消費主義的なヘゲモニー的主観性）から解き放つものということになる。このフーコーの見解にはガタリも心から賛同していたし、『三つのエコロジー』のなかで同じことをはっきりと表明している。もちろん、これは三つのエコロジーのなかのひとつ（精神のエコロジー）にすぎないのだが。いずれにせよ、発生期の主観性は、「重苦しい個別化」の「神経弛緩性のマントト」を脱ぎ捨て、自らを打ち立てなければならない。このマントに覆われていると、主観性は卓越した他者性との遭遇が妨げられ、多少とも創造的な自律性を勝ち取ることができなくなるのだ[50]。主観性、エコロジー、芸術、こういったものの関係性については次章で取りあげる。

ガタリとフーコーが同じく主観性の生産に着目していることからも分かるように、横断性のツールは、潜在的なものをエコゾフィーの精神にもとづいた解放のための変化へと導くうえで重要な役割を果たす。制度的なコンテクストは、扱い方によって変わるもので、異質混淆的なもの——つまり多様なものや還元不可能な差異のこと。集団的な場では、そういったものから主観性が作りだされる——に触発されるわけだが、グリッドや活動表のような横断性のツールは、そのようなコンテクストのなかで主観性を豊かにするための実存的な支えとなる。これは三つのエコロジーのもうひとつの側面、つまり社会的で制度的な動的編成にかかわるものだ。ガタリの経歴で言えば、ずいぶん晩年のことになるが、三つのエコロジーはさらに進んだ横断性のツールになっていた。もちろん、個人、集団、環境(ガタリの考えでは、環境は機械的なものである。というのもそれは、科学、テクノロジー、情報をすべて包括する機械状の領域にかかわるからである)といった領域を横断するエコの実践《プラクシス》をとおして、主観性がそれじたいを再発明していく潜在的な力も同時に成長していくだろうとも予言していた。この場合、大規模な変革のための横断性ツールは、それだけを切り離して考えることがいっそう難しくなる。それが作用する領域を特定しづらいからである。そうであるからといって、「その仕事のための正しい道具」というフレーズのほうが適切だということにはならない。たしかに、台頭しつつある出来事の編み目に、幸先のよい実存的断裂をもたらすためのツールは「正しい」ものでなければならない。つまり、いまそこにある条件から考えて、正しいときに正しい規模で、仕事に見合うかたちで作りあげる必要がある。このようなツールは既存の条件を巧みに利用するだけでなく、そのような条件を自ら創出し、それをいつくしむのだ。一九九九年、シアトルでの世界貿易機関に対するあの抗議行動が、もしインターネットがまだなかったらどうなっていたかを想像してみればいい。横断性のツールは、さまざまな条件を生みだし、変化しつづけるその条件に適応するだけでなく、自らが参入しているプロセスのなかで、あるいはそのプロセスをとおして、あるいはそのプロセスによって、それじたいが修正されることになるかもしれないのだ。

第三章　主観性、芸術、そしてエコゾフィー

『三つのエコロジー』というガタリの著作がある。なぜ彼はエコロジーの数を三つに限定したのか。[1] そもそもいくつのエコロジーがあるのか。ガタリの言葉を信じるなら、少なくとも三つということになるのだが、彼がどのようにしてこの数に辿りついたのか本当のところはよく分からない。自伝的な解説のなかに信憑性のある証拠がないわけではないし、厳密な理論的考察とか現実的な考察にもとづく他の証言もあるだろう。しかし、そういったものからこの数字に迫るのではなく、これらのエコロジーにガタリが託した役割を批判的に評価するためのとっかかりとしてこの数字を捉えてみたい。とはいえ、問題は山積している。これらのエコロジーは互いにどのような関係にあるのか。そこにどのような制約があり、またどのような組みあわせの可能性があるのか。横断性がもつ強烈な作用をそのあいだでどう伝えあうのか。

エコロジーの数は、倫理、芸術、政治といった横断的な知の基盤についてガタリが思い描く図式と一致する。実際、学際的な知から横断的な知へと進む道のりがどのようなものになるのか、それを問いただすために、彼はエコロジーと個々の学問領域とを接続する。[2] ガタリにとってもっとも重要な政

治的関心は、主観性の生産をめぐるものであり、彼の緑の政治学もまた同様であった。事実、エコロジー的闘争の文脈において提起された主体の捏造という問題が、この先進的情報科学の時代における地球上の広大な機械圏について考えるきっかけとなった。いま地球が直面している喫緊の課題を解決するためには、この情報科学を人間の支配下におかねばならない、とガタリは言う。自然の支配に対する彼の構えは、一九七〇年代に流行した支配論を再演するものではない。それは、急速に拡大する科学技術の進歩と危機の時代において、環境を新しく作りなおす動きと歩調を合わせることができるような支配のあり方を求めるものだ。機械状系統流が主観性に及ぼす効果、おもにこれがガタリのエコゾフィー的関心事となる。

エコロジーは複数形で、しかも異質混淆的なかたちで用いられると、呪術的(超自然的)なものではなくなり、重要な条件や含意と結びあうもの(密接に関係づけられたさまざまな要素を互いに交換するときに見られるような)となる。複数形のエコロジーは、互いに共通点をもたない知識や慣習をどのようにまとめるかという問題に対して、呪術的な解決法を提示しようとするものではないのだ。それは一般的なモデルでもなければ、教授法のようなものでもない。誰かがそこに入会できるような訓練コースではないのである。ガタリはそのような考えをきっぱりとはねつけた。教育の専門家ぶったそのような偽善者たちを追い払おうとしたのだ。(3) 実際、同じく前置きとして述べておかねばならないのは、領域横断性もエコロジーも、何かを解決するためのものではないということである。多数のもの(multi-)を並べてひとつにしたもの、さらには相互に結びあわされた関係性(inter-)、これが「領域横断性」という言葉の意味であるとするなら、そのようなまとまりをひとつ以上想定してみたり、そのような関係性を拡大して捉えたりすることは、同語反復的だと思われるかもしれない。したがって、それは少し反抗的なところがあって、批判ばかりしているような知的エコロジーのタイプだと思われるかもしれない。ガタリが述べているように、領域横断性という言葉をひとつのキャッチフレーズとして、つまり潜在的な投資家の目のまえでひとつのプロジェクトをただ神聖化するだけの呪文として用いるなら、そこに何も変化は生じない。実際、それではプロセスのレヴェルで何も変わらないのだ。(4) ガタリにとってエコロジーは、領域横断性の問題を序列化された大きなレヴェルで提起する方法のひとつの例となっていた。こうして領域横断性の見通しが、三つの交差するエコロジーという観点から考察されるのである。この三つのエコロジーをさまざまに接合することで、地球規模の課題に立ち向かうための知と行動の困難さ、潜在的な力、利害などが浮き彫りになる。領域横断的なエコロジーは、ただ領域をいくつも横断しているかのように見せかけているだけのものではない。そういったものより優れているとはいえ、それは高いレヴェルの総合でもなければ、超越的な解決でもない。

非–超越的エコロジーへの長い道のり

知的キャリアという観点からみると、ガタリは晩年、つまり五十代の頃、領域横断的なプロジェクトの探求をグループや制度からエコロジーの領域へと移した。彼は、知識を組みあわせる実験にその生涯の大半を費やした。実際、若いころから領域横断性を地でいくような人生だった。実験的なグループや出版物を数多くつくり、他にも多くのプロジェクトや制度とかかわった。その目的は、ラボルドでの作業ローテーションの回転式スケジュールのような、順応性のある参加型の組織図によって組織をどうまとめるか、それを探求することであった。この点については前章において詳細に論じたとおりである。このようなシステムは分析のための道具（横断性のツール）であり、それをとおして個人と集団の情動が制度的な要求（物質的、社会的、官僚的、精神療法的な任務）と結びあい、社会関係をよりよいものにし、責任を引き受け、集団的な発明（局所的《ローカル》な仲間言葉の発明、新しい道具の作成、表現手段の再発見）への参加を促すのだ。それは患者のためだけでなく、医師や支援スタッフのためでもある。要するにガタリは、病院のなかで毎日、毎週、毎月、さらにはもっと長いサイクルで、このとてつもなく複雑な交渉と相互作用（進歩的なものも退行的なものも）にかかわる者たちをどう変化させるかということを考えていたのである。こうしてひとつの制度があらためて問い直されたように、エコロジーもまた同じく多元的な作動因子であり、変化の触媒であり、利害関係の管理人であり、そこにはきわめて重大な賭けがともなう。そのなかでも一番大切な賭けは、新しいタイプの主観性をつくりだせるかということだ。

一九八〇年代の前半期をガタリは「冬の時代」と呼んでいた。八〇年代半ばにガタリが辿りついたエコロジーの概念は、この時代に対する解毒剤のようなものであった。八〇年代の前半において、保守主義や新自由主義的な経済政策などがやたらと目につくようになり、彼が嫌っていたポストモダニズムのような「漠然とした流行」がはびこっていた(5)。文化大臣のジャック・ラングとの仕事上のつきあいをとおしてフランス政府に個人的に接近していたとはいえ、フランス社会主義の政治的領域には、反動的な社会の復古主義（ヨーロッパ議会選挙における国民戦線の台頭やバスク分離派の引き渡しに関するフランス－スペイン間の協定など(6)）と連動する急速な技術革新を背景に、ガタリのいう統合された世界資本主義の一元化作用が爆発的にひろがっていたので、もう少しでガタリもフランスからブラジルへと永久に移住するところだった。個人的なものがいかに病的になり、病的なものがいかに政治的になるのかという点についてフランコ・ベラルディが述べていることに賛同しつつも、この時期のガタリは鬱病のことをあまり考慮していなかった。(7) その点ガタリは、一九八二年に現ブラジル大統領、とはいえ当時はまだ合法化されたばかりの労働者党の急進的リーダーだったルラ・ダ・シルヴァと出会ったおかげで、ポーランドの連帯とも共鳴するような開かれた新しい労働組合主義のなかに、本当に必要な力を見いだすことができるようになった。(8) 一九八〇年代半ば以降、ガタリは新しく創設された政党である「緑の党」のなかで、フランス社会主義の絶望感や、フランスのシークレット・サーヴィスの汚いやり方、とくに一九八五年七月十日にオークランド・ハーバーで起きたグリーンピースの活動船レインボー・ウォーリアー号の沈没事件などから距離をおくようになった。緑の党内部で左派と右派が分離し、そのような党に対する失望から、両党派をひとつにまとめようとガタリは実験を試み、左派の「レインボー連合」を立ちあげようとしたことで、緑の下に隠れていた伝統的な政党政治と決別せざるをえなくなったのである。最後の著書である『カオスモーズ』のなかで、ガタリははっきりと次のように述べている。

郊外のホームレスを救うために何をするつもりかと環境保護論者《エコロジスト》に問うてみれば、大体において、それはわたしたちの責任ではない、という答えが返ってくる。小集団がもつ何らかの教義主義や慣習から自分たちをどう解放するのかと問うてみれば、彼らの大半は、問いそのものは十分根拠があると認めはするものの、まったく何も解決策を示すことができないのである。(9)

一九九二年の春、パリの地方選挙に向けて準備をしているときに、ガタリは、現状に幻滅を感じている有権者たちは「未来のもうひとつのヴィジョン」[10]に引き寄せられるだろう、と自らの「希望」を語った。「未来のもうひとつのヴィジョン」とは、日常的なものと地球的なものを発明するエコロジーの政治的表現のひとつである。ガタリは、フランス緑の党内部における二つの党派のあいだの分裂をあまり重要視しておらず、そのような党派的な陰謀に圧倒されないよう有権者たちに訴え――「エコロジーの〈運動〉は、指導者どうしの争いと何ら関係がない」――、また、党の再建が望まれるなか、「構成要素の複数性や多様性への配慮」を求めた。パリ地方選に推薦された候補者リストをざっと見渡せば、緑の党の旗のもと、そこには驚くべき顔ぶれが並んでおり、ガタリの名もあった[11]。一九九二年春の選挙において、緑の党は躍進したものの――得票率でいうと一〇パーセントを少し上回っていた――ガタリは敗北を喫した。それでもその後の数ヶ月、ガタリは、いっそう複雑で批判的なやり方でエコロジーの問題にアプローチしながら、政治的な基準となっている不毛な極性をどう克服するかというテーマと向きあいつづけた。

『三つのエコロジー』が最初に出版された一九八九年は、環境にとってあまり幸先のよい年ではなかった。アラスカ州南岸のプリンス・ウィリアム湾で原油タンカーのエクソン・ヴァルディーズ号が座礁し、大量の原油が流出したことで、長期間にわたって生態系にダメージを与えることになったあの年である。とはいえこの年は、ベルリンの壁とともに共産主義が崩壊し、台頭してきた東ヨーロッパとの関係が全面的に新しく開かれた年でもあり、社会を集合的に新しく作りかえる潜在的な力について考えるという意味では、よい年だった。

極左的社会運動や領域横断的な実験で経験をつんだ活動的な精神分析家・政治的急進派がエコロジ

ーとかかわる場合、それはどのようなものになるのか。われわれが知っているのは、フランツ・カフカやサミュエル・ベケットのような「エコゾーフ」によって表象されるエコロジーだ。[12] とはいえ『環境辞典』にカフカやベケットの名が載っているわけではない。エコロジーの心理的次元に関するガタリの先見性は、フロイトやラカン、クラインのようなリーダーたちよりも、マルキ・ド・サドのような「幻影のエコロジスト」、あるいはマルセル・プルーストのようなリフレイン（リトルネロ）の巨匠らに負うところが大きい。ガタリは、もっとも扱いにくい精神の問題に取りかかろうとするとき、決まってこの二人の本を参照するのである。

またエコの芸術やエコの論理学というものがある。その他にも、ミクロとマクロを結びあわせる大規模な変化の実践、エコ的な激変（チェルノブイリ、地球温暖化）の広がりという観点から、マクロなレヴェルで環境を取り巻くエコロジーの多様性、媒介的なレヴェルでの社会関係、ミクロ的あるいは分子的レヴェルでの精神のエコロジーなどもある。[13] 三つのエコロジーには数多くのレヴェルがあるのだ。マクロなレヴェルにもっとも価値があると考えるのなら、それはおそらくそのような序列化が誤解されているからだろう。ガタリの考えはむしろまったく逆なのだ。ガタリにとってもっとも価値があるのは、さまざまな規定があるにせよ、そこから分子的な攪乱が沸きおこるような「機械状のスープ」なのである。[14] たしかに、ひとりの精神分析医が主体化の概念にひきつけられたとしても、それほど驚くべきことではないし、また、集団的なものをよく心得ている思想家が社会的な媒介を位置づけようとしたとしても別段驚くほどのことではない。とはいえ、それだけではあまりにも単純すぎる。すべてのレヴェルが密接にかかわっており、ひとつのレヴェルでの解決法が他のすべてに変化を生じさせるのだ。地球上のさまざまな領域、社会問題、思想界、そういったものは区画に分けられるものではないし、社会の分子革命は、コミュニケーションの惑星的ネットワークによって地球を駆けめぐる。「このような分子革命は、従来の革命とは異なる。かつてはイデオロギーや綱領がすべての中心としてあったが、今日の場合、変化の様式がすぐさま地球全体に伝えられるのである[15]」。

「エコロジーの大いなる不安」という未公刊の原稿のなかで、ガタリは、氷山にたとえて次のようなことを書いている。水面のうえに見えている先の部分は環境上の災禍や脅威を表わしており、水面下の部分は不安のかたまりとなっている。つまり社会関係の悪化、たとえばスターリン主義の残骸から生じる組織的犯罪、さらには超資本主義的成長にむらがる寄生虫の孵化、メディアの幼児化や受動性を誘発するポスト政治的シニシズムが引き起こす心の汚染などである。グローバリゼーションと(反)テロリズムのトラウマなども加えていいだろう。つまり、ここでいう氷山とは日常生活、大規模な危機、思考パターンといったものをすべて含む素材の連続体のことである[16]。

物事を変化させる力をもった思想や行動は、これまでも、あるいはこれからも、芸術家をとおして、さらにはミクロとマクロをつなぐものとしての芸術全体をとおして伝えられる。本章では、ガタリの三つのエコロジーにそのような見通しがあるのかどうか問いかけてみたい。とはいえ、芸術家はエコロジー的指令——芸術的退廃の改善——に従わねばならないと言いたいわけではないし、生態系のバランスというような超越的な概念と照らしあわせるかたちで芸術家の実践が適切に判断されるべきだと言いたいわけでもない。エコロジーが芸術を支えているわけでも、芸術がエコロジーの秘密兵器となるわけでもない。このようなことをあえて言わなければならないのは、次の点を強調したいがためだ。つまり、三つのエコロジーが呼応しあうためには、いくつかの横断と変化を生みだす力、さらには、これほど驚異的なことはないのだが、ガタリも言っているように、「新しい歴史的コンテクストのなかに人間の実存そのものを生みだすこと」[17]が求められるということである。

三つのエコロジー

ガタリにとって、エコロジーは基本的に三つのタイプ――環境、社会、精神――に分かれる。生物圏、社会関係、人間の主観性といった分類は、さらにさまざまな作用域を持ち、「多極的な問題」[18]を提起するものとして構想される。技術主義的な解決策に反して、そういったものが倫理的‐政治的なかたちでどのように調整されるのか、それがエコゾフィーの本来の関心事なのである。たとえば、排出取引というアメリカ式のやり方――産業汚染を減らすのではなくトレードする――のような技術主義的解決法よりも、エコゾフィー的調整のほうが優れているのは、環境問題に取り組む主体形成や社会集団の形成に革命をもたらす可能性がそこにあるからだ。心理的なレヴェルで、そのような大きな変化がない場合、つまり現実のうえで実存に変化が見られない場合、技術主義的な解決策を推進しようとしても、本当にそれを必要とする気持ちがそこには欠けているということなのである。要するに、そこには意志がないのだ。とはいえこれは、テクノロジーや環境問題に関する国際的な官僚主義、環境科学、エコビジネスといったものをすべて拒否するということではない。ついでに言うなら、そういったものは、頻繁に繰り返されるもののあまり理解されていないスローガン――一九九〇年代から二つだけ例を挙げるとするなら、持続可能な発展に関するリオ宣言と気候変動に関する京都議定書――に取り込まれたり、還元されたりする場合が多い。ガタリは左と右、東と西、社会主義と資本主義、科学と反科学という使い古された区分を乗り越えようとしていた。そういう意味では、環境問題を理解するためのコンテクストを複雑化することができるという点で、国際的なイニシアティブにも期待が寄せられている。ガタリは生涯をつうじて何百という運動に署名した。さらに、国際会議などに蔓延する「驚くべき科学的近視眼」に対して、彼は人間の価値を取り戻そうとした。ガタリが念頭においていたのは、一九九二年、リオ地球サミットのときに出され、その後数千人の科学者が署名したハイデルベルク宣言である。この宣言は、テクノサイエンスのエリートたちの名のもとで、すべての反対派を「不合理なロマン主義」としてはねつけようとするものであった[19]。このような立場の問題点は、物質的なものと非物質的なものとの接続がなされていないということ、つまり物質的、社会的、環境的条件および心の状態に相互的な変化が必要となるような循環的関係性がないということである。ガタリはエコゾフィーという広い領域に適用されるエコロジー概念を用いて、そこのところを前景化する[20]。とはいえ、彼がその著作において科学を拒み、芸術によってそれを代替するというような安直な取引に応じているわけではない。むしろ彼は「完全無欠のイデオロギー」のようなものをまったく受け入れなかった。そのようなイデオロギーは袋小路の深みへとつながり、結果的に内部分裂を引き起こすことになるからだ。たとえばガタリは、エイズとの闘いには生体医学の成果が必要なのだと、絶望しながらも書いている。もちろん、そのような生体医学の成果は、ただ利益や所有権、稀少性、流通の制限といったものを背景とした関心によって定められるような方向へではなく、「より愚劣でない、より絶望的でない方向性」をもつ倫理的動機づけによって流通させなければならない[21]。

同じく、ガタリのエコゾフィー的な展望を、エコ推進派の純朴なスローガンでもってひとつにまとめることはできない。三つのエコロジーは「形式的な見出し」であって、基本的にそれは「互換性作用域というように、ガタリはその著作のなかで記述語を変えていく。[22] レヴェル、タイプ、観点、視点、レンズ、のあるレンズ」のような「いくつかの観点」となっている。

いう概念やそれが生産されるプロセスをとおして、三つのエコロジーが「共有する原理」を解明することである。ガタリの狙いは、主観性という概念やそれが生産されるプロセスをとおして、三つのエコロジーの理論化に寄与しているのはここである。主観性の特性に注目していたからこそ、彼は芸術とエコロジーとを結びあわせることができたのだ。

ガタリのいう主体は、個々の人間のことではない。考え、またそのように存在する〔デカルトのコギト・エルゴ・スムを示唆〕個体化された人間のことではないのだ。それは直観による哲学的ストリップショーのクライマックスではないし、ガタリも強調しているように、現実の実存的領土から難破した自我のことでもない。[23] 彼のいう主体は、むしろ数多くの構成要素が絡みあって動的に編成されたものである。個人よりも前に、個人を超えたところで、そのような構成要素が集合的に（異質混淆的に、多様なかたちで）表出してくる。個々の人間は乗換駅、交差点《アセンブリッジ》、スイッチのようなものである。概念言語が展開されていくあいだに、集団という語に代わって動的編成という概念が用いられるようになった。とはいえ、これは中心となる要素の存在を否定するものではない。むしろ、核があったり、密集した交差点があったりする。そこに内部性が見いだされ、そこからさらなる差異化や複雑化、濃縮化のためのエネルギーが引きだされる。ガタリにとってこの核という言葉は、コンプレックスやシステム、構造といった精神分析で広く用いられている用語に代わるものである。核という概念を用いることで、主観性はもはや普遍的な統語法やマテーム、イマーゴ、神話素などに還元できなくなるのだ。ガタリのいう主体は多声的《ポリフォニック》――比較的独立した数多くの部分から成る――でもある。というのも、それはさまざまな構成要素を寄せ集め、実存的領土においていくつかの参照点（身体や社会集団など）

とかかわることで自らを位置づけるからである。実存的領土とは主体が具体化される場であり、またそこから主体が旅立つ場でもある。このような生産的な自己の位置づけは関係から生じるもので、前個人的で前言語的な世界がもつ自律的な作用もそこに組み込まれているし、数多くの社会的構築物も組み入れられている。主体は突発的で、過程的なものであり、互いに自己を発生させることで生産したり生産されたりする。さまざまな構成要素の交差点に、あるいは集合的関係のなかに、またそのあいだに、実存的な基盤や一貫性のようなものがあれば、そこに主体が出現する。それは混乱したり、何かを妨害したり、殻にこもったりする場合もあるし、さまざまな変化をとおして前に進む場合もある（潜在的な一貫性）。このように潜在的な力に満ちた開かれた主体は、まさに制作中の作品のようなもので、本質主義や構築主義の基準では捉えきれないものである。創造性を徹底的に求め、ときにはその抽象性が反感を買うこともあるので、「主観性はいまだに受けが悪い」とガタリも認めている[24]。しかしその報いは大きい。このような難解さは、固定的で外面的な各々の座標——つぎはぎだらけの剝製標本のように主体を据えつける精神分析的、構造的、あるいはポストモダン的な台座——に奪取され、併合されないための代価でもある[25]。

ガタリにとって三つのエコロジーは、解放のための実践にむけた道のりを示すものである。「そのような実践のおもな目的は、主観性の生産のさまざまな様式、つまり知識、文化、感情、社交性といったものを標的にすることである」[26]。エコゾフィーの務めは、主観性が生産される体制に目を向け、そこに介入することである。この任務のための準備をガタリは整える。少なくともエコ‐ロジックの力学——三つのエコロジーはどのように互いにコミュニケートするのか（そこでは、段階やコンプレックス、位相の線的展開、あるいは普遍的な構造をもつ座標というような使用範囲が限られた言葉ではなく、むしろ情動の強度がその言葉として用いられる）――の図式化に彼は取りかかるのだ。精神分析に典型的に見られる精神の発達段階という考え方をガタリは放棄し、異質発生的な生成（特異化に一貫性を与えること）に着目する。決定的な出来事や行き詰まりによって区切られるような発展モデルに固執するのではなく、未来にむけて自己が展開されていくという感覚を保持しなくてはならない。その点、立ち現れる自己という発想があれば十分だろう。立ち現れてくる組織体のそれぞれの側面は、子どもから大人へと時を経て作用するとともに、生涯をとおして、さまざまな度合いで、さまざまな組みあわせで同時に効力を発揮するものでもある。

このような洞察をガタリが実践的な批評に移転させる方法のひとつを、技巧的リアリズムのアメリカ人画家ジョージ・コンドに関する彼の考察に見ることができる。ガタリが言うには、コンドの作品を批評する者は、風景のなかに人物（その多くが歪められた滑稽な頭をしている）が描かれた彼の絵画を目にした途端、頭が錯乱状態に陥る。そこには影響力をもつ現代の巨匠たちの作品がカタログ風に数知れず列挙されており、それによって参照点が急激に増加する。一枚の絵画をとってみても、ある特定の画家のいくつかの異なった時期の作品が取り込まれ、そのために参照点が増殖するように思われるのだ。このような特徴から、ガタリはコンドに対して、その作品がもつポリフォニックな性質のことを次のように語っている。「青、道化師、線、立体、モノクロなど、わたしたちの生きた時代がすべてここに存在している。わたしたちの〈自己〉をすべてのレヴェルで表出する交響曲のようだ。同時にそれは絵画をとおして自己を探求し、発明しようとしている」[27]。とはいえ、このような例を詳細に見ていくよりも、主観性のなかに共存するさまざまな層（造型性のさまざまな度合い、共有を受け入れる容量、あるいは定着度のようなもの）を、それぞれ特徴的なテーマや様式、色をもつさまざまな時代の絵画へと翻訳するほうがいいかもしれない。これがいわゆる横断的批評の例であり、それによって絵画が主観的な領土の発生源と同じ平面に位置づけられることになる。影響力のある者や先駆者たちはただ過去を指し示すものだが、横断的批評は、そのような先駆者たちのリストに見られる裂け目を大胆に繋ぎあわせるためのツールであり、それはまた、ごった返す表象空間にコンドの作品を固定するためのツールでもある。

　標準的な外的支柱——家族の一員、それらしく整理された学校文法、宗教的なこだわり、美的スタイル、あるいはライフスタイルなど、それが何であれ——にいまだ繋がれていない状態で、部分的に形成される実存的領土のなかに新たな主観性が現出する。まさにそこでエコ－ロジックがかかわってくるのである。このように固定されていないということは、多産な非形式性（対象を設定せず、大義名分にこだわらない、抽象的で強度のある生の感覚）を意味するのであり、これが熟すとエコ－ロジックへとつながる。論理《ロジック》が実践《プラクシス》に変わるのはここである。エコ－プラクシスは、「実存的変化の触媒」を、やや日和見主義的に「探しまわる」[28]。動的編成《アセンブリッジ》のなかには、そのような触媒を確実に支えるものは何もない。ただそこには、いわば反時計回りに動くような、とはいえまったく錯乱状態で動き回るわけでもないような、そういう標準から逸脱する受動的な潜在性が満ちているのである。もちろん、そこでは事態が最悪の方向にむかう可能性もある。卓越した特異性が主観的特性の新しいあり方を引きだしたり促進したりせず、陳腐な摸倣を生みだすこともあるし、あるいは自然に帰れというもうひとつの無益な神話やそれに似た非生産的な表明（ポール・マッカートニー卿は世界中のメディアに出演しては、ニューファンドランドのアザラシ猟やウォルデン湖の夢について語る）が出てくる場合もある。エコ－プラクシスは、あらゆる職業、すべてのエコロジー、いかなる実存的領土でも、その主体化作用に決裂や変化が見られ、異議申し立ての衝動が見られるようであればそこに目を凝らす。こういったものを生産的で行動的な目的へと慎重に「変えていく」必要があるのだ。不安定な状態から逃れるための足場と固定ロープが必要なのである。

エコ－ロジックはたしかに活動的なものである。狭い意味でのそれではない。エネルギーに満ちあふれたものであり、ひたむきなものであることは間違いないが、かといって単一争点的な環境政治学で説明できるものではないし、未製本の契約書を紙で一枚一枚たどるような世代が奨励しているものでもない。それは精神療法的な特質によって色づけられているのだ――あるいはそういった要素も混ぜ込まれているといったほうがいいかもしれない。ガタリは、単一争点的な環境保護運動や「エコ－インディアン」のような口当たりのよい固定観念に見られる政治目標をただ除外するだけではない。その代わりにさまざまな領域を占拠するのである。ガタリが言うには、「新しい環境科学において、エコロジーは、自然を愛する小さなマイノリティ集団、あるいは専門的な有資格者たちのイメージと結びつけられないようにしなければならない」[29]。

異質混淆的な主体化の構成要素は、細心の注意を払いながら扱う必要がある。ガタリが言うには、そのような触媒的な構成要素（あるいはその部分）を優しく解き放ち、保護することで、特定の集合体のなかにある種の冗長性（ガタリの言葉では、実存的リフレイン）がもたらされ、そこに主観性が集中することになる。あるいは、多様な構成要素の戯れを中断させるような仕方で主観性を固着させる場合もある。ほかのすべてのことが流れ去っていくなかで、テレビに釘づけになってしまっていることがある。その場合、テレビの画面が境界線で囲まれた実存的な領土となり、画面と同一平面上に主観性が生みだされる。こうして主観性が機械状のシステムによってモデル化されるのである[30]。ガタリは複合的なリフレインのモティーフとして、芸術――小説や演劇、視覚芸術など――からいくつか例を引いてくる。とくに音楽を例として挙げることが多い。文学から引いてくることもある（〔プルーストの『失われた時を求めて』における〕ヴェルデュラン夫人のサロンでスワンを虜にする「小楽節」がそのモデル）[31]。リフレイン（ある環境とその構成要素とかかわることで把握される時間の反復的リズム）は、流動する構成要素からモティーフが切り離されたときに生じる。また、既存の構造が中断され、ひとつのモティーフが無駄に空回りすることなく螺旋状に立ちあがり、肯定的な自己参照のプロセスを生じさせる力をもつときに生じるものである。これはそれほど崇高な現象ではない。そもそも歌謡曲のちょっとしたフレーズでも生じるものなのだ。個人的な転換期や、ある程度自律的にぐずぐずと長引く情動的な特質からモティーフが切り離されたとき、そういう歌謡曲のフレーズがふと頭をよぎる。ただ、そのようなモティーフは、個人的な参照や空想の豊穣なる宇宙へとわれわれを誘うわけでもなければ、現在において活力を取り戻したものを未来へと導いてくれるわけでもない。それじたいがいつの間にか乗っ取られてしまい、自動車のタイヤとか朝食のシリアルの箱と結びついてしまう。主観性は、消費の流れ（耳障りな反復音のような資本主義的広告のリフレイン）に沿ってただ移り変わっていく。自分だけの価値世界を探検しながら自らを高め、豊穣化する潜在的な力が、こうして制限されてしまうのである。

　エコ－プラクシスは、変化の触媒とその生産的な展開を決裂させ、逃走を促す。ニンテンドー的世界に閉じこもったり、テレビがでっち上げる現実空間にはまり込んだり、クラシック・ロックの復活に盛り上がって空虚感に陥ったり、あるいはただ最近流行のクスリをやったりしないよう促しながら、そういった触媒作用の反復を回避させるのである。ガタリの考えでは、パフォーマンス・アートのなかには、熱烈に、とはいえ漠然としたかたちで、「現代的なスタイルや流派、慣習といった支配的な冗長性に回収されるまえに、存在と形式が立ちあがる瞬間を突きつけてくる」[32]ものがある。ガタリは芸術から数多くの例を引きだしてくる。消費中心主義やほかの「圧力」、「回収」から、主観性が変化しながら前へ抜けだしていく、そのすべての可能性を、クリエイター自身が、あるいは鑑賞者や批評家、さらには素人が探求するにはどうすればよいのか。ガタリにとって芸術は、ときに精神錯乱を誘発するとはいえ、そのような探求方法を肯定的に示す範例となる。逃げ場をつくるという芸術の伝統的な役割をまもりながら、彼は反体制的な表現のベクトルを模索する。[33]ただし、彼が言うように、「これは、芸術家たちを革命の新しい英雄に仕立てあげようとするものではない」[34]。エコ-プラクシスの芸術的次元が問題なのである。主体形成の先駆けとなるような小さなきっかけを引きだしたり、責任をもってリフレインに対処する際に、その指標として役立つような細部を引きだしたりする点で、エコゾフィーの積極行動主義は芸術作品に近いのだ。[35]

一九八九年ごろのこと。ガタリは、ニューヨークのデイヴィッド・ヴォイナロヴィッチの作品、とくにこのクィア活動家の美学に感銘をうけた。画家であり、作家でもある彼は、アメリカの医療制度に対する挑発的な批判(とくに貨幣のデザインに手を加えた作品など)のなかに自らの美学を編み込んだ。そういったものが「反乱とまではいかなくとも、実存的な運動、少なくとも実存的な創造行為を誘発する」のである。[36]エコゾフィー的な芸術家たちは、反帝国主義的な批判のあり方に関心を持つようになるということだ。こうした動きと、特異化や反体制を主体形成の動因とするマルチチュードの実現にむけた取り組みとが結びあうのである。ただし、そこには次のようなガタリ流の但し書きもついている。かつての国家社会主義や福祉国家に後退してはならない。いかなる既存の弁証法的解決策にも依存してはならない、と。こうしてガタリは、いわゆるポリティカル・アートに特別な関心を寄せるようになる（たとえばグローバルな現象としてのエイズの治療方法をめぐる政治について、見る者の反応を促すヴォイナロヴィッチの作品）。しかし、それも絶対的にというわけではない。触媒的な構成要素が作動し、倫理－芸術的な介入が生じる保証はどこにもないからである。とはいうものの、この分野には有効な戦略が少なからずある。たとえばカナダの写真家イアン・ウォレスは、一九九三年、ブリティッシュ・コロンビアのクレヨコット湾での伐採反対抗議集会を断片的な記録写真というスタイルで取りあげる。それは中心人物に焦点をあてた集客のための報道写真ではない。ウォレスは、このスタイルでもって、抗議や逮捕といった目立つ部分をさりげなく写しだすとともに、そのような集団行動に部分的で実存的な裏づけを与えようとするのだ（たとえば、座り込んで抗議する人々の視線はあちこちさまよっているのだが、ヴァンのうえでマイクをにぎる演説者のほうを見ている者は誰ひとりいない[37]）。

ガタリが著作のなかで例として引きあいに出す芸術は、あまりにも多岐にわたり、それをひとつの明確な美学としてまとめることはできない。この事実じたいが異質混淆性の大切さを教えてくれている。とにかく彼は、新しい価値体系を作りあげること（いまも残っている昔ながらの闘争のやり方をただ更新するだけではなく）にこだわっていた。まとまった形で示すことのできる代案があったわけではないのだが。そういう意味で、ガタリはまったく誠実だった[38]。彼の考えでは、芸術とその観衆とが倫理的－芸術的に触れあう接点には、特異性の実存的転移を責任をもって引き受けるよう誘い込むものがある。それがやがて内的にも外的にも独自の関係性をもったさまざまな構成要素の新しい星座的配置を促すことにつながるのだ。ガタリにとって、都市空間の様相を大きく変貌させる建築の力は、実存的転移の重要な範例となる。一九八〇年代から一九九〇年代初頭、京都と大阪で高松伸が手がけた代表的な建築（ARK、ファラオ、キリンプラザ、シンタクス、今西ビルなど）がそのいい例だ。これはコンテクストの変化がもたらす実存的転移で、このような建築プロジェクトのヴィジョンに心を奪われた者は、目のまえに新しく出現したその領土や参照世界のなかで自ら主導権をとるよう促される。(39) ガタリにとって一流の建築プロジェクトは、習慣や日課、時空軸といったものの変化を形にし、解釈格子に亀裂を入れ、そこに住んだり、そこで働いたり、そこを通り抜けたり、あるいはただ見ている人々の境遇を再構成するものなのだ。ガタリは、影響力というよりもインスピレーションのことを念頭においていた。作品との情動的な出会いのようなものが集合的な主体に作用し、それぞれが特異な自己を生みだす方法を手に入れたり、いまの自分とは異なるものになる方法を模索したりするよう働きかけてくるのである。

リフレインはきわめて危険なものにもなりうる。その致命的な反復によって精神を内部崩壊させることもある。とはいうものの、ガタリがよく引きあいに出す芸術の例には、肯定的で、開かれた不安定性があり、実存的な領土のなかに「実践的な開口部」を保持する力がある。そのような開放性は、座標軸に回収されることも、ポスト政治的な疎外によって隠されることもない。こういった開放性は、はっきりと表出されるだけでなく、そこに政治的、倫理的、芸術的に機能するプロジェクトが入りこむような一貫性を生みだす。もちろん、これは、ジジェクが述べているような、望んでもいないものを好きなだけ享受せよというあの精神分析療法のことではない。(40) 身近な領土を越えて、あらゆるタイプの他なるものへと向かうことで、新しい価値評価や新しい習慣、新しい主観性が生じてくる。ガタリにこういった前方への創造的な逃走や離脱のための手段を芸術家たちは提供してくれるのである。こうとって芸術とは、ひとつの領土が表現力をもつことからはじまり、それがその住人にとって境界線をこえる逃走線となるものでもあった。芸術は家庭《ホーム》からはじまるのではなく、家《ハウス》からはじまる。内側へ向いているものからはじまるのではなく、外へと向けられたものからはじまるのである。一九九三年、ロンドン東部ボウ通りグローヴ・ロードでのキャスティング・プロジェクトで、レイチェル・ホワイトレッドは、かつて人家だったものを内側と外側をひっくり返して、作品として作り変えた。すべての枠、窓、仕切りを埋めてしまって、雨露をしのぐことができない状態にした。ただ外に向いているというだけで、機能そのものが表現に富み、流動的になったのだ。(41)

三つのエコロジー的ヴィジョン

このヴィジョンが示す方向性は「こんがらかった」ものかもしれない。そうであるとしても、ガタリは「世界をつねに再創造しつづける」ために、まず自然と芸術のメロディに耳を傾け、そのメッセージを受けて、「環境のエコロジーという言葉の代わりに機械状エコロジーという新しい語を使う」ようになったのである。(42)生物圏と機械圏とがひとつになっているということは、つまり、この地球規模のコンピューター化とIT革命の時代にあって、人間を含む生物の生は、広大な情報通信技術のインフラと無関係ではいられないということだ。このとき、主観性は機械状系統流（遠距離通信、合成化学、さらには処理能力の向上によって生じる新しい時間性、生命の型を扱う遺伝子工学など）に左右され、さらにはｉＰｏｄや虹彩認識といった機械状の構成要素でもって自らを作りあげる。(43)ただ、このことが、たとえばオゾン層の破壊のような生物圏が抱える大きな課題をどうにかしてくれるわけではない。逆に、フロンやハロンがもたらす不均衡から触媒的連鎖反応が生じ、オゾン層が破壊されるといった機械状の次元については周知のとおりである。ガタリにとって、これは次のことを意味する。「自然のバランス」をめぐる環境のレヴェルでのエコ−プラクシスには、いっそう洗練された治療法と横断的批判が必要になるということだ。たとえば、「ハンバーガー・コネクション」という奇妙な名前で呼ばれているようなものについて考えることもそのひとつである。これは、牧草地のために熱帯雨林を破壊することとファーストフードとを結びつけるもので、牛肉がグローバルな食料危機のベクトルとなりつつある今日においていっそう深刻な問題となっている。さらにガタリは、ヴェネチア・ラグーンで繁茂した藻を、ニューヨークにおける不動産の搾取的な再開発の増殖と結びつける（ドナルド・トランプ藻）。この再開発は、数え切れないほどの人々をホームレスに陥れ、化学物質に汚染された都市の社会的エコロジーに対する絶望を招いた。集団に属する制度的な生は、主体化のプロセスによって再構成される。そのような主体化のプロセスは、それを覆い隠そうとする検閲と隠蔽を、近くから一種の幻想として見直すときに、また同時にそれをより遠くから客観的に見直すときに、さまざまな領域で見えてくる。このプロセスによって再構成される生は、もっとも「小さなレヴェル」[44]からはじまり、やがてそれが外へむけて開かれ、あらゆる方向に広がり、そこで群れをなすようになる。ただし、ガタリが忠告しているように、主観性が全方向的に開かれるためには、それが一貫性と展望を見失いどこかへ行ってしまわないように、実存を現実につなぎとめ、リフレインによってそれを関係づける必要がある。そのような実存の固定とリフレインの効果によって、主観性は三つのエコロジーと結びあうようになるのである。

領域横断的エコロジー

三つという数はどこからきたのか。実際のところ、それは計量的な問題ではない。『三つのエコロジー』の読者は、フランシス・ベーコンの三枚組の絵を目にしたドゥルーズと同じような立場に立たされる。ベーコンの三枚組の絵にドゥルーズが見たのは非線形的な力の配置であり、そのリズムの法則によって、そこに見えているものが、三枚の絵を横断する形で、目には見えない音楽的時間を醸しだす。こうしてドゥルーズは、この画家の経歴とは裏腹に、ベーコンのなかには三枚の絵しかない、と大胆にも結論づけたのだ。[45] ガタリの三つのエコロジーは、それじたいが超越的な判断[46]──統合されたものであれ、包括されたものであれ──を彼が拒否していたという証拠となる。三つのエコロジーは創造性のパラダイムを保持しつつ、身近で日常的なものから地球規模のものまで、さまざまな領域のあいだを冷静に横断しながら結びあわせていく。ガタリは、この三つのエコロジーを複合的に理論化しながら、エコロジー的ヴィジョンの普遍性をどう捉えればよいのかを示したのである。おそらくこれは領域横断的研究というフランスの伝統のなかに位置づけられるものなのだろう。そのような横断的研究は、コミュニケーションのあり方をめぐる人文科学的研究から生じてきたものであるとはいえ、ときにそれが「出来事の科学」（現在をめぐる社会学）[47] として修正され、さらに生命科学と社会科学とのあいだでさまざまな和解がなされた結果でもあった。三つのエコロジーはひとつの集合体であって、さまざまな領域が互いにどう作用しあうのかを示すものである。新しい価値世界が創出されるときには、芸術の可能性とエコロジーの可能性のあいだに転移が生じる。三つのエコロジーというレンズをつければ、ひとつの潜在的な力が見えてくる──もっとうまく表現するなら、感じられるようになる——ということだ。それはまだ現実的なものではないが、それじたいが具体化へむけて展開していくような力なのである。わたしたちは絶えずそれに応答しなければならない。物質的・非物質的宇宙が存在しはじめるには、実存的な土台が必要だからである。

領域横断的なエコロジーは、その対象や問題の、つまり主観性の相互依存的な多元性から生じてくる。ここでいう領域横断性は、多くの現代的定義と異なり、主体に超越的で外的な地平や水準を求めてそこから変数を引きだしたり、履行義務を発生させたりするものではない[48]。主体は集合的なものよりも先に存在しているわけではない。集合的なものの動的な編成によって、一貫性が与えられ、自らの宇宙を表明し、それを投影する潜在的な力が与えられるのだ。要するに、領域横断的な知は、倫理－芸術的に、さらには政治的に機能するものであり、それは主観性が自ら変化するための手助けになるような条件を作りだすのである。ガタリの言う領域横断性は、何かを超越しようとするものではなく、変化を促すものなのだ。混沌からけっして逃げず、また、均質に固定された地平を設定し、それによって「主体」を差異化させることで、混沌の問題を解決しようともしない。混沌から抜けだそうとしていつまでも立ち往生しているわけでもないし[49]、「さまざまなコンテクストから成る、いまそこにある大きな集まり」[50]をひとつの全体として捉えることもしない。衰退しているとされる流れの向きを変え、主観性の場所――「結節点」としての主観性のまわりにひとつの領土が生じ、意味の世界が肯定される――を見いだそうとする営みのなかで、混沌としたものは、それがいかに不快なものであろうとも尊重され、その特質が分析され、その支流もまた探検されることになる。そういう意味で、「立ち現れるもの」は、より高いレヴェルの抽象的統合を目指すものではなく、つねに立ち向かうべき何かであり、絶えず再検討しなければならないものなのだ。芸術は、主観性の特異な性質を欺いたり、その欲望を粉砕したりせず、異質混淆的でエコゾフィー的な主観性の探求モデルを提供してくれる。もちろん、芸術家のほうでも、自らを位置づけている流派や画廊のシステム、美術市場、気まぐれな芸術文化評議会、批評の潮流と闘わねばならないのだが。

ガタリは様式の分類化を次第に避けるようになり、「芸術的な知覚」に言及する傾向が強くなっていった。このような知覚をとおして、わたしたちは主体化のプロセスのなかにリフレインを探し求め、その構成要素の革新的な部分をそこから引きだす。その実存的な効果があらかじめ定められているわけではないが、それによってわたしたちは、より高度な秩序を備えたエコゾフィー的な活動へと促される場合もあるのだ。彼の最後の著作である『カオスモーズ』の最後のあたりで、ガタリは次のように述べている。「おそらく今日の芸術家たちは、そこに根源的な実存の問題が折りたたまれているような最後の線になるかもしれない[51]」。この控えめな「おそらく」が意味するのは、たしかに芸術家たちは、三つのエコロジー的ヴィジョンの重要な構成要素となっているのだが、しかしその保証はどこにもないということだ。芸術家であるということは大変なことなのである。自己満足的な創造行為から抜けだし、反知性主義や経済的な収支をうまく処理しながら、自らの世界を拡げ、昔であれば都合よく知らないふりができていたような問題にも責任を持たねばならない。主体化の集合的プロセスに寄与する際に求められるようなもの、つまりインスピレーションとか作品とかを差し引いて考えながら自らの制作手段を決めるわけだが、それは率直に言えば、芸術作品によって新しさや逸脱を生みだすのと同様に、芸術家自身が芸術的に生き、年をとりながら、自ら変わっていくという問題でもある。結局、ガタリはこれとまったく同じことを政治的なエコロジーに求めていたのである。「政治的エコロジーにとっても、社会のエコロジーと精神のエコロジーが優先事項として重要になってくる[52]」。

ところで、「エコゾフィー」と言えばノルウェーの哲学者アルネ・ネスがよく連想されるが、ガタリはネスの著作にも、一九八〇年代に彼の思想が与えた影響についても言及していない。『三つのエコロジー』の読者であれば、このような見過ごしに戸惑うかもしれない。というのもガタリはこの言葉を、自分で考案したものとは言えないにしても、新たに構成的に定義づけられた造語と見なしていたように思われるからである。芸術から例を引きながら、ガタリはエコロジーの潜在的な力が主体化にどのような作用を及ぼすのかを探ったわけだが、同じような試みは、ネスの概念においても中核となるものである。ネスは、限定的な意味でのエコロジーを生物学の領域におけるもうひとつの科学部門として拡大し、「地球的家族」[53]という哲学的な英知をつたえるために、そこからひとつの存在論を作りあげようとした。それは一定の原則にもとづきながら活動を促すものでもあった。ただし、ネスの言うエコゾフィーは標準的な哲学体系であり、そこでは概念が詳細に叙述され、それを導く方向で叙述の一貫性が保たれ、さまざまな基準やそれを導きだす仮説が少しずつ「厳密化」されていく。ネスのエコゾフィーにおける、いわゆる「第一基準」は自己実現であり、その過程で「社会的、精神的、存在論的な仮説の統一体（人間性がもっとも包括的に十分成熟すれば、かならず美しい行動が生まれる）[54]」を拡大するものと考えられている。エコゾフィーは心のあり方を変化させ、人々のあいだに連帯意識をもたらし、狭い意味ではない自己をもとめるよう促す。そのような自己は、他者の自己や人間以外の動物と同一化することによって大きくなる。自己中心主義を軽減し、自分らしさを拡大し、多様性や複合性の価値を認め、思いやる気持ちを育む。こういったことがすべてエコ的自己の務めとなるのだ。個人的な自己から大いなる自己へのこの移行は、超個人的心理学のなかでよく目にするものので、感情移入をとおして他者とのかかわり方を学び、利他主義的な動機にもとづいて行動することができる統合された行為主体によって管理された全体へと部分が拡大していくような移行を伴うものだ(55)。関係性が宇宙的に拡大していくネスのシステムにおいては、相互的な自己実現に訴えようとしても、その心理状態によって、つまり問題となる主体そのものによってそれが制限されてしまう。それは、生きている存在のための、あるいはそのような存在による自己実現に対する制約なのだ。ここでは次のようなガタリの論点はまったく考慮されていない。つまり、あらかじめ存在することのない非統一的な機械状の主体(前‐個人的で部分的)はテクノロジー的系統流と相互に作用しあうという問題、さらに、非物質的で非生物的な「実存的種《しゅ》」もまた自己生成的な潜在化作用に関与するという考え、この二点である。ガタリが注目していたのは、あらかじめ与えられた自己を拡大して自己実現を果たすことではなく、ひとつのアイデンティティ(プロセスを崩壊させる境界設定)によって押しつけられた参照の枠組みに抗う特異化のプロセス、どう生き、どう感じ、どう考え、どう動くのか、そこにかかわるすべてのものに力を及ぼす特異化のプロセスである。

ガタリのエコゾフィーは、エコ‐プラクシスの倫理・美学である。ただ、その倫理的な意味は主観性の領野を拡大するところからくるものではなく、機械を発展的な目的のために使用し、実際に変化を引きおこすところにある。とはいえ、分子的なエコ‐プラクシスをとおして生活様式に変化をもたらそうとする場合に、それが結果的にどうなるかを予測することはできない(不確かなものに対する寛容さと実験をこころみる勇気が必要となる)。小ささは美しさではない。それは不連続な効果をもたらしながら分岐し、変化する。ガタリは、党や労働者階級の闘争によって社会を変えるという昔ながらの発想に後ずさりするわけでも反対するわけでもないが、ただ無批判的にそれを繰り返すことはしない。分子的な変化は、マクロ社会的な状況の下のほうから沸き起こるものなのだ。「マイクロプロセッサーがもたらしたような突然変異が、人間の実存の現実的下部構造を変化させ、実際に解放のための驚くべき可能性を切りひらくのである[56]」。

メディアが誘導する受動性と次々と忘れ去られる新製品、そういったものがはびこっている時代だが、ガタリが信じていたのは、機械状系統流が進化し、個々のクリエイターや集団的クリエイターたちが機械に接近し、また機械と連動することで、主観性を作りなおす新しいチャンスがもたらされるということだ。マクロなレヴェルでは地球を取り巻く「機械状の開花状態」のようなものがあり、ミクロなレヴェルでは情報工学との出会いがある。一九九〇年代初頭にものを書いていたガタリにとっても、情報工学はすでに「おそらく文字や印刷機の発明よりも重要な主観性の変化[57]」をもたらすものであった。ガタリのプロジェクトの核心部は、人間と非人間的機械とのあいだの接続から生じる倫理学にある。そのなかで彼は、たとえそれが独特なスケッチ風のものであったとしても、エコゾフィー的な地図を作成したのである。人類が機械を扱う際の倫理観、さらには系統流の不可逆的発展、絶対値、累積効果、先例のない成果がもたらす倫理観といったものをガタリはハンス・ヨナスから借用する。機械の進化は、人間がその系統流において、さらにはそれに依存しながら集団的に重要な行動をおこす際に、その応答可能性のコンテクストとなり、倫理的地平となる。ヨナスにとっても、ガタリにとっても、「テクノロジーはいまや人間の意志決定の中心的な部分を担うものであり、それゆえに倫理的な意義をもつ[58]」のである。

第四章　非シニフィアンの記号論

シグナルは、あわれな記号論学者がよく持ちだしてくるものだ。正式な記号と見なされてもいない。ウンベルト・エーコが述べているように、シグナルは「そこに意味が読み取れるか否かにかかわらず、ただ量的に計算される」ものである。[1] つまり、シグナルは「記号論の低閾値」[2] を占有するということだ。より高度な記号論的機能であれば文化的コンテンツを作動させ、シニフィアンの流れから、あるいはその流れのなかでおもに生じる効果をもたらすのだが、シグナル的な刺激はどうやらそのような機能を求めてはいないようだ。

本章の狙いは、ガタリが打ちだした非シニフィアンの記号論というカテゴリーを概説し、またそれを援用しながら、このような低い地位に貶められたシグナルを再検討し、復権させることである。そのためにもまず二つのことをあらかじめ方向づけておきたい。まず、解釈をめぐる文化的慣習の意味論的地平において、シグナルを一段低い現象として序列化するような偏見を払拭すること。次に、量的で機械的なシグナルの性質が、自らの再評価にあたって積極的な役割を果たしているということ。そのようなシグナルの性質は、より高度な秩序をもつ領域に対して自らの低い地位を証するためにあるわけではない。そもそものような領域との比較で判断できるものではないのである。端的に言えば、非シニフィアンの記号論を知るうえで、きわめて重要な手がかりとなるものがシグナルにはあるということだ。実際、非シニフィアンの記号論というカテゴリーのおかげで、シグナルのような「一段低い」記号のタイプが、その地位の特性じたいを自らの長所とし、深いところで息を吹きかえす。さらに、いま述べた二つの方向性にもうひとつ付け加えるとするなら、ガタリは、情報工学と、主観性のさまざまな変異体の生産とを結びつけようとしていた。それは全体的な遠隔化と脱中心化のプロセスによって、漸進的に、きわめて革新的なやり方で伝統的な領土や座標から主観性を移転させるものである（たとえば、ハイパーテクストや双方向的コミュニケーションの時代における聖書の記号論的分析など）。とはいえ、それは特定の結果を約束するものではない。

つまり、これから述べる非シニフィアンの記号論のテクノ‐唯物論的分析は、ガタリがわれわれに遺してくれた独創的で挑発的な分析を一歩前進させるものである。彼は、オート・トリガー的〔自動的に発動する〕部分記号の実存的次元や無意味な信号装置が主観性に及ぼす影響に関心をもっていた。冷たくてそっけないコンピューターの声――「扉が閉まっていません。ありがとうございます」――のようなものによって、あるいはＡＴＭでカードをただ使うだけでも主観性の構成要素が脱領土化され、馴染みのない新しい宇宙が開かれる。情報資本による価値づけのシステムが拡大しつつあるなか、主観性はそのような領域において加工される「生の素材」となる。１、０、ＰＩＮ、さらにはアクセスコードなどによって生が植民地化され、個々の結び目ではなくネット全体で支配されることになるのである。そのようなプロセスのなかで、しなやかに対応する従順で創造的な認知労働者《コグニタリアート》が生みだすのは、二十四時間のオンライン・バンキングやＡＴＭという頼もしい「ペット」、インスタント・クレジット、預金口座や金融サービスへのアクセスポイント、現金の裏取引、さらには危機管理のための情報集約《リスクプロファイル》としての擬似特異性といったミクロな消費主義的ベクトルのすべてであり、そういったものをとおして主観性がモデル化されていくのである。(3) マルクスは信用貸《クレジット》しのことを、「社会の表層にばらまかれた財源を目に見えない糸で手繰りよせる」個々の資本家たちの背後にこっそりと忍び寄る「さもしいアシスタント」だと鮮やかに描いている。(4) 今日でも、カナダでは、デビットやクレジットの店頭支払いを扱うインテラックというネットワーク管理会社が、人のうしろからついていく小さな黄色のトラックとして自社を宣伝しているが、人生のイベントをこっそりと豊かにするその姿はまるでさもしいアシスタントのようである。

ガタリはまず、ネットワーク社会のグローバルな情報経済に適合する記号論を打ちたてる。(5) 二〇〇〇年代に入り、情報工学が飛躍的発展を遂げ、デジタル化された資本主義的文化の時代がはじまるわけだが、一九九二年、あまりにも早くこの世を去ったガタリは、一九九〇年代のこのような異常な加速度的進化を経験することができなかった。それでも彼は、統合された世界資本主義（ＩＷＣ〔フランス語ではＣＭＩ〕）におけるグローバル経済について一九八〇年代から研究をはじめており、そのなかですでに、資本主義と情報工学が融合する兆候に目を向けていた。「地球規模のコンピューター化の時代」の幕開けとともに、統合された世界資本主義が、その驚くべき統合的能力を発揮したのは、機械状系統流に見られる情報工学的な要素によるところが大きい。こういったことはマヌエル・デランダがこれまで詳細に論じてきたことである。デランダは、軍事機構が情報処理技術の一部からオペレーションやアプリケーションを抽出し、それを人質にとることについて論じている。(6) ＩＷＣは、それと同じテクノロジー的要素を流用することで、その価値観や序列化、無分別な進歩のヴィジョンといったものとある程度うまく適合できる主体のタイプを生みだす。このようなＩＷＣのやり方にガタリは歯向かったのだ。たとえば、資本は個々の人間にデバイスを装着させるために小型化という手段をとる、とガタリは考えていた。われわれは家電とかかわることで、機械状系統流の構成部分に埋め込まれ、知覚を操られることになる。そして、クラックベリー〔クラック（コカイン）のように依存性のある端末という意味〕というふさわしいあだ名のついた端末から得られる自己投与型の恍惚状態を求めるよう仕向けられるのである。[7] 昂揚した消費行為というこのドラッグは、非物質的なネットワークに主観性を投げこむ。ときには中毒状態から回復するために電源を切る必要がある。接続を断つ勇気は、ガタリにとって倫理的必然のようなものであった。それは、有限性を問いただし、溢れかえる記号——メールやショートメッセージ、ヴォイスメールなどをこのように表現できるとすれば——から顔をそむけ、人類学者のピエール・クラストルの言葉を借りるなら、「詩の言葉」や「すべての人が、取引の必要性に迫られることなく、完全な至福を得るような神話的時間への希望や憧れ[8]」へと向かわせる。ガタリはクラストルの著作からインスピレーションを得ていた。それはさておき、接続を断つ勇気はさまざまな形で反響を呼び起こすはずだ。サイモン・オサリヴァンが教えてくれているように、日常的に瞑想を行なうのもそのひとつである。[9]

　ガタリは、このような問題を記号論的な用語で枠づけ、情報資本の顕著な特徴を目に見える形で示している部分記号というひとつの種《しゅ》を理論化しようとした。部分記号は、物質的にそこにあるその潜在性を活かしながら情報資本のネットワークに直接介入する。ドゥルーズがシネマ論、とくに『時間イメージ』のなかで展開しているようなやり方で、ガタリは「信号的物質」について書いている。それは、大体においてまだ未形成なものだが、完全に無定形というわけでもないような物質の煮えたぎるシチューであり、そこから部分対象（部分記号を含む）が立ち現れ、同時により完全で創造的な表現と形式をもった記号論的実質が生じてくる。(10) 基本的に、信号的物質は非シニフィアンとして定義づけられる。ガタリもドゥルーズも、ソシュールやイェルムスレウのような言語学者から継承された、物質に対する形式の優位性をひっくり返す。そうして、さまざまな度合いで部分的にすでにそこにあるものを引きだすプロセスを記述しようとするのだ。ただ、非シニフィアンの記号論といっても、そのような探究の作業が言語学として形を成すことはない。それはさらなる形式を押しつけるものではないし、ただそれぞれの部分とその強度だけを扱いながら、すべてを最後まで語らずに口ごもる。要するに、意味作用は決して完結しないのである。

物質的分子革命

『分子革命』の二つの版(訳注6)や『機械状無意識』といった、もともと一九七七年に出版されていた著作群のなかで、ガタリはパースとイェルムスレウの概念を混ぜあわせながら、さまざまな記号論的システムの類型学を作ろうとしていた。以下、この三つの著作を横断的に読みながら、機械状系統流の情報工学的要素とも照らしあわせつつ、非シニフィアンの記号論を具体的な形で捉えていきたい。その際、ヒントになるのがクレジットカードや銀行カード、あるいはその両方の機能を兼ね備えたカードで、ガタリはこういったものを非シニフィアン記号によって作動する記号現象の例としてよく引きあいに出す。ガタリの新しさは、地球規模のコンピューター化とグローバリゼーションの時代において、物質的な次元と記号的な次元の関係性を問題化しながら記号の類型学のようなものを打ちだし、そこから非シニフィアン記号を引きだしている点にある。グローバルな情報文化に見合った記号論など存在するのか。答えはイエスである。その特徴——たとえば、非-線状性——を捉えようとする試みは無数にあり[11]、そこでは同様の力が分析されている。非シニフィアン記号は、実際にそこで機能している場合、いくつかの特徴を示す。超線状性を作動させるのもその特徴のひとつだ。資本は機械状系統流の情報的要素に依存するわけだが、そのテクスチャーじたいが非シニフィアンの部分記号によって占められている——もっとよい表現を用いるなら、満たされているのである。

　非シニフィアンの作用について考える際に、おもに支障となるもののひとつが、この非という接頭辞が、もとの単語によって保証されないかもしれないということだ。それは意味作用を回避するきっかけとなるにもかかわらず、意味作用からは決して離れることができない。非シニフィアンの記号論が、シニフィアン〔記号表現〕でないものの記号論という意味で理解されるなら、最悪の場合、それは単なるシグナルのひとつの種《しゅ》か、せいぜい撞着語法のように思われてくる。非シニフィアンの記号的物質は、シグナルが必ずしも意味論的な内容を持たずに直接情報を伝えるという意味で、シニフィアンでないものということになるかもしれない。これはエーコよりも少しだけ進んだ見方だ[12]。通例、それは非言語的な情報の伝達のことを言うのであって、ガタリのいう非シニフィアン記号にもこのような見方がないわけではない。とはいえ、より当を得た言い方をするなら、システムから生じるものを、それが引き起こす作用の作用のために特別に解釈する必要はないということである。概念的な次元のこのような境界性は、誘発性シグナルが引き起こす作用の不在を意味するものではない。重要なことは、意味論的な次元がないからといって、そのほうが非表象的で非精神的な次元よりも実情に近いというわけではないということだ。ガタリの関心は、意味論的なものを制限することよりも、むしろ非シニフィアン作用の厳格さと厳密さを強調することにある。実際、非シニフィアンの作用は、それがいかなる慣習に属するものであれ完全に形式化された記号をとおして機能するものではなく、部分記号、つまり粒子－記号、あるいはガタリの言葉で言うなら、点－記号によって機能するものなのである。とはいうものの、非シニフィアン作用に拘束力があること、そのような記号が部分／粒子／点であること、また、そこには非表象的な特性があることなどから、ガタリはそのようなタイプの記号論をミクロ政治学的に分析するようになったのである。そういう意味で、非シニフィアン記号はシグナルと異なる。意味論的コンテクストが不要であるからといって、誰かに何かを利用されないようにするもの（たとえば、高等動物を用いて信号を送るなど）であるかのように否定的に解釈されるものでもないし、少し変わった行動療法が必要になるわけでもないのである。

一見単純そうな着想から見ていこう。ガタリは、非シニフィアンの記号論を、シニフィアンの記号学と対立関係にあるものとして定義する。彼は、記号論――パースとイェルムスレウとを混ぜあわせたもの――と、記号学――ソシュール、二項対立的なもの、あるいは言語学的なもの――とを区別する。もちろん、このような区分を強化する方法は他にもたくさんある。指示対象を含むのか含まないのか、というのもそのひとつだ。ただ、ここで重要な点は、ガタリにとって言語学に依存しない記号論は、構造主義が精神分析と結託して無意識を構築する際にふるう影響力、つまりその構成要素の形式的な記述に見られるすべての特徴――「普遍性」「法則」「言語使用域《レジスター》」さらには「欠如」というような超越的なものなど――を弱めるということである。ガタリが本当に新しかったのは、無意識をひとつの機械として構想したことである。それは言語のように構造化されてもいないし、不変不動の神話的形態とかマテームで示されるような個人の内的葛藤として概念化されることもない。「言語学的なシニフィアンの力でもって、何もかも精神的なものと関連づけようとするのは、構造主義学派の立場に見られる重大な過失であった」[13]。この重大な過失を訂正し、それによって「言語学的公理」から逃れるためにも、意味論的‐言語学的決定論に還元できない非シニフィアンの記号論という機械状プロセスを前景化しなければならないのだ。ガタリは読者に「言語から出よ」と訴えかける。彼によれば、機械は「変化しつつある物」[14]を構成し、さまざまな領域から取りだされた構成要素やその特異性（混成的なアイデンティティ）から抽出されたものを動的に編成し、またそれを無効化する。とはいえ、そういったものがすべて構成されるわけではなく、いくらかはヴァーチャルなもの（純粋に潜在的なもの）として残る。

シニフィアンの記号学がかかわるのは、表現と内容の、序列化された平面に位置づけられた形の整った実質である。ただし、そのような実質はすべて言語化されていなければならない。それに対して象徴の記号学は、シニフィアンの記号学の一種だが、それは言語学的な用語に翻訳しきれない表現や、そこにあるどれかひとつの表現的実質によって上位コードを設けることのできない表現の実質にかかわる。このような翻訳不可能性の原則が言語帝国主義（「構造主義的なシニフィアンがもつ記号学的直線性は、他のすべての記号化様式に対して専制的に自らを押しつける」[15]）を食い止めるのである。

シニフィアンの記号学は、ソシュールの場合と同じで、シンタグムとパラダイムという二つの軸によって構造化される。シンタグムとは、現前状態にある一連の語（共現前）のことであり、直線性によって維持される。一方、パラダイム的な関係性は布置的であり、不確定的であり、不在状態にある（共現前の不在）。これまで述べてきたように、非シニフィアンの記号論はこういった軸を回避し、

「ダイアグラム的な第三の軸を追加する」[16]。それにしても、軸をもうひとつ追加することにどのような意味があるのか。端的に言えば、それは水平的なシンタグムや垂直的なパラダイムから逃れること、つまりはパロールとラングから逃れることを宣言するものなのである。三つをまとめて考えるなら、それは「横断的言語学の記号学」[17]のためのツールとなる。とはいえ、これでは保守的な策略にすぎない。ガタリの記号学的ライバルのひとりであったロラン・バルトでさえ、「創造的な逸脱」――「構造主義的スキャンダル」[18]――は、たとえそれがまだ声帯的なものであったとしても、シンタグムとパラダイムの境界線のところで生じる可能性があるし、また実際に生じると考えていた。たとえば駄洒落や頭音の置き換え、脚韻のようなものだ。パースに触発されて、ガタリが仕上げることになったダイアグラム化については後ほど詳しく論じる。ガタリにとって逸脱の仕方が問題なのではない。記号的な逸脱や脱領土化には必ず制約があるということ、またそういったものが管理されているということ、それが問題なのである。

ところで、シンタグムとパラダイムのような従来の二元論に何かを追加することで「混乱させる」[19]だけでよいのだろうか。そのような混乱は、まったく新しいものと同じだけの強さを保ちながら長く持続するものではないし、おそらくありきたりなものとしてすんなりと受け入れられるようになっていくだろう。第三の軸が、専制的なシニフィアンのように特定の表現的実質とつねに結びつくようになると、それはそれで主観性を生みだすプロセスに容易く回収されてしまうだろう。このような専制主義は、言語的なレヴェルでは退けることができるかもしれないが、権力との関係ということになると、それが精神分析医の権力だとしても打ち破ることはできない。

ガタリはシニフィアンの記号学を決して手放さない。

意味作用は、所定の社会的領域がもつ価値体系による〔表現と内容の〕形式化と翻訳システム、行動規範、表現機械とのあいだの出会いからつねに生じてくる。表現機械は、それじたいに何も意味はなく、非シニフィアン的で、システムが求める行動、解釈、反応を自動化させる[20]。

つまり意味作用は、記号論的なシステムと記号学的なシステムとが接続されるときに生じるものなのである。その特徴は、情報、経済、社会、政治の用語でもって権力の序列化を現実のものにするということだ。たとえば、社会や政治が「最初に」求めるものは記号の恣意性である、とガタリは考える。「支配的なコード化システムを受け入れよ。あなたに必要なことはそのなかですべてなされるのであり、そうでない場合、それは結果的に抑圧のシステムとなるだろう[21]」。非シニフィアン記号は、表現と内容のレヴェルで、「冗長性のシステムを組織化」し、それによって支配的な意味作用を「自動化」する。それを自動化するために、標準化、不変性、統一見解などが求められるのである。ガタリは固定化の条件をさらに付け加える。いったん拘束されたものは、マンダラ的意味作用のなかにあるテクスト空間をさまようのだと。よくあるタイプの磁気ストライプには一続きの数字や文字が固定されている。そこには解釈の余地がない。長さの定められたあの領域には、弁別的なシステム、銀行コード、口座番号が入っており、そういった情報が特殊な文字で分けられ、始まりと終わりを示す標識でもってひとまとめにされている。続いて冗長的な照合が行なわれ、すべてが自動的に認識される。非シニフィアンの記号はそれじたい何も意味しない。とはいえ、ガタリにとってそれは局所的《ローカル》な力を発動させるものなのだ。こういうふうに見ていくと、彼がどのように機械状のトリガー作用から政治的なレヴェルへとジャンプし、また戻ってきたのかがよく分かる。非シニフィアンの記号は「ブルジョワジーのさまざまな派閥との関係でいうなら、国家の役割に近い。ブルジョワジーはブルジョワジーで局所的な派閥のさまざまな主張を調整し、序列化するのだが」[22]。各部門の利害関係者、圧力団体、領土化された権力基盤をもつ地方の政治団体といったものが、そのような局所的な派閥であって、彼らの主張は、政治的な課題の設定、優遇的な取引、さらには政策立案といった観点から、商工会議所や党の機関のような中央権力によって分析され、優先順位が決められる。そのような政治的決定が、磁気ストライプカードにコード化されることになる。この点については後ほど取り上げるつもりである。

シニフィアンの記号学とその直線的な「権力のシンタグム」は、超線形的な非シニフィアンの自動作用と結合する。ガタリは、さまざまな符号化のリストを編集しながら動的編成の記号論的集合体を説明しようとするが、シニフィアンと非シニフィアンの関係性ということであれば、その概念作用ははっきりしている。非シニフィアンはシニフィアンを利用するのである。シニフィアンを、ある意味で、いわば「ツール」としてのみ機能させるのだ。とはいえ、自らは記号学的にも象徴的にも機能しない。このように、非シニフィアンの記号論は記号学的な形式美に左右されることはないものの、支配的な意味作用が「望む」やり方で、情報を伝える際にいまだ記号学の形式に頼るところがある――記号論学者に真面目に受け取ってもらうためには、せめてこう言うべきだろう。しかしガタリは大胆にも、非シニフィアンの記号論は物理化学の理論のように、「そういった支えなどなくても機能しうる」[23]と述べたのだ。彼の考えによると、シニフィアンの記号学はむしろ「ある種の非シニフィアン機械に依存しているという事実そのものから自らの効力を引きだす」[24]ことができるという。つまり、シニフィアンの記号学にとって、その全体的な領土とか制度的な空間を曖昧化するときに、非シニフィアンの記号論がもつ脱領土化作用が役に立つかもしれないということだ。ただし、意味作用のシステムとその生成のあいだを横断するまさにその動きのなかで新しい領土がうち開かれ、さらに、そこで作用する力によって、いっそう厳格な定義が押しつけられたり、矛盾した要求がなされたりする場合もある。

プラスチックのカード、磁気ストライプ、技術的物質性《テクノマテリアリティ》

非シニフィアンの作用は本質的に機械状である。ガタリは機械の概念を技術的デバイスに限定しなかった。とはいうものの、情報ネットワークのなかで非シニフィアンの記号論がさまざまなプロセスをどのように誘発するのかを繰り返し説明する際に、彼が特にこだわったのは磁気ストライプのついたプラスチックカードだった。このプラスチックのカードが手の込んだ認証プロセスを作動させ、銀行口座やクレジットのアカウントへのアクセスを処理する際に引き起こす相互作用、そこにガタリは着目したのである。間違いなく、われわれは複雑な情報通信ネットワークと交渉している。そこではガタリの言う部分記号が「開始と終了の指示」[25]を出す。磁気ストライプのトラック上にある実際の酸化鉄の粒子を、ガタリの言う部分／粒子と考えれば分かりやすい。適正なソフトウェアで機能する読み取り機にさっと通すことで、その部分／粒子が解読される――その極性が即座に二進法的な数字に変換される――のである。そこでは身振りよりもその作用のほうに意味があるということは周知のとおりである。もちろん、ガタリが「粒子」という言葉を用いたのは、非シニフィアン記号が同じくヴァーチャルなものだからである。それは加速度や数学的予測といった機械状の相互作用によって生み

だされる「関数的な」実体であり、その存在は理論的に証明されるものである。(26)

引き落としの決済やログイン作業の次なるプロセスは、PIN／パスワードの入力だが、その際にエラーメッセージが出た経験がある人であれば、そのような部分記号がもつあからさまなシンタグム的繊細さ（たいていの場合、パスワードやPINコードのシンタックス的特徴――桁数とか、大文字小文字に対する繊細さ）に気づいているだろう。実際、自分のカードをATMに「飲み込まれた」ことがある人は、非シニフィアン作用の変転ぶりを知っているはずだ。おそらくこれは起動時のトラブルによるものだろう。ただ、ひょっとしたらそれは、通常のパターンや想定されたパターンに反してある場所である目的でカードが使用された場合に生じるセキュリティ対策かもしれない。さらに、買い物のしすぎでカードが「損耗」すれば、その磁気ストライプのうえに乗っている酸化物の粒子と、そのエンコーディングを二進法的な数字に変換するための読み取り機とのあいだの相互作用に問題が生じるということはよく聞く話だ。これは、磁気ストライプが削れてしまっていたり、消えていたり、あるいは磁気が弱くなったりして、シグナルとノイズの割合が狂ってしまうために起こる現象である。

非シニフィアンの部分記号は動かない。逆に、それが意味ありげに漂ったりすると、機能そのものが止まる（カードを紙で包んで読み取り機に通すというような素朴な解決策は少なからずあるのだが）。ガタリは、そのような記号の性質を正確に記述してくれている。

［非シニフィアンの部分記号は］自らの無力さをはねかえし、象徴とシニフィアンのシステムのなかで増殖するいかなる多義性も拒否するかのようだ。記号は厳密である。そこには三十六の可能な

解釈などもはや存在しない。明示的意味ときわめて厳密で正確な文法だけがあるのだ(27)。

この三十六というのは、もちろん、三つの区分を組みあわせながら記号のカテゴリーを作りあげるパースの戦略を参照したものである。とにかく、こういう仕組みでわたしたちは高いコーヒーを注文したりするのだ。その文法の厳密さを理解することは、いっそう困難な問題である。非シニフィアンの記号的物質を非文法的なものと捉えるドゥルーズに対して、ガタリはさまざまな最小単位の文法的な組みあわせにこだわりつづける。とはいえ、深い／基礎的な意味論や、高い／超越的な意味論への参照をつねに必要としているわけでもない。こういったことを主張できるのは、第一のコンテクストが言語ではないからだ。さらに、部分記号はそれが誰かに何かを意味するかどうかにかかわらず機能する。ガタリが具体的に述べているように、部分記号は、それが「思考」であれ、「心的な」存在であれ、「精神的な表象」であれ、「意味作用を分泌」することはない。記号の最小限の定義を「他の何かに代わって誰かのために役立つもの」とし、その表象作用を留保しておくと、ガタリの立場が少しはっきりしてくる。「記号は、表象作用以前に、物に〈作用する〉ものである。個別化した言表の行為主体《エージェント》は記号と物に対して支配力を振るおうとするが、記号と物は、そのような主体の〈支配〉をものともせずに、互いに連動する」(28)。とはいうものの、ガタリは、力を奪おうとしてくる表象作用をまずは無効化し、記号と物、つまり物質的なものと記号的なものとを結びあわせたあとで、さらにこう付け加えている。これが「機械状に作用する動的編成の力」（力を奪おうとしてくる記号学とは対照的に）なのだ、と。

ＰＩＮ／パスワードは、ランダムに作成されたものであれ、誕生日、子供の年齢、以前の住所、イニシャル、ニックネームといったパラダイム的集合から慎重に選ばれたものであれ、磁気ストライプと読み取り機の符号化や解読との関係性に見られるように、精神的な表象作用がなくても機能する。もちろん表象作用が存在しないわけではないだろう。ただ、それは「不可欠なものではない」し、もはや中心となる意味作用でもない[29]。パスワードはただ通過を許可するものなのだ。ガタリが言うには、非シニフィアンの記号論の場合、よくあるような意味のピラミッドの頂上、つまり、あらかじめ設定されている参照項、魂、実体、個別化された主体の心的宇宙などを通り抜ける必要がない。おそらくそれは、物理学が粒子を作りだすときに「それじたいの機械的表現とは別の意味作用をいっさい認めない[30]」のと同じことだとガタリは推測する。物理学は記号を用いて粒子を増殖させる（そこでは記号の生産性だけが実際的な価値をもつ）。たしかに、原子より小さい粒子を科学的に表象することは可能だが、「そのように表象されたものを科学的な記号化作用は受けつけない[31]」とガタリは思っていた。テクノカルチャーの理論家、哲学者、科学社会学者には、そういった表象の研究に関心をもつ者も多いだろう。しかし、その妥当性や翻訳可能性には限界があるとガタリは訴えていた。

記号学は副産物をもたらす。部分記号は、ある意味で、実体の縁をおおうので、それによって形式と物質のあいだに新しい関係が築かれるのである。情報化の時代において、非シニフィアンの記号論は、その機械状の力を最大限に発揮する。つまり、急速に進化し、加速し、より大きな機動力を手に入れ、小型化し、増殖するのである。非シニフィアンの記号論において、部分記号は現実的なものと同一の平面上で、あるいは、より正確に言うなら、物質的な流れと同一の平面上で「作用する」のだ。同じレヴェルにありながら並行的な関係で、と言ったほうがいいかもしれない。とはいえ、このような平面性を直接的なものとしてガタリが無批判的に評価しているわけではない。直接性にはいくつか重要な条件があるのだ。

部分記号のダイアグラム性

ガタリは、記号と参照項との関係を概念化しなおすうえで、部分記号がどのように役立つのかを解説する。彼は、クォークのような原子よりも小さい粒子に関する自らの考えをモデル化しつつも、部分記号が存在するという積極的証拠を、時空軸や論理的一貫性といった参照の留め具のなかに探し求めることはしない。ただ、ある種の知覚によってそれが特殊な形で現実化されるその様子に着目するのである。ブライアン・マッスミが述べているように、「科学的に認知されることで仮想的《ヴァーチャル》な粒子が現実的なものとなる[32]」のだ。存在の問題が遡及的に粒子に押しつけられ、「記号と参照項のあいだに新しいタイプの関係が築かれる。それはもはや直接的な関係ではなく、それじたいがそっくりそのまま理論的－実験的な動的編成を作動させるひとつの関係性なのである[33]」。ガタリのアドバイスを受け入れるなら、物理学の教訓が他の分野にどうかかわるのかを考えるうえで注目すべき点が二つある。まず、部分記号は、記号学者がこれまでずっと悩まされてきた参照性の問題を飛び越えて、機械状の物質的プロセスを作動させるということだ。それが可能なのは、部分記号がシグナル化する物質の産物だからである。それは、磁気ストライプの例で見たように、電磁気の機械的相互作用をとおして構成される。次に、ガタリが言うように、実験的な動的編成がまるごとかかわってくるということである。つまり、ハードウェアとソフトウェアのＩＴネットワーク、実務と生産の国際基準、遠隔データベースからの認証要求といったものが、部分記号をシグナル化する土台となる。先に触れたようなクレジット請求の場合などがそうだ。このような巨大な情報インフラのなかで、多種多様な法律（さらに利益率の計算）のもと、銀行とその取引先によってさしあたり定められているのは、部分記号によってやり取りがなされる際に、物質的にそこにあるものがもつ潜在性である。部分記号の痕跡が生《なま》のデータを構成し、それがデータマイニング作業によって、警備や販売促進、ゲームといった部門で使用できる形に作り変えられる場合もある。データマイニング作業によって新しい知が発掘されることで、次第に加速する安価で高性能な分析カテゴリーが生みだされ、それぞれ独立したデータレコードが横断的に関係づけられていく。こうして、九・一一後の対テロリスト法によって大胆になった各国政府が「仮想データベース」を構築するようになったのだ。(34) 仮想データベースは、既知のものから未知のものを、さらにもっとも一般的なものとしてはひとつのプロファイルを推定しながら創造することで生まれたものだ。そのようなプロファイルを生みだすモデルに対して、非シニフィアン的部分記号の動きが自動的に利用される場合もある。一九九〇年ごろ、ドゥルーズは「ガタリが想像していたもの」について次のように書いていた。

誰もが自分の（分人の《ディヴィデュアル》）電子カードを使って、アパートとか通りとか、近隣の区域から出ていくことができる街。その電子カードはあちこちのゲートを開けてくれるのだが、ある日突然、あるいは一日の一定時間、使えなくなることもある。それはゲートの問題ではなく、すべての人が許可された場所にいるか確認し全体を調節するコンピューターによって決まるのである。(35)

ドゥルーズもガタリも、正確な位置で作用する非シニフィアン的部分記号のダイアグラム的調整機能には注意せよと言う。そういった記号は、単に受動的に集められるだけでなく、モデルや分析によって制約されながらも空洞を見つけだし、そこを埋めあわせつつ、データの保存場所としての防壁を横断し、またそのあいだで、さらにはそれを越えて作用する、そこのところをよく見ろと彼らは言うのである。「分人」は、仮想的なものを志向する情報のダイアグラムなのだ。とはいえ、それはオフライン状態の個人とも繋がっている。オフライン状態の個人は、「分人」が現実化されたもののひとつにすぎない。自分自身のデータ的分身とかシルエットと完全に一致するものは誰もいない。ただ、そうであるからといって、あなたの債務が債権者にとってもはや安定的に利益をもたらさないと思われる場合や、あなたの信用格付けが下がった場合に、このことが何かの助けになるわけでもない。

ガタリは、シニフィアンを動員して、それに従属させる形で主観性を形成しないよう強く戒めている。ラカンの分析に見られるような、力を奪われた主体からガタリは離れたいのだ。そのような主体は、そもそも現実的なものから切り離された否定的な差異的関係性のシステムに囚われている──「ひとつのシニフィアンが、他のシニフィアンの代わりに主体を表象する」。また、それは「クッションの綴じ目（points de capiton）」によってそのようなシニフィアンの動きのなかに捕獲されるのだ。この「クッションの綴じ目」によって、特定のシニフィエに固定点が遡及的に付される。分析をすれば、選ばれたシニフィアンがその固定点から見えてくる場合もある。とはいえ、ガタリが言うには、それでもなお現実的なものにアクセスすることはできない。「ラカンの言うシニフィアンは、機械の現実界に踏み込むことを許さない(36)」のだ。この「現実」は、ラカンの言い分とは異なり、それほど象徴化できるものではない。ただしそこには「物質的な機械状プロセス」への直接的な手がかりがある。クレジットカードの番号がまさにそうだ。「クレジットカードの番号は、銀行ＡＴＭのオペレーションを作動させ」、口座を「利用可能な状態にし」、資金にアクセスできるようにする。[37]非シニフィアンの記号論は、「横滑りするシニフィアン」から抜けだす戦略のひとつであり、構造主義的なシニフィアンが一般的に持っている「存在論的保証」がそこにはない。個別化された主体の運命は、こうしてシニフィアン作用の束縛から解放され、ある程度は人間的なものからも自由になる。ときにガタリは、構成要素としての部分記号が動的に編成されたものを「非主体的で機械的」[38]と表現する。つまり、まったく主体化作用の介入がなくても生じるものと捉えるのだ。

このようなトリガー作用をガタリは非シニフィアンの記号論と結びつけて考えていた。そこにずっと目をつけていたのが、テル・ケル・グループのメンバーのひとりであるジャック・デリダだ。非シニフィアン的テクスト機械の「相対的自律性」に対して鋭い感受性を示しつつ、ものを書いていた人物として、ガタリは、デリダの名前を挙げている。ここで、トリガー（trigger＝déclenchement）という語について考えてみよう。ガタリにおいても、デリダにおいても、トリガーはオートメーション化された解除作用——こじ開けること——と連動する。デリダは、ソレルスの『数』のエクリチュールのなかにこの作用を見いだす。この著作のなかでは、ストーリーそのものがひとつのオート・トリガーなのである。それは「自らのトリガー作用のプロセス」[39]を解除するのだ。これは衝撃的な反動を伴う機械の作用なのだとデリダは付け加える。その作用は制御不能で、抗しがたく、決して止まらない。この作用によって喚起され、蓄積される数をとおして、それは「あなた」とつながる。このような自己表出を促す自己読解と自己記述、著者の名前が「闇の中」（陰）にあり、とはいえそこに「はっきりとした場所が割り当てられている」書物－機械、それがオート・トリガーなのである。それは正確に作用する。外観のアングルはもちろん、すべての語を「機械のすべてのパーツのように」、所定の場所に配置する全体的な「仕掛け」など、その正確さによって歯車が嚙みあうのだ。オート・トリガーが非シニフィアン的であるのは、このような作用が正確なものであるからだとデリダは結論づける。制御と正確さ、この二つがなければ非シニフィアン作用は不首尾に終わる。そのような正確さは、数字をさまざまな形で組みあわせること——合計、集合、系列、計算、公式、図式——と、テクストの形で突然現われる自己説明によって可能となる。デリダの言う作者／読者のような標準的カテゴリーや表象の中立性を脱構築することは、ガタリにとって機械状自己産出プロセスの非人間的な部分に辿り着くための手段のひとつの例となる。ただし、これは特殊なタイプのテクスト機械の場合なのだが。

トリガー作用は部分記号の重要な機能となっている。これは、ガタリの言う分子記号の通路《パサージュ》であり、機械状の超権限付与とダイアグラム化のことである。ガタリは、ダイアグラムを図形記号によって包摂しようとするパースの罠から抜けだす（パースの論理においてダイアグラムは、数学を図で表象するもの——略図、グラフ、線描、骨組——となっている）。さらに、ひとつの基準としてのアバウトネス〔それが何なのかをはっきりさせること〕がないということに肯定的な意味を見いだし、一貫して表象を批判しつつ、ダイアグラムをそういったイメージから切り離すのである。そのようなイメージは象徴の記号学に属するものであって、ダイアグラムは非シニフィアンの記号論（機械の領域）に属するものなのだ。解釈の分子的‐機械的様態へとシフトする際に、ガタリは、完璧に制御された反復というものを部分記号の重要な側面として強調する。それは無制限に拡張可能なものだが、その作用には制約がある。

部分記号は、「蓋然的なものを定量化」し、シニフィアンのいかなる表象作用をも回避する。そのような条件のもとで、部分記号は「ほぼ際限のない使用域をもつ分子的記号化の様態を支える」[40]ものとなる。シニフィアンの表象作用に対して、部分記号は実質的に「見えない」状態でありつづける。さらに、ガタリは続けて次のように述べている。

アルゴリズム、代数、位相といった論理、さらには記録やデータ処理のシステム、こういったものは数学や科学、技術的プロトコル、和声的で多声的な音楽などを利用する。それは、全体として構成されたひとつの参照項目のさまざまな形態素をイメージで示すこともないし、表象することもない。むしろそういったものを自らの機械状の特性を活かして生みだすのである。

制約という概念を、機械が開かれている度合いと混同してはならない。制約によって、ダイアグラムの動き、選択、通路が調整され、その脱領土化が抑制されるのである。もしそうでなければ、部分記号はもはや「機械状の潜在性をもついかなる抽象空間にも固定することができない」[41]。ダイアグラム的な部分記号は、動態的で、生産的（さまざまな調整が可能）だが、そこには厳しい制約がある。その機能のなかで重要となるのは意味ではなく、特定のコードやアルゴリズム、データ、規格などである。たしかにガタリは、非シニフィアンの動的編成において「未編集の連接関係」[42]が生まれることに注目している。とはいえ、これは制御不能な多義性とは異なる。制御不能なずれや遊び、パース的な三者関係の増殖だけでは部分記号を説明することができない。いずれにせよ、ガタリの言う、特定のコードやアルゴリズムのような、かなり厳しい制約に対する未編集の連接関係とは何か。「理論物理学の方程式のなかに〈理解〉すべきものは何もない」とガタリは大胆に述べていた。つまり、数学的な表現は技術的に厳しく制限されており、それが比喩的なものであれ何であれ、質的な内容には依存しないということだ。ただ、そうであるからといって、実験や数学で問題を解決しようとする際に物理学者は意見を持たず、何も考えていない、とガタリが主張しているわけではない。

ダイアグラム性は、ガタリの手にかかると個別化された人間主体を越え、集合的な機械状の次元へと進む道しるべとなる。「われわれは意味作用の領域を出て、機械状の共立平面の領域へと向かう」とガタリは書いている。つまり、それはさまざまな相互作用の連続体であり、そこではいかなる機械もただ恣意的に個人へと変換されるのである。それは、意識によって、あるいは図像性《イコン》によって、表象作用や「前‐意味作用」のようなもの、あるいは超コード化へと「ふたたび折り返すこと」も、「取り戻すこと」も、「再領土化すること」もできないものなのである。その代わりに、部分記号は物質的な流れの近くで、その流れとともに創造的に作用する。ガタリはこのような「表現の多元論」を喜んで受けいれる。(43) 非シニフィアンの記号論によって、人は「だんだん人工的になりつつある」ポストヒューマンの平面に入り込む。このことに対して、ガタリは「人道主義的な涙」を流したりせず、また反近代的で反機械的なやり方で人間中心主義を繰り返すようなこともしなかった。(44) ただ、すべての機械が技術的なわけではないということも念頭に置いておく必要がある。

ガタリがダイアグラムを図像から切り離し、生産性を複製性に置き換えている点を理解するのはそれほど難しくはないのだが、それに比べるとイェルムスレウの言語学用語を彼が再構成するやり方はかなり複雑である。ガタリの言う「抽象機械」はダイアグラムのようなもので、イェルムスレウから借用した形式の概念に近い。イェルムスレウにとって、形式は実質のなかに認められる。とはいえ、どの実質が問題となるのかをイェルムスレウは決めかねていた。一方、ガタリは実質（形式化された物質）とはかかわりのない形式を扱い、それを表現と内容という二つのレヴェルで序列化された記号学や象徴の意味作用と結びつけた。ガタリにとって、いまだ形式化されてはいないが、形がないわけではない（解釈されていない）物は、物質的強度のある場となり、流動的な非シニフィアン的部分記号の住処となる。イェルムレウの場合、形式は網のようなもので、その網の影（実質）がいまだ形をもたない物の表面に投げかけられる。一方、ガタリの場合、抽象機械が物質の流れや部分記号と結合する。それは、「超越化された主体」、あるいはシンタグムとパラダイムの連鎖と集合のなかに「定着した」意味のような、形の整った表現や内容の実質を生みださない。あるいは主体とその発言の実質とを類似的なものと見なさない(45)。そこで作用している主体化はむしろ集合的なもの——人間的ならびにポスト人間的——なのである。ここで問題となる分節化は、たとえば、「入れ子構造」——すべてが同一の法則に従いながら、つねに拡大する同一構造的システムを序列的に構成するもの——に対する構造主義者たちのこだわりに倣ったものではない。ガタリは、入念に切り開かれたこのような領域を受け入れず、記号論的強度に目を向ける。とはいえ、結果的に、形式的な抽象機械とさまざまな流れとを実験的に、より開かれた形で機械状につなぎあわせる過程で、そのような記号論的強度はシニフィアンの厳密な意味作用によって叩き潰されることになる。コンピューターのワームやウイルスはダイアグラム的な抽象機械であり、機械状系統流のデジタル的要素と結びつき、不完全な自己複製、つまり機械状の突然変異を引き起こす力を解き放つ(46)。非シニフィアンの機械状部分記号をハッキングし、そうすることで部分記号を条件づけている力の関係性を明らかにすることが可能になる——むしろそれが必要となる場合もある。さらに、そのようなハッキングによって明らかになるのは、ネットワークそのものがひとつの表象システムであるということ、また、それがあまりにも一貫性を押しつけてくるために、どうしようもない無力感が漂うということだ。

かつては意味、これからはテクノ政治

意味は不可欠ではないかもしれないが、政治となるとそうはいかない（政治に意味を求めることは、当然ながら複雑な課題であって、ここでは適切に対応することができない）。ガタリにとって、分子的な現象はすべてシニフィエではなく、ひとつの政治を露呈する。その点、記号－粒子も例外ではない。もちろん、それが定量化したり、機械状の相互作用（自動化したトリガー）を生みだしたりするときは、たしかにそういったことが見えなくなるのだが。ここでもう一度、磁気ストライプの話に戻ろう。プラスチック製カードの所定の位置に取りつけられたストライプには、いくつかトラックがある。これは、ただ粒子が並んでいるだけの中性的トラックではない。利用できる三つのトラックのうち、最初のものは航空業界が使用するために開発されたものであり、二つ目は金融機関が使用するためのものである。要するに、それぞれのトラックのフォーマットは特定の関係者が自分たちのために開発したものなのである。カードはさまざまな国際基準を満たし、特定のアルゴリズムによって機能する。非シニフィアン機械は、シニフィアンの記号学からのメッセージを「自動化する」ために用いられる場合もある。資本主義的なシステムでは、そのような兆候は若年層においてすでに見られる。特に資本主義的な振る舞い方――たとえばクレジットカード（資本主義的な主観性の経済における重要な側面であり、そのなかに向かって人は社会化されていく）――を最初に学ぶ年齢に見られるので

ある。わたしが銀行カードやクレジットカードを注視する理由はここにある。

資本主義の開拓地が拡大しつつあるなかで、非シニフィアン機械をどう位置づけるのか。この点についてガタリは次のように述べている。少し長いが刺激的な一節なのですべてを引用しておく。

> 資本主義的な世界を織りなしているものは、まさにこのような脱領土化された記号の流れ［非シニフィアン的で、ダイアグラム的で、機械状のもの］、つまり金融、経済、信用《プレステージ》などの記号の流れである。意味作用と社会的な価値（少なくとも解釈可能なもの）は権力が構成されるレヴェルに現われるが、資本主義は本質的に非シニフィアン機械に依存する（たとえば、証券取引の株価指数など）。資本主義の力は、経済的なレヴェルで見ると言説的なものではない。それはただ非シニフィアン機械を支配し、システムの紡ぎ車を回転させようとするのだ。資本主義はわれわれひとりひとりに役割があると考える。男、女、クィアなどというように。自分たちのために打ち立てられた意味作用のシステムにそれぞれが順応するというわけだ。とはいえ、本当の権力のレヴェルでは、役割の種類などあまり重要ではない。権力は必ずしも長官や大臣のレヴェルに限定されるわけではないのである。権力は貸借対照表のなかで作用し、有力な集団のあいだで力のバランスを調整する。非シニフィアン機械は、主体を認識しない。人物も役割も認識しない。境界の定められた対象物ですら認識しないのである。こうして非シニフィアン機械に無限の力が与えられるのだ。個別化された主体は、シニフィアンのシステムのなかで自己を見失い、また疎外されるのだが、非シニフィアン機械はそのようなシニフィアンのシステムをすり抜ける。資本主義がいつ

どこで終わるのか誰も知らないのだ。(47)

情報資本主義の末端でATMがカードを受け入れているわけではないが、ネットワークにも限界はある。自動的に遠くから匿名で認証プロセスを作動させる非シニフィアンの部分記号は、ネットワーク上に放射されると、その機械状の潜在性が一時的に弱くなる。シーラスやインテラック、プラスその他のバンキング・システムは次の知らせがあるまで死んだようになるが、それと同じようなものだ。非シニフィアンの記号論は、わたしたちが普段利用しているインターネットのバンキング・システムにすっかりなじんでいる。いまだ現実化されていないキャッシュ・ネットワークの拡張のために、そのダイアグラム的な潜在力が動員され、新しい磁気ストライプのトラックが次なる参加企業によって植民地化されることになる。

情報は意味作用に先行する。その潜在的な力は、機械状のシステムのなかにあり、それが非シニフィアンの記号論を研究する場となる。機械が生みだす信号の反復的な刺激は、情報資本主義のテクノロジー世界を構成する要素となる。とはいえ、これは従来の記号論が扱うシグナルのことではない。記号論の理論家としてのガタリの独創性は、まさに非シニフィアン的部分記号の特性を斬新な形で研究したところにあり、それが機械状系統流の情報的要素の構造にどうかかわるのかを探究したところにある。シニフィアンの記号学や意味作用などを看過したわけではなく、むしろガタリは、構造主義から受け継いだ記号の種類が不当に序列化されているところに目をつけ、それをふたたび理論化することで、ある種の置き換えを行なおうとしたのである。実際、彼は自らの分析作業のなかで、超コード化とかコンプレックスといったものも放任している。もちろん、オートメーション化を擁護していたわけではない。ただ彼は部分記号を動員する政治的な次元を理解する必要があると訴えていたのだ。そもそも非蓄積型磁気ストライプのテクノロジーは、あなたのクレジットについて独自の判断が下せるほど「スマート」ではない――つまり、データを蓄積しない。とはいえ、完全に自動化されたこの非人間的な営みがもつ潜在的な力は、常備在庫としてではなくひとつの傾向として残る。それは、ぼんやりとした霧のような仮想性《ヴァーチャリティ》のなかに時折垣間見られるものであり、また、新しい製品を具体化するために試行錯誤するプロセスのなかにも見られる。ジョージ・オーウェルのような観察眼があれば別だが、普通はそこにそのような潜在的な力がかかわっているようには見えない。そういう意味では、ジョン・ウィリンスキー〔カナダの教育学者。オープンアクセスの研究で有名〕のような探究心のあるヴィジョンもそれほど極端なものではないのだろう。ウィリンスキーは、社会科学のあらゆる分野から収集してきた知識を自動的にデータマイニングする仮想的《ヴァーチャル》な公共企業体というメタナラティヴを構想する[48]。ポスト産業的監視複合体として知られるもののなかで、さまざまな企業が徐々に人質に取っていく機械状系統流の主要な構成要素――情報工学――の記号論を築きあげるために、ガタリはそのようなシグナルの力にもう一度目を向けようとしたのである。

現状とは別の結論、つまり統合された世界資本主義による機械状隷属からの逃走をどう構想するのか、それがまだガタリの課題として残っている。このことはつまり、非シニフィアンの記号論はネットワークの形態にただ従属しているにすぎないということを意味しているのか。もしそうであれば、それに対する抵抗もまたネットワーク形式でなければならないということなのか。国家でさえ組織的で政治的なネットワークと考えられるし[49]、マルチチュードもまた分散型ネットワーク[50]である。これはすなわちネットワークの覇権《ヘゲモニー》（もうひとつの支配的なシニフィアン）を意味しているのだろうか。テクノロジーによる決定論的な形式上のやり取りはまるで拘束服のようなものだ。こういった拘束を克服するためにも、非シニフィアンの記号論が切り開くもうひとつの存在論的宇宙、さらにはそれと結びあう主観性のタイプに目を向ける必要があるのだ。きわめて多種多様な宇宙や主観性――さまざまなこだわりをもつハッカーたちに対するセキュリティ・プロフェッショナルたち――を多様な形で生みだす際に、技術的には同一の非シニフィアン的語形変化が見えてくる場合もある。シグナル的物質は中性ではない。形成されることをただ受動的に待っているわけでもない。記号現象に受動性を導入し、それを維持しようとする表象神話のかなたで、部分記号はそれじたいの適応性とその強度を保持する。要するに、部分記号は後ろではなく前に進む（固定点からただ刺激を受け取るだけではない）のである。さらに、政治的にはその多様な分節化のなかにシニフィアンの部分的意味を保持しようとする。このように、ネットワーク化された生の非線形的エコロジーのなかでは、部分記号のそのような傾向を「歪め」、機械コードとの出会いを「曖昧化する」ダイアグラムによって、逆に部分記号を育成することも可能かもしれない。

かつて意味が占めていた場所をテクノ政治が占めることになるだろう。そしていまテクノ政治がある場所には情動が生じている。これまで見てきたように、非シニフィアンの記号論は情動と切り離すことができない。実際、元アメリカ大統領ロナルド・レーガンを情動蓄積装置と見なした著作のなかで、(51) マッスミは、政治と情動とのあいだにどのような関係性があるのかというまっとうな問いを投げかけ、イデオロギーの生産という非イデオロギー的手法を検証することでその答えを概略的に示した。主観性を構成する情報科学的な要素が、テクノ政治的条里化によって特徴づけられるネットワークのさまざまな系統流において重なりあうとき、非シニフィアン的情動理論はどのようなものになるのか。

ＡＴＭに銀行のカードを挿入するたびに、あるいは店頭でデビットカードを読み取り機に通すたびに、それは資本主義的主体化のリトルネロとなる。クレジットやバンキング・システムの機械状系統流に沿って、非シニフィアンの部分記号が解き放たれ、増殖する。こうしてリトルネロが星の数ほど散りばめられていき、きちっとした新札の束やきれいに印刷されたレシートなどを出す機械的なざわめきのなかに一貫性が生じるようになるのだ。このようなプロセスの初期形態についてガタリも書いている。それは、より抽象的な形で力を解き放つものであった。ガタリが着目したのは、署名の入った銀行のレシートで、個人の履歴情報にもとづいて、署名じたいが非シニフィアンの部分記号を作動させるというものだ。[52] クレジットという資本主義的な主体は、もうひとつの端末、つまり非シニフィアン機械の支流となる。また、多くの人がつねに持ち歩いているプラスチックのカードは、インターフェイス、つまり実存的なオペレーターとなる。銀行ＡＴＭ（さらには店頭で利用できるカードの読み取り機）にアクセスしようとして感覚的に向きあう際、薄暗いディスプレイやキーボードを叩いた時に繰り返し鳴る音、さらには抽象的で決定しづらい情動などが用意されている。そのような情動には古風なものもある。たとえば節約に向けた社会的取り組みに対する情動はなかなか消えないものだ――一セントの節約は一セントの儲け、といった具合に。とはいえその一方で、起業家を求める環境がその肥えた腕のなかでわたしたちを優しく揺らす――場合によっては床に押し倒されることもあるが。ＡＴＭと向きあうことが、感覚的な情動に満ちた身近な風景となる場合もある。例えばオルタナティヴ・ロックのミュージシャンのなかには、面白みのないＡＴＭの色に思いを馳せるものもいる（「現金支払い機／青と緑／二〇ドル紙幣何枚かで一〇〇ドルを／あとはちょっとした手数料」ウィルコ「合衆国旗の灰」『ヤンキー・ホテル・フォックストロット』二〇〇二年）。さらに、もっと抽象的な情動の場合だと、さまざまな債務や日々の制約、見たところ絶え間のない流れのなかで、その中継点となる一日をなんとなく思い浮かべているうちにだんだん調整されていき、思いやりのある忠実なペットのようなクレジットの安心感や気楽さが呼び起こされたところで、そういった情動がどこかへ吹っ飛んでしまうこともある。もしそうであるとするなら、ベタベタしていて息苦しいそのような情動が、得意げなプラスチックのカードやそれが作動させる部分記号のまわりにどのように蓄積するのかを理解するために、ガタリの教訓に耳を傾けることだ。資本主義的な主体は、マルクスが皮肉をこめて用いた修飾語を借りるなら、「残念なことに」、意味の不在によって豊かになるのである。カードがどのように作用するのかをいまもなお問いただすべきなのだ。情報機械の系統流に埋もれたミクロ政治的なベクトルにいつまでも隷従しているわけにはいかない。たしかに、たとえＡＴＭの前に立っているときでも、「デジタル・クレジット帝国」[53]の、とりわけ百戦錬磨のハードウェアとソフトウェアの支流となることだけがすべてではないのだ。むしろモニター上でハッキング可能なコマンドプロンプトに目を光らせていたり、[54]オフラインの空洞をいろいろと発掘してみたり、[55]何も買わない人や反監視的な動的編成などともかかわりながら、変則的（過剰もしくは欠乏）で特異な情動を求めたり、主観性の美的探求のための危なっかしいパレットのように自らの負債を芸術作品に仕立てなおしたりするかもしれない。[56]こういったことはすべて、シリコン表面に沿ったいくつかの点で、主観性が自ら何かを生みだすための手段を再取得し、また再開しようとするものであり、金融資本がありふれた獲物を食い物にしているグローバルな負債ネットワークにおいて、部分記号が情報の技術的物質性と同一平面上で作用しているあのシリコン表面で、そういった手段を取り戻そうとする試みなのだ。

第五章　情報の条里化

　ガタリの概念には、情報社会における技術的物質性や文化のさまざまな状況を分析するうえで今後重要になってくるものが数多くある。本章では、そのようなガタリの概念に別の角度から迫ってみたい。つまり、条里と平滑という概念の組みあわせに依拠しながら、ガタリにならって、わたしが「情報の条里化」と呼んでいる現象について考えていきたいと思う。二進コードでさまざまな流れを具体化すること、イメージやメッセージをデジタル化すること、さらには序列化すること、こういったことはすべてこの現象とかかわる。情報の条里化という概念は、ネットワーク化する社会において、平滑と条里という二種類の空間のあいだで複雑にやりとりされる情報のあり方を明らかにするものである(1)。一般的に、行政的なコード化のような情報科学的な手法は、なんとなく異質であったり、「非公式な」ものであったりする文化的慣習を均一にコード化された個別データに集約し、それを形式的にまとめ、管理できるものへと翻訳するために配備される。情報科学的手法によって平滑空間を条里化することで、さらに新たな平滑化機能を簡単に作動させることができるようになる。ひとまとまりになったファイルやデータをまったく新しいやり方で比較してみたり、対比させてみたり、組みあわせてみたりといったことが楽にできるようになるのである。まさにその瞬間に、現代のいわゆる「分人《ディヴィデュアル》」が登場する。条里化は、本来であれば同一化することのできない複数の個人を同一化し、個人を分割可能《ディヴィデュアル》にするためのものである。いまそこにある属性から何かを創造的に抽出したり、抽象操作を行なったりしながら、そのような情報を含むさまざまなデータベースを組みあわせることで、新しいカテゴリーやアイデンティティを作りあげていく。ただし、それをふたたび個人に反映させるのは容易なことではないのだが。

カナダの先住民族《ファースト・ネーションズ》やイヌイット、オーストラリアのアボリジニー文化には平滑的な要素があり、官僚や政治家にとって、それは一種の侮辱となる、これがわたしの仮説である。詳細に見れば、この仮説には数多くの問題点がある。とはいえ、それは、土着的なものに名前を与えようとする試みというよりも、むしろ行政によって大規模な掃討が行なわれ、社会的な選別《ソーシャル・ソーティング》がなされるその状況を解明するための契機を見出そうとするものである。条里化は、共有のグリッドから生じる標準的な認識を押しつけることで「捕獲する」ものだ。ただ、何らかのコード化作用を断絶させることで、あるいは封じ込めに抵抗したり、隷属化を回避したりするような平滑的要素を再導入することで、ひとつの条里化された空間が平滑化され、「解体される」場合もある。要するに、本章では、社会的な選別の情報科学的モデルを導入しながら、平滑–条里の関係について論じてみたいと思う。それは先住民の体験にかかわるものであるため、カナダとオーストラリアの比較データを用いながら議論をすすめていきたい。本章は、二つのケーススタディから構成され、平滑–条里という関連する二つの概念をどう応用できるのか、さらにはそれをどう価値づけるのかを検証するものである。

本章の背景としては、まずポール・パットンの著作『ドゥルーズと政治的なもの』がある。パットンは、戦争機械――国家の力をものともせずにさまざまな変化をもたらす創造的な動的編成。固着させることで拘束し、植民地化する国家装置の外部、あるいは国家装置に抗うこと――を、あらゆるタイプの平滑化を増殖させるものと捉える。[2] オーストラリアの先住民たちは、裁判所の一連の判決をとおして、植民地主義的な統治国に対して抵抗を試み、そのような状態を変革しようとするが、変化をもたらすその動態的な力を理解するためには、平滑化という概念が役に立つ。パットンはその点を見通していた。オーストラリアにもカナダにも、土地や資源に対する先住民の権利というものがある。かつてはそのような土地や資源を白人入植者もしくは「王室直属領」の所有地に変える法律があった。土地や資源に対する先住民の権利が主張されるようになると、そこに大きな潜在性が備わり、「先住民の法と植民地法とのあいだにひとつの平滑空間を切り開くような新しいタイプの権利が表出される[3]」ことになる。このような平滑化作用をもつ先住民法によって、植民地獲得の法的手段が脱領土化されることになったのである。こうして、オーストラリアは入植が行なわれた国なのか、あるいは征服された国なのか、その点についていくらか曖昧さが残るもうひとつの法体系を入植者の側も認めざるをえなくなり、このことが英国の統治を揺るがすことになるのだとパットンは結論づける。このような平滑化の根底には、部族的風習に対する先住民たちの強い思いがある。そのような風習は、いわゆる「入植者たち」によって、かつてはまったく認められず、今でも不十分な形でしか認められていない。誰のものでもない土地《テラ・ヌリウス》という差別的な考え方があるが、オーストラリアが英国によって占領されたとき、その土地が空っぽの状態（住民のいない、無法な状態）であったわけではない。広大な無がそこにあったわけではないのだ。それは、量的査定の抽象的な固定グリッド（標準時間帯や州の境界線、土地の形状、さらには土地の所有権といった特定の地域に限定されないすべてのパラメーター）で測量しながら条里化したものではなかったのである。

平滑化や脱領土化といった概念を先住民の文化に適用するという発想は、ツーリズムや差異の文化的流用がどのように作用するのかを記述する際にも役に立つ。儀式的な踊りのような伝統的な慣習は、意味と権威の生きた基盤から脱領土化され、エンターテイメント市場における観光客向けのショーとして記録に残され、意味づけなおされることもある。わたしたちはそういったものをバカンスに選ぶのかもしれない。このようなコンテクストにおいて、平滑化は等価性の生産をうまく成し遂げる――文化は日用品にすぎず、市場以外の場所には他に何も存在しないのである。ここでいう平滑化とは、文化的差異を日用品として普及させるプロセスのことである。[4] 重要なのは、脱領土化にはたしかに変化をもたらす効果があるものの、それがプラスに働く場合もあれば、マイナスに働く場合もあるということだ。伝統的な慣習の観光客向けシミュラークルには、市場的でない象徴関係をもった世界を垣間見させてくれる力がある。ひょっとしたら見えなくなっていたかもしれないその世界が、個人に変化をもたらすこともあるし、個々の先住民のあいだで何らかの習慣を世代間で伝えあい、ずっと残していくための一助となる場合もある。

ディスクナンバー

ディスクナンバーや他のシステムへの置き換え、さらにはイカルイトを中心とする現代イヌイットの大衆文化のなかで、公的には現在使用されていない旧式のシステムを最近また導入しようという兆しがある。[5]そのあたりの歴史には、固定化と非固定化、平滑と条里といった情報選別のあいだの変遷、あるいはその交錯がかかわっている。このケーススタディでは、歴史的な例と現代的な例とを突きあわせて考えてみたい。現代的な例に関しては、現在はもう使用されていない旧式の情報的条里化をどのように意味づけなおすのかが問題となる。

ユーコンおよびノースウェスト準州におけるイヌイットたち（かつてのエスキモー）はみな、一九六七年まで番号で識別されていた。興味深い一節をここでひとつ引用しておく。

〔その番号は〕首のところに身につけたタグに印刷されている。当然のことながら、エスキモーたちはこのシステムに反対した。一九六七年から一九七一年までの四年間、この案を退けようと調整するうちに、エスキモーたちは、番号の代わりに現在用いられているような自分の姓を選ぶようになったのである。かつてのディスクナンバー一覧にも新しい登録名簿にも、誕生時に記録されたデータ以外は普通含まれていない。[6]

この一節に関して注目すべき点は、イヌイット自身の立場を想定したうえで、かなり曖昧な情報がほんの少しだけ示され、そこから拒絶反応と救済措置とのあいだの劇的な対立が見えてくるということだ。彼らはディスクナンバー制（「犬鑑札」的テクノロジー）を「拒絶し」、自ら姓を選択する新しい制度を「選んだ」というのである。たとえそれが幻想であったとしても、権限が与えられたという感覚があったことは否めない。少なくとも、かつての慣習をやめにしたいという強い思いは、政府と同じくイヌイットにもあった。

拒絶の問題、さらには政府による条里化の手口を他のものに置き換えるという問題はあるものの、ディスクナンバーやディスクそのものが復活し、さまざまな形で用いられるような事態にはまだなっていない。とはいえ、そういったことに諸手を挙げて賛成する者もいる。たとえば、長期にわたって北極を調査しているイグルーリク・リサーチ・センター所長ジョン・マクドナルドは次のように述べている。

> 最近、ディスクナンバーのもっと実用的な使い方があることに気がついた。イグルーリクにある男がいて、そいつはダイアル式の鍵とか銀行カードのパスコードなどにいつも自分のE－ナンバーを使う。ずっと覚えていられる番号がこれしかないからだ。(7)

ここで問題になるのは、条里化の影響が長くつづいているという点だけではない。ディスクナンバー制が終了したあと、それを日常的に配備しなおす場合、それは果たして（再）平滑化と言えるのか、これもまた問題なのである。もし、それも平滑化だとするなら、それは何かに適応させるものというよりも、むしろソフトな破壊行為としての側面を持つものではないだろうか（ドゥルーズとガタリが読者に思いださせてくれているように、そこに「わたしたちを救う力がある」と考える必要はない）。(8)

　条里化された資本を平滑なものに変容させるコンテクスト、これがドゥルーズとガタリの分析の中心となる。二人が述べているように、それは「不可欠なもの」なのだ。(9) 統合と管理という古典時代以後の平滑空間、つまり平滑な資本主義的空間において、ディスクナンバーのような条里化を意味づけなおすことは、一方でまだ未解決の問題であるように思われる。しかも、それは次のような結論にならざるをえない。ディスクナンバー制という紛れもない事実があったにもかかわらず、ディスクナンバーをふたたび使用するなら、それはただネットワーク化された新しい関係性の一部となり、そういった関係性の横断的な流れは平滑なものとなる。ただし、いくつか条件がある。人がまばらに住んでいるような遠隔地ではいまだに情報網が張りめぐらされていないということ、さらには、インターネット・サービスのプロバイダーが利用する電信線はいまでも電話会社が所有するものだということ、などである。こういった関係性の「必要性と不確かさ」[10]には興味深い問題がかかわってくる。コンピューターが媒体となる、このような半ば平滑的で、半ば条里化された（分析のレヴェルに応じた）空間にディスクナンバーが再浮上してくるということは、つまり、官僚的な条里化がどれだけ進もうとも、結局は現存するイヌイット文化の平滑的な要素を封鎖できなかったということを意味する。実際、イヌイット文化のそのような平滑的要素は、再発明と（再）平滑化によってかつての改名制度を逆手にとるのだ。

『千のプラトー』のなかで、ドゥルーズとガタリは文化人類学者エドモンド・カーペンターの論を参照しながら、平らなイグルー〔雪や氷で作るドーム型のイヌイットの家〕やノマド、さらにはエスキモーの氷原空間について触れているが、そこにはいまでも重要な論点が含まれている。[11]ここで問題となっているのは、ひとつの空間というよりも、州政府や準州政府が推進する条里化や平滑化（それはさらに商取引における個人の安全やシステムのセキュリティにまで及ぶ）とかかわるひとまとまりの文化的慣習である。中央から周辺へとひろがる遠心性の動態的な運動のなかで、そのような文化的慣習は、最終的に、しっかりと平滑化され、情報経済の流れ（遠く隔たった匿名の検証システムにおける循環）を移転させ、それを機能させるのである。さらにそれの一部が創造的な製品となって再浮上させられるのである（逆に言うと、そのような条件下では、そういった文化的慣習は自ら再浮上することができない）。

『千のプラトー』において、ドゥルーズとガタリが明確に示しているモデル〔技術的モデル、音楽モデル、海洋モデル、数学モデル、物理学モデル、美学モデル〕にカーペンターの論が含まれているわけではないが、この著作のなかで二人は人類学に関する文献を数多く参照しているので、彼らがこの人類学者からどのような影響を受けたのかをここで検証しておく価値はある。それによってノマド的思考を定義づけることができるようになるのだ。ノマド的思考に関する人類学的文献を「ノマドロジーそのものとは無関係なもの[12]」として読むクリストファー・L・ミラーとは対照的に、ドゥルーズとガタリは、カーペンターから借用した材料を拾い読みしながら、「エスキモー空間」という概念に手直しをほどこす。それはカーペンターが熱く信奉するいわゆる「エスキモー的リアリティ」（彼は『極北のナヌーク』〔一九二二年〕の監督であるドキュメンタリー映画の父ロバート・フラハティを絶賛し、シネマ的原始主義《プリミティヴィズム》――映画のなかで、民族学的にも薄っぺらなドラマに仕立てられた気高くて幸せな主体――の元となるような態度を再燃させる）を批判するものではないし、彼の省略（彼は政府の政策のごまかしや社会保障制度の効果を鋭く感じ取っているものの、たとえばディスクナンバーを省略している）を批判するものでもない。実際、カーペンターは、カナダにおけるメディアの重鎮マーシャル・マクルーハンが一九五〇年代に立ちあげた有名な雑誌『探求』（*Explorations*）――もとのシリーズは、カーペンター、フラハティ、さらにフレデリック・バーリーによる特集号「エスキモー」をもって一九五九年廃刊――の創刊に編集者として携わっており、その役割からも明らかなように、エスキモーの社会を内破的、非個人的、聴覚‐触知的、触覚‐親密的、非‐視覚的、非線的、非‐名詞的、要するに平滑的と見なすカーペンターのヴィジョンは、マクルーハンから決定的な影響を受けている。ドゥルーズとガタリがカーペンターから引用したもの(13)はかなり省略されている。彼らは、二〇ページと二五ページのいくつかの段落から方向感覚やイグルーに関する箇所を引いてきて、ひとつにまとめ、「複雑な集合体」を作りあげる。エスキモーの言葉を、それぞれ独立した「紐のもつれのようなしっかりとした集合体」から構成されるものと表現しているカーペンターには、(訳注7)そういった言葉がふさわしいのかもしれない。ドゥルーズとガタリの見方によると、フェルトの言語は反帝国主義的な言語なのである。(14)詩的人類学のこのような例は同じひとつの点に収斂する。つまり、イヌイットの生活には平滑さがあり、州の官僚政治やその他（教会や鉱山会社など）において、名前や番号を与えるために自ら名乗りでてくる者に対し、その平滑さはつねに異議を唱えつづけるということだ。

カナダのイヌイット芸術には不思議な点がいくつかある。イヌイット芸術を日々研究している美術史家や学芸員がおそらく誰よりもディスクナンバーに詳しいということもそのひとつだ。美術館やギャラリーのコレクションには、いつもというわけではないが、たいがい名前の代わりにディスクナンバーで「サイン」された彫刻や版画がある。ある特定のイヌイットのアーティストに関する伝記を編纂しようとしても、それぞれ異なる名前が、多いときで六つくらい関係してくるので、かなり複雑なことになる。まず通称があって、その綴り違い、名字（上の二つと異なる場合）、ニックネーム、クリスチャンネーム、さらにディスクナンバーである。(15)名前が増えると役所は困る。流動するものをディスクナンバーの「決定的な条里化」によって捕えたものの、当初の平滑さを取り逃してしまい、固着させることすらできなかったのである。そこで役所はあらためて考えた。どうすれば自分たちの形式や書類によってイヌイットの名前を限られた空間に収めることができるのか、と。こうして一九七〇年あたりで「氏名プロジェクト」と呼ばれる新しい作戦がはじまるのである。これはスポンサー付きの（ノースウェスト準州弁務官）国勢調査のような個人確認プロジェクトで、イヌイットは自らの名字を、たとえそれを使ったことがなかったとしても「選べる」というものであった。一九五〇年代、イヌイットのための公立学校では、児童向けの教材「サザン・リーダーズ」が導入されており、そこに出てくるような「ローマ字か英語で表記できる」(16)ものであれば、ファーストネームを持つこともできた(17)。姓と名の順番は、名が先で姓があとと一般的には決まっており、記号学的には帝国の言語のいいなりになっていた。これは、もうひとつの国家的プロジェクトと関係していた。つまり、社会保険番号（SIN）をイヌイットを含むすべての国民に交付するにあたって、申請用紙に名前を記入できる状態にしておかなければならなかったのである。とはいえ、一九六四年にこの制度が導入されたとき、イヌイットはまだ数に含まれていなかったが、やがて彼らもまたカナダの社会保険番号という情報監視のスタートラインに立たされるようになるのだ。

現代の「エスキモー空間」に関する議論から見えてくるのは、その情報的条里化と（再）平滑化をどのように調査するのかという問題であり、厳しい批判があるにしても、それはいまもなお重要な問題となっている。たとえば、ドゥルーズとガタリの音楽的モデルをもう一度参照するなら、先に述べたイグルーリクのような極北のコミュニティでは「数字で自分の土地を識別しない(18)」場合が多い。カナダの僻地にある小さなコミュニティ（組織化されていない地方行政区など）ではこういったことがよくある。住民が多様化し、人口が増えた場合、さらにはタクシーや他の配達サービスのような新しい事業が展開された場合、いったい何が起きるのか。配送業務を可能にするために、言ってみれば「人は数字で自分の土地を区別する」ようになる。そこではどのようなナンバリング・システムが用いられているのか。まったくシステム化されておらず、個人の選択にまかせるという場合もある。イグルーリクでは、住人のディスクナンバーをそのまま掲げている家もある。[19]これは平滑と条里の「混合物」、純粋でない混合物、不規則な住所といったもののよい例である。ここで課題となるのが、このような例がもっている「トーン」を聞き取ることだ。それを理解するための作用域はどこにあるのか。それはストリート番号のパロディなのか。そうかもしれない。この点についてはのちほど改めて検証する。トーンを理解することが、再意味化作用の発するメッセージを解く鍵となる。

内部植民地主義《エンドコロニアリスト》的暴力としての行政的利便性

ディスクナンバーは、紛らわしいことに、何となく皮肉っぽくＥナンバーと呼ばれることがある（即座に理解できるようにしたいだけだ）。いずれにせよ、このような番号が強制されるようになったのは一九四〇年代のことである。注目すべき最初の年は一九四一年、つまりカナダで国勢調査があった年だ。この時代、国勢調査は十年ごとに行なわれていた。国勢調査をまとめる統計学者にとって、方法論上の課題となっていたのが先住民族《ファースト・ネーションズ》の調査漏れをどうするかである。もちろん、先住民族の個人情報を正確に集めなかったことで公式データを狂わせたことも事実である。先住民事項および天然資源省の官僚たちは、国勢調査までの期間を利用して一連の改革を押し進め、先住民族の身元確認と人口調査をめぐる問題と取り組んだ。一九三〇年代をとおして、イヌイットを対象とする「文化登録」[20]という名の同化政策が並行的に、また補足的に行なわれており、その過程で彼らの調査が必要になってきた。名前の綴りを英語の発音に何とか合わせて画一化したのもその一環である（加えて、ジョンやメアリー、ポール、デイヴィッドといった名前が激増するなか、宣教師による命名式によってそういった名前がいっそう過剰に洗礼証明書に記入されることになった）。さらに指紋がとられ、名字が押しつけられ、ディスクナンバー制の代わりになりそうなモデル（個人の番号と所属部隊の番号が入った軍人用の名札など）について話しあわれた。また、ノースウェスト準州として知られている場所では、治安上の問題もさることながら、信用できる重要なデータの収集方法をめぐってさまざまな問題が生じていた（名簿を更新するのは王立カナダ騎馬警察の仕事だった。名簿を作成することで、僻地にあるコミュニティに彼らの存在をアピールし、そこにいるひとりひとりを認識できるようになった。場合によってはそこにいる者を逮捕しなければならないからだ）[21]。条里化による個人の識別には、ある意味で二重の目的がある。つまり、個々の人間に力を持たせると同時に彼らを拘束するのだ。一方では彼らに生活保護手当を届け、もう一方で彼らを逮捕するのである。

このような一般的な状況は、イヌイットの場合、さらにまずかった。彼らには文化的な命名の慣習があるからだ。彼らの文化において、多くの人々が同じ名前、たとえば大いなるハンターという意味の名を持つことがある。この名前をもつ者はみな同じ祖先とつながっており、彼らはみなその祖先の「霊」の現われとなる。同じ名をもつすべての人間が死者と近しい間柄でなかったとしても、彼らにとってはそれが安らかに死をむかえるための条件となる[22]。イヌイットの名前にはジェンダーの区別がなく、名字もない。また、たとえそれがクリスチャンネームであったとしても、さまざまな人々が同じ名前をもつ場合が多い。もちろん、北方にいまある植民地機関では同じ名前がそれぞれ違った綴りや発音になっている場合もある。こういった事実から明らかなのは、霊的なつながりの強度がもたらすその土地の平滑さであり、それが実行可能な条里化モデルの探求を困難にしていたということである。新しい人間が誕生するまで、動物たちが一時的に名前を保持するケースまである。

たしかに個人名は気になるところだが、名づけの政治学を理解することはそれほど難しいことではない。というのも、それは地名とかかわるものだからである。イカルイトという地名を考えてみよう。イヌクティトゥット語で「魚の地」を意味するこの地名は、一九八七年から用いられるようになったもので、十六世紀末からそれまでずっとフロビッシャー湾という名で知られていた。いわゆる「発見者」であるマーティン・フロビッシャーの名にちなんでつけられたものだ。カナダの地名を決めるうえで、権限をもっているのは天然資源省であり、公式名称に独自の認定証――独特な識別コード――を与えるのもここである。カナダ地名委員会は、十九世紀末からずっと捕獲のための国家装置となっている。それは公認の地理学および地図作成法に対して機械状隷属状態にあり、名前をつけて領土を占有する権限を内部植民地主義的に強く主張する（古い地図では、フロビッシャー湾の下にカッコで「イカルイト」と書かれている）。さらにそれは、イヌイットに「外的な対象」[23]への社会的服従を強いるものでもある。要するに、統計による主体化プロセスに参入させるのだ。実際、内部植民地化のプロセスは、国境内の特定の州に住む人々のうち対象となる集団に対して植民地主義的支配のプロセスを押しつけようとするもので、逆向きの植民地機械の一部となる「主体」（忠実な者、目をつけられている者、拘束された者）を生みだす（国家的‐帝国的主体化と言ってもいいだろう）。現地の名前に外部的なものを押しつけることに対して、大規模な抵抗運動が展開されるようになるのは一九八〇年代に入ってからのことである。地名を元に戻そうと、南部の学者とイヌイットとが共同で研究を行なった。そのすばらしい例のひとつが地理学者ルドガー・ミュラー＝ヴィルの行なったヌナビクに関する研究である。[24] イヌイットの古老たちの力を借りながら彼が作った重厚な地名辞典から見えてくるのは、口頭伝承において名前をつけるということがいかにユニークで精妙なものであったかということだ。海岸、砂丘、岬、道など、顕著な特徴をもつ地形に付されていた名前を復元することで、ミュラー゠ヴィルは、機械状隷属がもたらす伝統文化の破壊に抵抗しようと試みたのである。それだけではない。彼の取り組みは土地との絆を取りもどす力をもたらしたのだ。

とはいえ、監視社会においてコンピューター化が進むにつれて機械状隷属もやはり進化し、また姿を変えつつある。このようなネットワークによる全体的な隷属化[25]が加速しだしたのは、第二次世界大戦中のことであり、その後は調整作用と適応性を備えた独特な構造を伴うようになり、それがやがてポストモダンの支配形式へと移行していくのである。ディスクナンバー制によって、カナダにおけるイヌイットの人々に「リスト形式」が適用されるわけだが、とくにこれが珍しいケースというわけではない。十九世紀半ばから、カナダの先住民族たちは、インディアン問題北方開発省（DIAND）が管理するインディアン登録簿に記載されているインディアンとして、「ステータス」を築きあげようとしていた。そのために、登録制度や政策の変遷にふりまわされることになった（同化政策に翻弄されつつも、従来は除外されていた個々人のカテゴリー、つまり一族の政治的立場によって決まる個人のカテゴリーを再導入することで権利拡大をはかりながら改善していく）。要するに、法的な措置によって除外されるのか、あるいは中に組み込まれるのか、といった条件が定められたのである（これは同化政策の時代に「解放」という名で通っていたもので、それじたい地位の剝奪なのか、強制的統合なのかが曖昧なのだ）。インディアン登録簿とそれを含む部族リストは、他の登録簿――自作農地所有証明書（一九五一年まで）やその後の職業証明書によって登録されている特別指定区域など――

と重複しているところがある。アイデンティティと所在地のこういった複雑な機械状条里化は、イヌイットの場合に見られるように、外的対象と連動する。「ステータス」は、連邦政府によって管理されている従業員給付制度のための権利を与えるのである（特別な免税措置など）。インディアンのステータス証明書あるいは「ステータス・カード」は、先住民集団（「ネーションズ」）によって作成される、テクノロジー不要の紙製の身分証明書であり、そこには人口動態的データ（生年月日、身長、体重、目の色、性別、部族名、番号）や写真とともに登録番号が記されている。[26]「ステータス」は、社会保障制度が官僚によって細かく条里化されていった歴史の産物であり、それはまたあからさまな内部植民地主義的レイシズムと軌を一にするものであった。このような発想は、先住民たちの健康管理（たとえば、糖尿病の「蔓延」など[27]）を行なう際、いまでも見られるものである。

公務的な目的のために個人名を削除し、またそこに番号を振りなおす政治的な力は、「管理上の便宜[28]」にもとづく行為として捉えられてきた。それは、着用可能な繊維ディスクを首からぶら下げたり手首にとりつけたりするような動物化のプロセスをとおして、個々に識別可能な身体（「名札つき」）を生みだすものであった。「善政を施す」ために、このような「分類学的」方法が用いられたのだ。こうして「イヌイット社会をより管理しやすい全体へと変えていった[29]」のである。ディスクそのものに記号論的超コード化の力があった。繊維でできたこの小さくて丸いディスクの中央には王冠が刻印されており、それを取り囲むように「エスキモー身分証明　カナダ」(Eskimo Identification Canada) の文字が見える（記号論的隷属のイコン）。文字はすべて英語で書かれていた（国家の言語あるいは公用語というものは、ガタリが権力の記号学的経済を例証するために用いた例のひとつで、それは能力のパラメーターを決め、行動や伝達の手段を指定するものである[30]）。文言がもつ音節的特徴は重視されていない。裏面には、ひと続きの文字と番号が記されていた。ディスクは関心のある州議会議員たちが満場一致で選んだものというよりも、ディスクが身分証明用カードにまさったということだ。一九四〇年代初頭、ディスクのデザインや交付方法をめぐる当初の計画では、それぞれのディスクに四桁までの個人識別番号が用いられていた。州当局のシンボル、公用語、番号コードによる記号学的服従とは別に、記号論的捕獲と分類化に端を発する社会的服従というものもある。重要なことは、この社会的服従が「分類化は実験に先行する」[31]ということを意味するだけではないということだ。外的対象への服従は、一九四四年から四五年にかけてのこの時期に、児童手当制度の導入によって更新された。十六歳以下の子どもを持つ家庭に毎月手当を支給するこのような制度は、当時広く見受けられるものであった。このタイミングで、ディスクナンバーの実験計画の見直しが行なわれ、個人の識別番号のまえに地理的／空間的識別番号が加えられるようになったのである。北極地方を十二の地区と二つの地域――当初は東に九つ、西に三つで、十四になったのは一九五〇年代――に分割したのだ。[32]このような地域を識別するために、E（EASTの頭文字）あるいはW（WESTの頭文字）の文字と生誕地を示す一から十二の番号が用いられ、それに続いて四桁の個人番号が記された（「E」は「エレクトロニクス」でも「エスキモー」でもない）。ちなみに、先に触れたフロビッシャー湾はE7だった。登録地域という形での地理的条里化によって、操作可能なカテゴリー（抽象的なプレースホルダー）が生みだされ、一九五〇年代になって急速に発展する実験的組合せ論が生じることになった（もっとも深刻なケースだと、実際に人々を荒涼たる地域へと移住させることもあった）。こういったものは、連邦政府が福祉支出をどのように見積もるかによって左右される――雇用を生むと思われる職場との関係で上がったり、冷戦期のテクノロジー的発展と複雑に絡みあうと想定された場合には下がったり、といった具合だ。下がる場合の例をもう少し挙げておこう。少し前の時代になるが、一九四一年、米軍機がヨーロッパに向けて飛び立つための中継地点として、フロビッシャー湾の滑走路が建設されたとき、とくにカナダの北極地方に遠距離早期警戒線が設置されたとき、さらには資源の採取、地質調査、家畜飼育計画（一九五〇年代、羊や豚を絶えず北へと送り込んだが、北極圏での畜産農業はうまくいかなかった）がなされたとき、また芸術を商品化する事業があったり、カナダ北部で統治権が揺らいだり、変動する禁猟区の推定がなされたりした場合などである(33)。ここで顕著なことは、国家の技術機械によって、隷属が服従に変わるという点だ(34)。州政府の福祉政策や「善意の」実験を行なうことで人道主義的な弁解を試みながら、資本主義は北方へと勢力を拡大した。そのような資本主義の技術機械にイヌイットたちは従わされたのだ（一九二〇年代、イヌイットに対する責任の所在をめぐってひろく「混乱」が見られた(35)。一九三九年、最高裁判所の判決により連邦政府が彼らに対する「責任」を認めたが、それも効果はなく、一九五一年および一九七〇年のインディアン法ではイヌイットは除外されていた(36)）。今日においても、第二次世界大戦や冷戦下における軍事化による汚染のために、連邦政府の「補償金」や短期雇用が北極地方にもたらされている。イカルイト周辺では、軍用車両の駐車場が水中に沈められているのを目撃したとしても不思議ではない。

一九四〇年代および五〇年代における米国空軍とカナダ空軍による北極地方の軍事化は、歴史的な条里化、つまり一時的な賃金の効率的運用を実施するうえでもっとも重要な要因となっていた。ドゥルーズとガタリは、労働と軍事組織との関係性をはっきりと示している。この二つは、戦争機械の取得や「平滑空間の無効化(37)」をとおして結びあうだけでなく、国軍を組織し、また軍備という形で剰余を生みだすこと――軍需産業――でさらに結びあう。とはいえ、イヌイットの場合、この関係性は不完全なものである。まずイヌイット集団の伝統的な分布パターン（厳密な意味でそれはノマド的なものではなく、ベースキャンプを張り、わな道をしかけ、すばやく移動する狩猟集団によって構造化されている）があった。わな道のパターンや位置の調整などによって、さまざまな集団が生じてくるのだ。それが教会や交易所の位置によるものであれ、かつて捕鯨基地に見られた中央集権的な影響力によるものであれ、あるいは強制的なものであれ、そのような調整によって集団が生じる。そこへ軍事施設による重大な「制限」が加わったのである。政府の方針として強制的に移住がすすめられ、社会保障制度が施行される前の時代（もっといえば、新しいプロレタリアを育成するための職業訓練プログラムや寄宿学校ができる前の時代）、少なくとも一九二〇年代から一九五〇年代にかけて、ハドソンズ・ベイ・カンパニーは、住民を分散させる現行の政策を擁護していた。軍事施設による「制限」はそのような政策と食い違うものであった。老齢年金法（一九二七年）のような連邦政府の福祉政策が北極地方に伝わったのは数十年後のことである。資金の配分がそもそも不公平なものだったのだ。これは、何十年ものあいだ「集団的生活」を求める声が上がっていたにもかかわらず、イヌイットの定住に反対する一連の政策があったという動かしがたい証拠となる。基地周辺の劣悪な環境のもとで暮らすイヌイットの健康状態に対する疫学的関心、さらには軍その他の施設周辺の居住地において建設後の失業問題が亡霊のようにただようなかで暮らすイヌイットへの関心、また社会的な不安定さを気づかう王立カナダ騎馬警察の懸念、そういったものが「先住民の生活」といった家父長的な見方を支えていたのである。フロビッシャー湾、ケンブリッジ湾、その他の地域で賃金経済の影響があったものの、また一九六〇年代までは、政府の社会保障手当、ローン、住宅供給（遠距離早期警戒線のおかげで助成金が支払われ、家が建った。家といっても発砲スチロールのイグルー、要するに模造イグルーだったのだが）、保健プログラム、さらには、「ディーフェンベイカー・ヴィジョン」（ジョン・ディーフェンベイカーは一九五七年から一九六三年までカナダの首相をつとめた）[38][39]と呼ばれる人材の抜擢などが人口の集中をもたらしていたにもかかわらず、「先住民の生活」という見方が「イヌイットの集団化を妨害」しつづけたのである。とはいえ、住民の監視やプログラムを効率よく実施し、管理するためには集団化が必要だった。集団化は機械状隷属の全体化へとつながる時空間的条里化であるが、その完成度と「絶対的速度」によって、資本主義的な平滑空間が再構築されることになるという意見もあるだろう。

脱コード化と再コード化の流れ

捕獲のための装置はすべて「脱コード化された流れ」を解き放つ。そのような流れは氾濫する。あるいは流れを回避し、その流れを生みだすコードの近くで、さらにはそれを越えたところに現れる。[40]この流れはただ逃れていくだけのものではない。たがいに結びあわされ（結合され、再コード化され、網に捕われ、限定される）、やがて網の穴から再度抜けだす。局所的に生成するものを結びあわせることと、抽象的で全体的な連接関係——脱コード化された流れの全体的な公理、すなわち資本主義——とのあいだの違いは決定的に重要である。そこのところで「新しい境界」に辿りつくことになるからだ。[41]

ディスクナンバー制の場合、このようなプロセスが明らかに見てとれる。要するに、ディスクナナンバーやそれにかかわる諸制度によって、命名をめぐるイヌイットの文化的慣習を行政的な超コード化に従属させること——名前に機能を持たせることで、つまり官僚的な分類化のために組織的に名前を与えることで彼らの文化的慣習を奪うことである。ディスクナンバー制は、奇怪な新しい関係性においてアイデンティティを総合的に扱う（たとえば、地理的条里化にもとづく個人番号が減少するカリブーの生体数の算出と関係づけられると、長期的な生存率といった他の要素などはまったく考慮されずに、その集団は強制的に移住させられた）。ただし意味の再付与は、つねに超コード化の網をすり抜ける。

ディスクナンバーの意味づけなおしは、いくつかのコードがもたらすものだが、そういったコードがもはやそれを内側に含みきれなくなったときに立ち現れてくる。ディスクナンバーを生みだした超コード化は、氏名プロジェクトと呼ばれる新しい超コード化によって置き換えられたものの、不要になったディスクの回収がなされなかったために、その効力にばらつきが生じた。とにかく、ディスクナンバー制のモル的な不当性は、それぞれの記憶のなかに番号が刻み込まれたままの状態で、その記憶とともに流通しつづけ、それを自由に結びつけるための新しい参照材料が求められていたところにある。意味づけなおす力のことを「文化的再配当」[42]と呼ぶ者もいる。いずれにせよ、新しい再コード化と結びついた意味づけなおしのなかに脱コード化がすでにあるということ、これが重要なのだ。これに関する例はすべて一九九〇年代以降のものとなる。明らかにこの時代よりもまえに生じた相関的な脱コード化は、いま調査可能なものに比べて鮮明さが足りない。一方、最近の脱コード化は、ひろく流通している物質的な再コード化とかかわる。そういった再コード化のどこが「めずらしい」のかという問題に対して、最終的な解決を見いだすことはできない。そういった再コード化の効果にも限界はある。平滑化がそれじたい解放をもたらす十分な力を持たないのと同じだ。パットンの解釈と関連づけて言うなら、結果を判断する方法がほとんどないにもかかわらず、なにか告訴できるものがあると信じて裁判所のままで行くようなことを平滑化そのものが強いるわけではないのだ。

適切な例をひとつ挙げておく。一九九一年、イカルイトである宣伝活動が行なわれた。老人会のための募金活動のなかで、疑似ディスク――Qナンバーと登録証明書――の問題が取りあげられていた。Qナンバーや登録証明書というのは、カルナート（白人）を対象にしたもので、エイブ・オクピクの署名が入っていた。オクピクはもともと氏名プロジェクトの担当者として雇われたイヌイットだった。[43]この疑似ディスクのパロディ的効果によって平滑化がもたらされ、文化的生成の新たな価値が伝えられるようになる。イヌイット主導のカルナート登録簿に見られるようなパロディ形式によって、脱コード化は摸倣的な再コード化と結びあう。この登録簿は、インディアン問題北方開発省が管理・保存するインディアン登録簿とは異なり、そこに参加する白人の著名人たち（俳優、政治家、芸術家、ジャーナリスト、アイスホッケーの選手）のアイデンティティを変えたりはしない。とはいえ、それは別の空間における生成をもたらす――一時的に記号としての破壊性を伴うのである。それは、対抗措置としてこのような情報革命のツールを実際に価値づけようとするものではなく、その場所に根づいた手工芸品としてふたたび流通させるためのものである。儲けは地元に還元されて別のことに使われる。

脱コード化された流れはすぐさま再コード化と結合する。観光客向けの他の芸術作品とはまったく異なり、Q証明書は政治的な意味合いが強い。それは訪れた人々にディスクナンバーの愚かしさを伝えるものなのだ。そのような機会がなければ、その歴史について知らずにいるかもしれない訪問客たちにその愚かしさを伝えるのである。再コード化のなかには、押しつけられた形式や限定的な「実用性」に素直に従うものもある。再コード化は、音楽産業における製品にも見られる。一九九九年と二〇〇二年に重要な曲が二つCD形式で発売された。スーザン・アグルカーク「E186」とルーシー・アイドラウト「母の名はE5-770」である。どちらのCDも本物のディスクを生き生きと描写しており、カバーデザインや歌詞カードの区切り目や枠としてEナンバーでできた線を用いている。アグルカークもアイドラウトもヌナブトに先祖のルーツがあり、二人ともよく知られている。とはいえ、どちらもいまはヌナブトに暮らしておらず、他の場所でキャリアを積んでいる。どちらの歌手もディスクナンバーを歌の主題としており、Eナンバーを泥棒だと言って批判している。アイドラウトは、「氏名番号」を用いて政府が「飼育する」という厄介な機械状冗長性のなかで動物扱いされること(「家畜化されたE」)についてメッセージを発信する――背後で一連のEナンバーを読みあげる手法はアグルカークも用いている――のだが、彼女のその怒りを「若さゆえのラディカリズム」として一蹴する者もいる。というのも、アイドラウトは、たとえばアグルカークなどとは違って、年齢的にみてディスクナンバーを与えられた経験がないからだ。(44)

音楽、物語、文化地理学の研究報告、彫刻、ドキュメンタリー映画などにおいて、ディスクナンバーに対する抗議がなされつつある。たしかに、これは土地の権利を主張するプロセスがうまくいき、一九九九年にはヌナブト準州が設立されたことで、彼らが楽観的になり、自尊心を得た結果である。もっとも重要な変化は、ディスクナンバーがさまざまな作品の主題として取り込まれていったことだ。歌の題名だけでなく、映画のタイトルや彫刻家自身のディスクナンバーが――サインとしてではなく――刻印されている彫刻なども、大衆的な出版物のなかで取りあげられるようになってきた。(45)芸術におけるこのような再コード化は、たとえそれが「正しい」名前と「間違った」名前を分類し、名前の代わりに番号を用いるような超コード化ではないにしても、物語の一部しか明らかにしない。このような現象、さらにはそこから想定される氏名プロジェクトの是正もまた、ヌナブト法律審査委員会の中心的な関心事となっている。委員会は「是正プロジェクト」という形で、氏名プロジェクトの間違いを訂正する取り組みを行なっている。綴りの間違いだけでなく、役所の手続きのために混乱して失われてしまった記載事項（たとえば、氏名プロジェクト期間中の見過しから、出生証明書にディスクナンバーが長らく用いられてきたために年金手当が受けられなくなったケース）、不正確な生年月日、IDの細目の不一致などの訂正を行なう。[46] 法律関係の文書のなかで代替的な名前を用いていた時代の、たとえば「デボラE4－789」[47] という有名な養子縁組の事例などと比べて、現在の法律審査委員会の業務には、過去の徹底的な暴力が障害物となってまともに立ちはだかってくる。再平滑化には、世代的な区分を越えて長くつづく条里化の影響を浮き彫りにする有益な効果もあるのだ。

条里化から平滑化を解き放つこと、これが重要なのである。それは、拘束力のある条里化や情報を押しつけてくる超コード化の近くで、さらにはそれを超えたところで、脱コード化された流れを解き放ち、そういったものを再コード化する。イヌイットが文化的な命名の慣習を取りもどし、ディスクナンバーを意味づけなおすそのプロセスのなかで、文化的生産品や情報システムに新しい要素が付け加えられ、それによって新しい隷属が生じる（たとえば、商品形態や音楽製品のフォーマットなどへの隷属）。そういう意味で、脱コード化された流れは決して自由なものではない。とはいえ、脱コード化の逃走線には不確定なところがある。ひとりのイヌイットがスノーモービル用のオーバーオールにディスクナンバーを書き込んで、それをメールアドレスやATMのPINナンバー、家の番地、さらには芸術作品の主題として用いる場合、つまり個人の認証番号がもとめられる何らかの状況で、そのような番号を用いる場合（もちろんそれだけがすべてではない。ディスクナンバーはさまざまなところで再利用できる。宝くじを買うときなどもそうだ。そういう場合、個人認証番号はとくに必要ない）、逃走と（再）捕獲のあいだには、積極的に権限を与えようとするような何らかの関与がある。監視が序列化作用に似てくるのはまさにここである。ドゥルーズとガタリが述べているように[48]、権限を与えると同時に制限を加え、有益であると同時に不適切なものでもあるという両義的な側面がどちらにもある。情報の条里化が個人の記憶に浸透し、文化的な命名の慣習と交差すると、ディスクナンバーは客観化され、新たな関係性を見いだすようになる。もしイヌイットの名前が、何らかの価値（インスピレーション、恐怖）を伝え、他の特異性（名前を授かった者のジェンダー特性は思春期まで決められず、もとの所有者のジェンダーが伝えられる）を消し去るような転換点となっているのなら、また、その「機能をめぐる」不適切な歴史があるにもかかわらず、このような文化的慣習の領域においてディスクナンバーがふたたび用いられるなら、それはまた多くの場合、アイロニカルでパロディ的な価値観を伴いながら、何かを伝え、散らばり、結びあう。こうして個々の人間が情報マトリックスのなかへと運びこまれるのだ[49]。

ガタリが述べているように、条里化された存在論的機能のあいだの移行－変化は、より優れた平滑化作用をもたらす。そこには「存在論的変化」を生みだす力があるのだ。たとえば、世界のなかの主体は実存としてそこに現われ、また囚われているが、領土から宇宙へと移行する際、自己規定だけで成り立つような非物質的宇宙へと逃れる。平滑性がまずあると仮定して、次にそれがディスクナンバーによって条里化され、さらにさまざまな資格づけによって再平滑化される。ジャイピティ・ヌンガク、Ｅ９－１９５６、というひとりのイヌイットは、アイロニーに満ちた冗談を大声で叫んだ。その落ちはこうだ。「ディスクの更新を申し込みたいんだけど、ちゃんとした行政機関はどこにあるんだ！」。[50] 最近では、ディスクナンバーのことに触れると笑いが起こる場合が多い。ユーモアは地域によって変化する。たとえば、「Ｅ１」だった人物は「オンリーワン」(an 'E1') だとか、「Ｅ６」だった人物が別番号の地域の学校に通ってしまって、皮肉にも退学を食らったとかである。ディスクそのものは大半が時の流れとともに失われ、記憶だけが残っている状態だが、いま現存しているものは個人的なアクセサリーとしてふたたび姿を現わすようになっている。帽子やコートに飾りとして付いていたり、宝石のようなものとしてそれを堂々と身につけていたりするのだ。

文化が更新され、刷新されるとき、ディスクナンバーの意味づけなおしはそれじたいが一種の文化的平滑化となる。それは、伝統とさまざまな形でそれを妨害するものの方向性や強度とが、統合された世界資本主義の新しい社会的流れへと実際に移り変わることを意味する。このような移行が増えてくると、平滑化が同質発生的に生じるようになる。もはや名前をとおして世代を越えた復活が見られるということが問題なのではなく、概して受動的な全体のプロセスが問題なのだ。そこでは廃止されたディスクナンバーがさまざまな形で新たに条里化されるのである。コンピューターによるコミュニケーションの広く行き渡った機械状ネットワークを作動させるために、ディスクナンバーを識別用の文字や数字が直線的に並んだものとして、つまり個々の識別記号や個人認証として意味づけなおすことで、新たな条里化が出現してくるのだ。もとの使用とそれほどかけ離れていないやり方で、ディスクナンバーが維持され、再生産され、比較されるのである。たいていの場合、これは受動的なものだ。脱可能性の領域において、何かを発展させたり、あるいは強化したりすることが問題なのではない。

コード化された流れは、実際に再コード化されるのだが、実用的な目的のためにそれを日々の交流や活動のなかにどう取り込みなおすのか、それが問題なのである。そこのところを、今日のイヌイットも重視する。そこでは、パロディやユーモアでもって可能性の領域を巧妙に探り当てようとする試みが見られる。それは、イヌイットのあいだで、互いにやりとりを交わすときに、彼らがいまでも引きだしてくる笑いであり（とくに、相手をディスクナンバーで呼ぶことはいまでも笑いを誘うのだ）、実際、それは抗議の際に何度も検討される不当な扱いの現れであり、まったく別のコンテクストでディスクや番号を実験的に用いるということでもある。イヌイットのいまのポピュラーカルチャーのなかでディスクナンバーを意味づけなおすことは、記号論的服従や機械状隷属を全体的に覆すものではないにしても、それを置き換える効果がある。とはいえ、それは首尾一貫したサブカルチャー的異議申し立てというわけではない。今日ではむしろ、ディスクナンバーは、文化的自己参照をめぐる創造的な冒険にとって現実味のある具体的なテーマとなっているのである。

オーストラリアのアボリジニーに見られる無秩序な情報的服従

薬物依存、とくにアルコール依存によって、アボリジニー集団を社会的に支配するということは、おそらくオーストラリアという国と同じくらい古くからある。たとえば、クイーンズランドにおける歴史的調査によると、十九世紀に、アルコールはアボリジニーの従業員（この言い方は間違っている。というのもアボリジニーの賃金は「自由裁量」で処理できたからだ）を管理し、操作するために用いられていたという。アルコールは安価で（とくに賃金や契約書の代わりに渡す場合）、しかも地元と国家のレヴェルで、取立人、判事、警察が結託して内密に管理しているものであった。彼らは依存者と密告者のネットワークを作ろうとしていたのである。その背景には、アボリジニーの地域的な評議会と連邦政府関連機関とを切り離すという国の政策があった。こうして「アボリジニーの生活のあらゆる局面をほぼ独占的に管理すること」が確実となり、アボリジニー問題を担当する各省庁がその恩恵を受けたのである。(51)

アルコールの奴隷というのは、アボリジニーのアイデンティティに刻み込まれた官僚的な名である。十八世紀および十九世紀のニューサウスウェールズでは、国家的なデータの集積にもとづく公式な統計づくりに、アボリジニーのコミュニティを入れるのか外すのかをめぐって政治的な駆け引きがあった。この駆け引きを脱コード化するのは容易ではなかった。法律に組み込まれたとしても数に含まれるわけではなく、除外されれば公的な記録に部分的な欠如が生じた。データの収集は気まぐれなもので、地方職員の気分に左右された。とはいえ、役所による選別的な記入は国家の利益にかなうものであった。生活実態を公式な記録として残さないことで、アボリジニーの種族は消滅しつつあるという見解を裏づけることができたのである。同時にそれは次のような見解を裏づけるものでもあった。つまり、公式の歴史的記録に隙間があることで、アボリジニーの活動家たちは家系を証明することができず、遺産相続にもとづくサービスや認可をどのような形で訴えようともそれを根拠づけることは難しいという見解である。(52)

このような連邦政府レヴェルでの公式記録の抹消が、はっきりと表面化してくる場合も少なからずあった。そのひとつが、一九〇一年のオーストラリア憲法のあの悪名高き一二七条（一九六七年になってようやく廃止）である。そこには、最終的な数字に「アボリジニー先住民の数を算入すべきではない」とはっきりと書かれていた。人口統計学上の空白（一九七〇年代初頭になってようやく統計学者たちがこの問題を扱うようになった）があるということ、これがまずひとつの問題としてあり、さらに比較的最近になって、先住民問題担当省のなかで、アボリジニーの家族や個人に関する既存の管理ファイルが意図的に破壊されたということもまたもうひとつの問題としてある。ネイティヴ・タイトル〔先住民市民権〕を要求するうえでそれがいかに重要かを考えてみれば、大量の記録資料が処分されたことで「付随的に生じる損失」がどれほどのものか容易に理解できるだろう。アボリジニーがネイティヴ・タイトルを要求する際に「既存のファイルは、専門家による調査報告のための土台となる証拠書類」となるからである。(53)

これは「無主地」(terra nullius) の情報的拡張というよりも、アボリジニーを服従させる社会的な情報管理がもたらしたことであり、役所による無秩序なアイデンティティの記述が問題なのである。こうして、不規則ではあるが、ゆっくりと、アボリジニーの権利にとって致命的な換喩的表現が付け加えられるようになった。これはティム・ラウスその他が注目している点である。アルコールと現金（生活保護）が、アボリジニーに与えられる曖昧な市民権の換喩的表現となったのだ。(54) さらに、「同化政策による市民権」という言葉が、犬鑑札の取得を意味する換喩的表現となった。(55)

アルコール－犬鑑札－市民権というこの連想をもう少し掘り下げてみてもいいだろう。オーストラリアでアルコール調査を進めているマギー・ブレイディは、グロッグ〔ラム酒の水割り〕が手に入るようになったときのこと、さらにはその悲惨な結末についてアボリジニーから直接話を聞き、その収集にあたっている。アボリジニーの証言から見えてきた共通点は、市民権とアルコールの合法的入手とのあいだには関係性があるということだった。「酒を飲むための市民権」「市民権が手に入ったからには行って飲まなきゃならない」というわけである。[56]

サリー・モーガンという芸術家の作品に『市民権』（一九八七年）と題するスクリーンプリントがある。アボリジニーの市民権と法的な強制による犬の首輪や登録とのあいだの関係性を視覚化したものである。このようなモーガンの作品を紹介する解説のなかで、ジル・ミルロイは次のように述べている。

アボリジニーの人々は、先住民市民権法（一九四四年）のもと、自分の国の「市民」となるために申し込みをする必要があった。申し込みには厳しい条件があって、アボリジニーの人々は自分たちが「白人」のように生活しているということを証明しなければならなかった。彼らは他のアボリジニーの人々とかかわってはならないとされたのである。市民権証明書は、パスポートのようなもので、なかに写真と署名があった。証明書はつねに携帯していなければならず、ちょっとしたことで剝奪された。ジャック・マックフィーの回想にあるように、「わたしたちは、仲間うちでありとあらゆることをジョークにしたものです。……証明書のことを犬鑑札とみな呼んでいました。市民権などという名前よりもそのほうがふさわしいと思ったからです。」[57]

犬鑑札あるいは犬札は、アボリジニーたちを特殊なやり方で動物化するものであった。証明書のことをアボリジニーたちがこのように呼んだのは、もちろん軽蔑を込めてのことで、彼らに向けられた差別的な政策に対する批判だった。しかし、同時にそれは、彼らを順応させるために市民権をどのように適用するかについて暗黙の想定があったということも意味していた。アボリジニーたちは、オーストラリア人家族のペットにさせられたのである。要するに、市民権証明書を保持する者は「文明化」され、「ヨーロッパ化」されているということであり、こうして「白人化」されたことで情報の鎖に繋ぎ止められたというわけである。言い換えるなら、合法的にアルコールを手に入れることができるようになったのだ。彼らの社会的な生活圏は拡大し、ホテルや酒場に（対等ではなかったものの）入ることができるようになった。こうして白人社会へのパスポートとしての市民権という発想が生まれ、さらに、新しく誕生したアボリジニー市民は、たとえそれが自分の親兄弟であったとしても他のアボリジニーたちと「交際」してはならない、従わない場合は市民権を剝奪する、という純潔さをもとめるルールまでできた。ひとりのアボリジニー市民が市民権を持たないアボリジニーたちとアルコールを分けあった場合、換喩的表現（市民権＝アルコール）は成り立たなくなるのだが。ただ本質において、市民権という発想は否定的に作用していた。市民になるためにはアボリジニー的なものを放棄せねばならなかった。この犬鑑札は「免除証明書」とも呼ばれていた。免除されるのはその人のアボリジニー性であり、市民権を持たない者としての処遇を免れるということである。そのようにして、白人オーストラリア人が持つ権利（社会保証給付など）を行使できると考えられていたのだ。ただしそれは、自らのアイデンティティを放棄し、他のアイデンティティを引き受ける場合に限られる。たとえ日常生活において直面するような諸問題が役所の再分類化によって改善されなかったとしてもである。先に述べたように、その効果は「皮肉な[58]」ものにすぎなかったのであり、日常生活のレヴェルでは「日々侮辱と暗黙の排除の連続[59]」だった。一九五〇年代後半になって、免除証明書が廃止され、すべてのアボリジニーに戦後の社会保障制度が適用されるようになった。それでもなお、国内にいる

「他の」人々という発想が長らく消えなかったため、アボリジニーは排除されつづけた——いずれにせよ、遊牧民的で原始的なアボリジニーたちが、年金や出産給付といった社会保障手当の恩恵をこうむることはなかった。

情報的隷属の領域において、カナダのケースとまったく同じものがここにも見られる。つまり、オーストラリアの「犬鑑札」とカナダのイヌイットの「犬札」である。免除というのは一種の「解放」であって、〔市民権賦与と引きかえに〕先住民が固有性を失い、同化するひとつの形式なのである。カナダとオーストラリアにおける先住民の監視（アルコールを社会的統制のひとつの手段として用いて管理する場合も含む）という観点から言うなら、この二カ国の歴史はぴったりと重なりあうのだ。政府と部族との国家的関係のなかに、協定にもとづく政治的な歴史が見られるカナダに対し、オーストラリアでは、ネイティヴ・タイトルや土地所有権の承認がかなり遅れていたという点で、両者に明らかな対照が見られるとしてもである。いずれにせよ、それぞれの国でアボリジニーや先住民たちが経験した植民地主義的な惨状を比較してまとめることは、本書の意図するところではないので、このくらいにしておく。

ゴージット

カナダとオーストラリアにはむしろはっきりとした類似が見られる。命名行為や権限を与える慣習の序列化に情報の条里化が歴史的にかかわっているという点である。アボリジニーに装飾用ゴージット〔首あて〕を与えるという慣習に関する歴史的資料がある。このようなゴージットは、政府のさまざまな部門で活躍した者、あるいは才能を発揮して特別な業績を残した者に授けられるものである。とはいえ、これは信頼のおける情報提供者とのあいだに協力関係を築くための手段ともなりえた。この三日月型の金属製プレートは首のところに鎖で取りつけるもので、それを身につけている者――たいていは「王」や「首長」――に「架空の称号」を与える文言が刻まれていた。名前が書き直されたり、英国化した地名にかかわる英語のファーストネームが考案されたりもした（「キング・ビリー」）。これは内部植民地主義的な政策が一世紀にわたって管理してきた情報の書き込みと明らかに関係しているのだが、ゴージット（宝冠も同様）に共通して用いられる植民地のイコン（エミューやカンガルー）は帝国的権力のシニフィアンともなっていた。「架空の称号」の授与は、アボリジニーの観点から再コード化されてきた。それは嘲笑（貴族階級への軽蔑）の象徴や人を欺くような馴染みのない階級制度に対する説明要求（社会を解体するためのツール）としてではなく、実際にリーダーシップと強さの指標として再コード化されたのである。侵略の脅威が迫っているときなどはとくにそうだった。「アボリジニーの人々は、〈架空の〉称号を積極的に自らの言語や文化に取り込んだ」(60)のである。その称号は、ある特定の個人がもつ力を認めるものだったからだ。もちろん、いつもそうなるとは限らなかった。価値のない称号はただ嘲笑の対象になるだけであった。リーダーを自任するアボリジニーや、自ら「王」を名乗る者たちは、白人の役人から何らかの権威を認められていたのかもしれないが、それがそのままアボリジニーのコミュニティにおける信用につながるわけではなかった。アボリジニーのコミュニティでは、そういった呼び名には実際の根拠が必要だったのである。

ディスクナンバーやゴージットのような情報の条里化をさまざまな意味で再コード化することで、

それを意味づけなおし吸収する先住民文化の力は、トレナ・ハン（ヨルタヨルタ族）のような自らのアイデンティティを打ちだす現代の先住民アーティストたちの作品にはっきりと見受けられる。トレナ・ハンが制作するスゲのふさ飾りがついた亜鉛製ブレストプレート（ゴージットや王の鎧と同じ意味でよく用いられる言葉）は、圧制と絶滅の意味作用を再コード化する（ゴージットは、ある部族のなかで生き残った最後のひとりと見なされる者に与えられる場合がある）。それは亡くなった人物や特定の場所、さらには家族に、貴重な、場合によっては唯一の物質的つながりをもたらすものだからである。「アボリジニー文化遺産」にあるような、家族やコミュニティ、場所のことをアボリジニー自身が理解する際に、ゴージットは系図的な価値をもつ（たとえば、ハンの『二〇〇五 バーマー・フォレスト・ブレストプレート』に見られるように）[61]。無秩序な破壊や表象といった背景があるので、アボリジニーの歴史を物語る物質的証拠の状態がどうであれ、このような系図的価値を軽視することはできないのである。証拠というのはつまり、領土と資源を求めるアボリジニーの訴えを、現在時制と未来時制において、実行可能なところまで高めるものということになるだろう。三日月型のプレートにハンが描きこむデザインは、生活様式を再現するだけでなく、地位を示す栄誉のしるしとしてのその機能を、かつて臨終の看取りの際にそうであったように[62]、文化の現在およびその生き残りを運ぶ乗り物へと変えるものでもある。さらに、芸術や象徴による再コード化は、博物学的なコンテクストのなかで本物の「遺産」アイテムが公式に収集され、展示されることに異議を唱え、またオークションに出ないよう国家がそれを管理したり、屋外の骨董市で風まかせに売られたりすることに反対するものである[63]。

オーストラリアのゴージットを例に挙げることで、ディスクナンバーの場合と同じく、条里化と平滑化の動きを、表出と可能性の異質混淆的な領域と同質的な領域のあいだに変化をもたらす決定不可能な通路《パサージュ》として捉えることができるようになる。本章では、平滑化を国家による条里化の強制に先んじて位置づけられるものと捉えた。条里化は、先住民たちが内部植民地的な隷属の産物を奪回し、再発明するその営みをとおして再平滑化される。それは文化の新たな可能性を開くとともに、彼らが自らの条里化や平滑さとそれぞれ交差するその領域（美術市場、音楽産業、行政の管理システム、法的闘争など）によって制約をも受ける。本来、平滑さというものはノマド性（国家の外部にあるもので、国家はそれを警戒し、制圧しようとする。とはいえ、それなしでは新機軸を打ちだせない）に相当するもので、ロマン主義や原始主義とは異なるものだ。オーストラリアの問題に取り組むドゥルーズ学者たちは、遊牧民と国家、平滑と条里、砂漠（ノモス）と都市（ポリス）、重力に対立するものとしての速度、こういったものが相互圧力となっている点に目を向けるよう心がけてきた。たしかにノマド性は民族的なカテゴリーではない。[64]ガタリの言葉を思いだそう。条里が平滑化されたとき、ひとつの存在論的作用からもうひとつの作用へと通路《パサージュ》が開かれ、芸術家や活動家は、意味づけなおす力を取りもどす。このグローバルなネットワーク社会のなかで、たがいに交差しあうような作用域において、他のさまざまな条里化や平滑化に埋もれてしまったとしてもである。交通工学の専門家もいれば、信号を無視して道路を突っ切る者もいる。システム・セキュリティの専門家もいれば、ハッカーもいるのだ。共時的／通時的な時間のひろがりにおいて、この通路《パサージュ》を捉えるのか、あるいは実体化、抽象化、顕在化、潜在化といった観点から捉えるのか。いずれにせよ、踏まえておかねばならないのは、平滑化と条里化はつねにプロセスの途上にある（能動と受動のあいだの通路《パサージュ》のように）ということだ。

第六章　マイナーシネマ

シネマに関するガタリの論考がもっとも継続的な形で見られるのは、一九七〇年代以降のことである。ルシェルシュ版『分子革命』には、いくつかのインタヴューや不定期に書かれたものが「マイナー芸術としてのシネマ」(1)と題してまとめて収録されている。マイナーなものは、ドゥルーズ－ガタリの概念のなかでも広く注目されているものだが、概してそれは文学と言語の領域に限られている。このトピックについては、『ドゥルーズ辞典』のなかの「マイナー主義者＋シネマ」の項で取りあげられている。ただ、そこではすべてがあまりにも典型的な形で論じられており、ガタリがひとりで書いたものなどは完全に黙殺されている。闘争的シネマ、とくにその反精神医学的な筋のものに対するガタリの関心のことはまったく触れられていないのである。

ガタリにとって、シネマはマイナー主義的な生成のための特権的メディアとなる。それは、漸進的で複合的な社会運動や政治運動とかかわるオルタナティヴな精神医学の実践という進歩的な目標への方向性を具体的に示すものである。マイナーなものを通してシネマにアプローチするガタリのやり方は、反植民地主義的で革命的な第三シネマを論じるドゥルーズのやり方と大体において重なりあう。

第三シネマは、ハリウッドやアメリカの金融資本で成り立つ第一シネマや独立的監督《オトゥール》による第二シネマとは区別される。第二シネマは第一シネマの産業モデルに吸収されうるもので、その誇らしげな独立性は、おのれが逃れようとしているものをミニチュア化しているにすぎない。第三シネマは、表象による束縛や地域的真正性の基準からの解放という観点から論じられるもので、それは第三世界のシネマに限定されるものではないし（ラテンアメリカにおける反植民地闘争がもとにあるとはいえ、それは先進国、発展途上国、後進国にも当てはまる）、国民的なシネマを望む声に帰することもできない。(2) こういったことは、マイナーなものにおける進歩的な政治目標と芸術的な実験とのあいだの関係性（定数に対する変数の対抗権力、概して抽象的で空虚で静的な冗長性を同質的に押しつける力からさまざまな形で逸脱すること）を明らかにするものの、第三シネマのどのような要素がガタリのマイナーシネマとかかわるのかは、そこからはあまり見えてこない。そもそも第三シネマにおける、ハリウッドの産業モデルと独立映画とのあいだの類型学的区別をガタリは受け入れない。シネマに関する論考のなかでガタリが取りあげるマイナーなもの、これを理解するためには、第三シネマをめぐる議論から見えてきたものがどこまで応用できるものなのかを批判的に考えていく必要があるだろう。

たしかに、抑圧されたマイノリティに必ずしもマイナーなものが伴うわけではないが（アイデンティティを狭い意味で捉えて周辺的な作品を生みだす者もいるだろう）、そうであるからといって、精神病、貧困、レイシズム——そのうちのいくつかはガタリが好んだ映画のなかで取りあげられている——と闘う多くの人々が、実際、抑圧され、社会的‐経済的にも、精神的にも隔離されているという事実に変わりはない。ガタリはマイナーなものと周辺的なものをいっしょにしない。彼は社会的‐人口統計的な要求を行なっているわけではない。もちろん、そのような要求の土台になるものがはっきりと打ちだされる場合もあるが。マイノリティ（たとえば、アメリカにおける同性愛活動家たちの最初の運動）は、セクシュアリティとライフスタイルの標準モデルへの抑圧的な再中心化（治療を施される場合が多い）に束縛されているからこそ、その周辺的な立場を拒否する。そういう意味で、周辺的なものとマイナーなものとは区別されるとガタリは考える(3)。周辺からマイナーへの移行という発想を用いることで、数多くの社会運動を説明することができるようになる。社会運動はそれじたいめざましく進展しており、このようないっそう堅固な基盤ができたことで、マイナー主義者や他の生成を探りあて、そこに新たな協調関係をもたらすことができるようになるのだ。ガタリが例として引きあいに出すのは、一九七〇年夏、ニューヨーク・シティ、ブロンクス周辺でのヤング・ローズによるリンカーン病院占拠事件である。ヤング・ローズはプエルトリコ人のローカルな政治集団であり、民族自決を訴え、ブラック・パンサーのような仲間たちとともに連携的保健アクティヴィズム運動にかかわった。長らく問題視されていたこの施設を彼らは数週間にわたって占拠したのである。この抗議行動の狙いは、実践の場を大学における研究や教育課程から切り離し、近隣の（大学ではなく）利益にかなうよう方向づけなおすことであった。彼らは新しい建物を作るよう圧力をかけ、住宅供給と保健とを結びつけながら、周辺的なものを再発明しようとしたのである（たとえば、元薬物中毒者を使って治療チームを作るなど）。彼らにとって周辺的なものは、集団的な価値を社会的に変化させ表現する活力であり、また戦略的な脱領土化の活力となっていた。リンカーン病院では、周辺からのマイナー生成という発想がその後も残っていたのか、一九七〇年後半になって薬物中毒治療に鍼治療が用いられるようになった。それはまったく新しい創造的なやり方であった。

ガタリはシネマの包括的な理論を構築したわけではない。実際、彼が掘り下げて論じている映画はほとんどない。詳しく取り上げられているそのひと握りの映画から分かることは、ガタリのアプローチの仕方が第三シネマのどのカテゴリーにも収まらないということだ。ガタリは、批判的な精神医学の概念にもとづきながら、ハリウッドとヨーロッパの独立映画とを組みあわせ、混ぜあわせた。その一方で、闘争的な映画制作に見られるいくつかの主要概念にこだわった。さらにガタリは、映画がもつ解放的な力に着目する。ただ、それを大衆のために脱神話化するひとりの先駆的知識人が「えり好みで距離を置いている」[4]その素振りに関する分析は、第三シネマのなかにはないとそれとなく批判している。進歩的な声——実際のところは労働者に声を与える映画の力——のなかにあるマイナーなものの結合性、それを明らかにするガタリの試みには、このような政治的態度が幾分見られる。ガタリは第三シネマについて明確に論じているわけではないし、フェルナンド・ソラナスとオクタビオ・ヘティノの映画に言及しているわけでもない。さらには、フランスで労働者たちに自ら現実を撮影するよう手助けするクリス・マルケルの試みに賛同したソラナスとヘティノが、それをどう引き継いだのか（「［いくらか基本的な説明をしたあと、八ミリ機器を使って］労働者に自分が世界をどう見ているのかを、まるで自分がそれを書き記しているかのように、撮影させること、それが狙いだ」[5]）、といったことにも触れない。シネマに関するガタリの考え方に同様の例が出てくるにもかかわらずである。

一般的に抑圧されていると思われていない人々と隷属集団とを結びつけるうえでマイナー芸術がどう役立つのか、さらにマイナーな逃走線を見極めるうえでそれがどのような助けになるのか、そこのところにガタリは着目する。マイナーな逃走線はどこかに繋がるもので、情報を伝えるだけでなくそれに耳を傾けさせるものでもあり、最終的にはそれを支持する人々を引き寄せる。とはいえ、これはシネマをとおして仲間を募ることではないし、問題となる結合性が映画の分子的要素——音、色、リズムなど――に還元されるわけでもない。映画の分子的要素は、骨抜きにすることも追い払うこともできない。それは増殖し、結びあう。たがいに一貫しておらず、それまで交流がなかった諸集団――進歩的な集団であったとしても――のあいだを中継するものとしてそれは役に立つのである。もちろん、政治的な意識を高めることは、第三シネマとマイナーシネマのどちらにとってもその基本的な特徴となっている。出来事を受動的に表象するのではなく、活動家が介入できるように政治と文化をひとつにまとめること、これが第三シネマの土台となる。とはいうものの、芸術を政治的に機能させるだけでは、連帯意識を生みだすことはできない。活動家が介入する際、実験（新しい形式の表現）と変化（状況の）が問題となるのである。ところが、こういったものは、支配的な権力が人為的な再生産に適した管理可能な否定性の例を求めているかぎり、それほどすんなり取り戻すことはできない。これは、メタ批評的な熟慮を求めるものではなく、さまざまな状況や条件がもたらすチャンス、俳優や観客、監督がみな同様につかみとるチャンスとなる。

マイナーシネマと第三シネマとのあいだの類似点については、慎重に見ていかなければならない。ボスなきシネマによる映画的実践のレヴェル、つまり「全体的映画制作者」[6]というレヴェルでは、両者にいくらか連続性が見られる。ソラナスが述べているように、映画制作のすべての次元に取り組む覚悟があるのは監督、スター俳優、撮影所の有力者、さらにはずらりと並んだ専門家たちではなく、革命家たちである。生産の平等化と責任ある資料の作成を重要視しているという意味で、ガタリは第三シネマの目的と軌を一にしている。ソラナスの理論では、第三シネマにはフィクションの要素はないとされている――たとえば、フランスのシネマにおいて、愛のことばかりに夢中になっているブルジョワ的傾向を彼が批判したことで、その古典的な左派のピューリタニズムが明らかになった[7]。その一方で、ソラナスは、ドキュメンタリー作品のなかにさまざまな状況が導入されている点、あるいはそういったものが再創造されている点を考慮することで、フィクションとドキュメンタリーの対立の正体を暴いた。ガタリはそのような方法をとらない。彼は、映画や表現形式、監督といったものがあれこれ交錯するなかから選びだすのである。お気に入りの監督——リンチ、ベロッキオ、その他——にとくに関心を示しているからといって彼は何ら後ろめたさを感じない。ソラナスにとって、第三シネマは、理想的には署名なきシネマであり、そこでは進行中の作品や作者未詳の傑作が名前によって評価されることはない。ガタリはよく有名人の名前を挙げて、そのインパクトを活用した。あるとき、ひとりの年配の活動家を右派の政治家であるジャン＝マリー・ル・ペンと混同してしまい、あとから後悔したりもしている。(8) ここでガタリの欠点をあげつらうつもりはない。ただ重要なのは、映画のタイトルや監督名を挙げようとする彼の癖は批判的に解析すべきものであるが、第三であれ何であれ、どのカテゴリーを導入しようとも、彼の方法論には対応するものがないということだ。

　ドゥルーズが映画批評のなかで指摘しているのは、第三シネマに関するソラナスやヘティノの声明文、さらにはフリオ＝ガルシア・エスピノサの「未完成シネマのために」が、「運動」だということである。(9) 植民地的状況の内部で、表象の観点からではなく、生成の政治的な線に沿って、ノマド的シネマがこのような運動とかかわる。それは、支配に抗い、未完なるものを目指し、闘争の場を勝ち取ろうとするのだ。結果的に、意気揚々とした、美しくめでたい商業シネマが出現し、そうして導入された抽象的な基準はすぐさま逸脱しはじめ、商業シネマの自己充足やナルシシズムといった層を剝ぎ取っていくのである。(10)

「未完成シネマのために」の出版から十五年を経て、エスピノサが明らかにしたのは、いまだまとまりを得ていない観衆、おそらく数値的に把握することはできないものの、うまくいけば「変化を引き起こそうとしている人々に加わる意識的な[11]」観衆を獲得すること、これが未完成な闘争的シネマの狙いのひとつだということである。

つねに姿を変え、逸脱し、実験し、支配的な意味作用から逃れること——もしフロイトが、彼の症例記録を映画に仕立てあげるために、ゴールドウィン氏が申し出た十万ドルを受け取っていたならどうなっていただろうか、とガタリは恐る恐る問うている[12]。エスピノサによると、マイナー主義的観衆は「変化に加担するものではないし、そのような潜在能力も持たない[13]」。形成途上にある観衆を、これからも作りあげていく必要があるのであって、そういった観衆は数値化することも、あらかじめそれに頼ることもできないのだ。それは、マイナーシネマによる狂気の探求や闘争への参加というきわめて重要な部分記号とかかわることで、生成するものなのである。エスピノサと同じ問題にドゥルーズも直面している。現代の政治的シネマにおいては、人民が失われつつあるということだ。これが政治的シネマがマイナーたる条件なのであり、マイノリティの政治的苦境を条件づけているのだ。映画制作者の使命は「来たるべき人民の種をまき」、そのような人民の姿を「あらかじめ示す」ことである[14]。ドゥルーズの場合、マイナーなものは個人的なものと政治的なものとのあいだの隔たりを取り払う。とくにこれは心の健康状態にまつわる映画の場合に当てはまることで、そこでは病《やまい》の社会的性質や家族の状態が直接かかわってくる。政治的なものは個人的なものといっしょになると増殖し、人民が無限に広がるため、映画制作者は、統一的な意識を持たずに、他の運動のなかのひとつの運動となる。映画制作者の仕事によってひとつの人民があらかじめ示され、ドゥルーズが述べているように、それが潜在的な力を浮き彫りにし、さまざまな運動を集合的にまとめることで触媒作用を引き起こすのだ（個人的なものと政治的なものとのあいだにはいかなる区別もない）。第三シネマではそういったことが実際に成し遂げられている。植民地主義に束縛されながら生きることと統一された人民の意識を高めること、この二重の不可能性を明らかにすることでそれが実現されるのである。統一的なもの（差異化されていないもの）も来たるべき人民（マルチチュード）もあらかじめ存在しているものではないのだ。

ガタリは、ドキュメンタリー映画から相当な数の引用を行なっているが、このタイプの映画を無批判的に高く評価していたわけではない。反精神医学運動の流れのなかで広範囲におよぶドキュメンタリー作品に関心を寄せていたガタリは、運動そのものやそのリーダーたちに見た欠点と同じものがそこにあると批判した。つまり、徐々に忍び寄る家族主義的分析（オイディプス主義）、改革主義的な志向性、反動的なカウンターカルチャーによる具体的な闘争の放棄、スペクタクルへの嗜好性といった点をガタリは批判したのである。もちろん、このようなレヴェルの批判にも例外はあった。イタリアにおける反精神医学運動の状況を扱ったシネマ作品やゲリラ的精神科医フランコ・バザリアの制度論的実験などである。

マイナーなものを考えること

マイナーなものの理論化に話を戻そう。内容が明らかに反精神医学的なシネマとマイナーなものがどのように結びあうのか、このマイナーという語をもっとも広い意味で捉えながら考えてみたい。

『千のプラトー』からわたしたちが学ぶのは、マイノリティは公理に反するということだ。資本主義のようなシステムは、その特性、それが実現される領域、さらにはそういった要素のあいだの諸関係とは無関係に、脱コード化された流れに直接作用する（規定された参照点なしで、資本が何ものかになりうる状態）。公理的なものはそこのところを浮き彫りにする。つまり、公理というものは、脱コード化された流れに内在するもの（超越的なものでも完全なものでもない。つまり閉ざされたもの）で、コード化作用よりも順応性がある。それは特定の領域と接合し、そこにあるさまざまな要素のあいだの諸関係のルールを定める。公理的なものはその実現モデルと連合し、そのようなモデルを通して自らを遂行する。このモデルの種類は広く異なるが、すべてその公理と同一構造となっている（あらゆる種類の国家や資本主義など）。このような意味で、公理的な資本主義は、出来事に応じて、あるいはある種の流れを支配するために、新しい公理を足したり引いたりするだろう。国民国家《ネーション・ステート》はきわめて多様な形で資本主義的公理の実現モデルとなる。ドゥルーズとガタリが注目しているように、このような資本主義的公理が、たとえば、愛国心を巧みに利用しながらマイノリティを「粉砕する」役割を担うのである。(15) マイノリティは、ただ単につぶされるわけではなく、標準形に合わせてモデル化された数値化可能な多数派《マジョリティ》の公理によって捕獲されるのである。マイノリティは数値化することができず、またその数が多かろうが少なかろうがまったく関係がない。それはさまざまな要素のあいだに関係性を築きあげることができるかどうかにかかっているのだ。多数派の公理が数値化可能な要素を操作するという意味で、数値化不可能なマイノリティはそのような支配を免れる。とはいえ、マイノリティは必ずしも公理化されないわけではない。マイノリティを多数派集団のなかに移行させるために新しい公理が導入されるのである（マイノリティに政治的な自律性を認め、そうすることで政治的にひとつにまとまった全体として統合するなど）。マイノリティの力は、それぞれの要素のあいだで関係性を増幅させ、逃走線や逸脱線を創出できるかどうかにかかっている。数値化できるものに異議を申し立て、マイノリティの力を主張すること（権利、領土、自治など）が、新しい公理をもたらすとしてもである。連続する二つの極（排除か統合か）のあいだのどこかの点にマイノリティを位置づけるとともに、それを公理として構成すること、これがいけない。つまり数値化可能なものが効力を発揮する際に、その支配を免れて残るものを公理化してはならないのである。抽象的な言葉になるが、すべてに応用できるマイナー生成の革命的な結合と、流れを変化させ、また固定する公理のさまざまな接合とを、ドゥルーズとガタリは対比させるのだ[16]。

ガタリにとってシネマはマイナー芸術であって、それは、

> おそらくマイノリティを構成する人々の役に立つ。これはまったく軽蔑的なものではない。メジャー芸術は権力に奉仕する……マイナーシネマはマイノリティのためにある……他の人々のためにもなる。わたしたちはみな何らかの形でこのようなマイノリティに関与しているからだ[17]。

マイナーシネマは、マイナー主義的生成を民衆のなかにもたらす。マイナーなものは、誰もが成るものであり、マイナーへの生成が普遍的なものであるという意味で「普遍的な特徴[18]」となっている[19]。マイナーになることは、マイノリティのなかにあるということではない。マイノリティを表象することでもないし、配偶者、専門家、情報提供者などとの何らかの協力関係をとおして、マイノリティの特徴や地位を形式的に獲得することでもない。模倣や構成員の問題ではないのだ。

シネマをマイナー化すること

シネマをどうマイナー化するか。シネマは、どのように生成をもたらし、それと結びあう人々を招集するのか。そこのところを考えるうえで重要となる根本的な理論上の問題がある。政治的あるいはメシア的な究極目的の外側に新しい人民を招来させるうえで、シネマはどのような意味をもつのか。

ヨーロッパにおける反精神医学運動とのかかわりにおいて、さらには精神病に焦点を当てたシネマという一般的な項目のもとで、ガタリが取りあげた映画をいくつか検討したうえで、そのような問いに答えていきたい。ただ、狂気のシネマには、たしかに臨床的で基準論的な特徴がない。むしろそれは反オイディプス的生成の探求を可能にするもので、そのプロセスにおいて、正常病的な主体を、分子的に、包括的に、とはいえ非特異的に狂気へと変容させる。ひとつのモデルに合わせる形でそうするのではなく、特異なシネマ的作品から得られる何らかの情動的強度に触れることでそうなるのである。ただ、一九七〇年代初頭から、精神病患者たちは大画面に映しだされるようになり、ガタリはそのことを通俗的な「病的状態への興味」と表現して嘆いていた。このように狂気がにわかに注目されることになったのは、ガタリにしてみれば、ポルノや警察ものが成功をおさめるようになったのと同じ衝動として一括りにできるものであった。とはいえ、ガタリはそれほど落胆しておらず、社会的・政治的領域のいたるところで、スペクタクル的でない（六八年五月ほどではない）分子的な破壊行動——「ソフトな破壊行為」——によって、社会化をもたらすおもな制度が衰退し、社会が自らを再組織化することになり、それを映画制作者たちが取りあげたと考えていた。そのような映画制作者のなかには、反精神医学や他の社会運動が発展してくる流れをつかみ、精神医学の残党だけでなく、専門家たち（精神分析医、医者、看護師）の言説を乗り越えようとする者もいた。この点、ガタリは『キャッチ22』（マイク・ニコルズ、一九七〇年）のようなハリウッドのヒット作にあまり関心を示さなかった。この作品で、狂気は、さまざまな危険がそれに付随するため、塞いでおかねばならない一時的なカテゴリーとして演出されており、それじたいが潜在的な力をもって作用するものではなかった。公平に見て、『カッコーの巣の上で』（ミロス・フォアマン、一九七五年）のような映画は、病棟の住人たち──ラチェッド看護婦による致命的なオイディプス的扱い（その刷り込みがあまりにも耐え難く、ひとりの登場人物が自殺する）、暴力的な電気ショック「療法」、さらにはスパイヴィ医師が推奨するロボトミー手術を受ける人々──をバスやボートに乗せることで外の世界へと導くものであった。とはいえ、本当の意味で問題が生じるのは、釣りに出掛ける途中で連れ戻されるときだ。冒険のあいだ手にすることができていた現実が失われたからである。[20]この二つの映画はどちらも、勝算を見込んだうえで、狂気に陥るふりをしているだけである。これもまたR・P・マックマーフィ──俳優ジャック・ニコルソンが演じた印象的なあのダメ男──の賭けのひとつだったのだが。

映画で伝えられる闘争とマルチチュードとが結びつく手段をもたらしてくれるシネマ、とはいえイデオロギー的な転向や指導者階級の指令といった形になっていないシネマを、ガタリは喜んで受け入れた。同じ趣旨で、やはりわたしも社会学的な関心をもった特定のジャンルや様式、監督、映画を特別視せず、映画の純粋主義者にとっていかにつまらないものであっても通俗的なものを除外せずに、社会的なコンテクストのなかで政治的なシネマ作品を見ていきたい。

このアプローチは同時にまた、社会的な問題をめぐる大手スタジオの表象（「キャッチ22」──精神的に病んでいくヨサリアン大尉を束縛する、官僚的な理由による締めつけを漠然と示す言葉──のような古典的な軍規用語に還元される）を脱神話化するものでもある。さらにシネマ・ヴェリテ〔ハンドカメラや同時録音などによって現実をありのままに描きだす手法〕の擬似客観性ともかかわる。シネマ・ヴェリテは、活動家や運動家をカメラレンズの向こう側に閉じこめずに、マイノリティの闘争を撮影するものである。こういったことは、マリン・カルミッツの*Coup pour coup*（一九七二年）〔日本では未公開〕のような映画をガタリが好んで引きあいに出していたことを理解する手がかりとなる。この作品は、ある織物工場で長引く労働闘争に参加する人々がアマチュアの俳優となって自分たちの運動を記録に残したものである。ガタリは闘争シネマという中心概念が気に入っていた。それは、専門的知識や技術、費用の問題といった壁を特殊なやり方で乗り越え、カメラを労働者の手に渡すことで、生産手段を平等化するものであった。撮影カメラは、労働者の主観性が自らを再発明しつづけるための機械である。さらにガタリは、ソラナスやヘティノが行なったように、観客のあり方もまたオルタナティヴな分配のための伝達手段として積極的にとらえようとしていた。一回一回の上映が参加のためのとっかかりとなるのだ(21)。

来たるべき人民を招来するためにシネマ的生産の手段をこのように平等化し、また自律化させている例は他にもある。東京の山谷地区における超高密度な都市生活に関するガタリの短い考察のなかに見受けられるものがそれである。山谷地区では、外国人労働者や日雇い労働者たちが、組織的な暴力団の支配のもとで暮らしている。「誇り高き東京」のなかで、ガタリは、「山谷支援共闘委員会」に招かれて、「佐藤満夫がヤクザに刺殺された場所へ」案内され、「権利を奪われた、不安定で反抗的な日本を調査したこの進歩的な映画監督に敬意を表した(22)」と述べている。

山谷の外国人労働者や日雇い労働者たちの多くは、増え続けるホームレスの一部と見なすことができる。そこにずっと暮らしているかどうかはさておき、安宿に泊って生活する者もいる。建設業で、あるいは港湾労働者として、臨時雇いの仕事に就く者は情け容赦なく搾取される。周辺地域は二つに分けられ、金町一家（暴力団はこれだけではなかったが）の支配する地域では、収益が取りまとめられ、低賃金労働者が搾取される。一方の山谷争議地区では労働者への支援がなされ、反ヤクザ闘争が繰り広げられる。(23)

シネマ的な側面から山谷が重要なのは、社会運動家として知られるドキュメンタリー映画監督の佐藤満夫が、一九八五年の映画『山谷――やられたらやりかえせ』（地元では「山谷」を「やま」と呼ぶ）の撮影中に殺害されたという点だ。映画は、この地区の日雇い労働者が自ら組織して繰り広げる闘争や地元のヤクザとの衝突を追跡したものである。このことが原因で刺殺されたのは佐藤だけではなかった。労働運動に携わっていた山岡強一が撮影の指揮をとり、佐藤が殺害されたあと、映画を完成させる。そこで展開された悲劇的な状況については、ジャーナリストのクリスチャン・ウォズニキが行なった、メディア活動家の上野俊哉との山谷をめぐるインタヴューでも触れられている。(24)

上野俊哉は一九八五年にガタリとはじめて山谷を訪れたと述べている。彼は「自由」ミニＦＭ放送局ラジオ・ホームランにかかわっていたことでガタリと知りあった。活動家や芸術家、著名な知識人たちが随行する形で、ガタリは東京のさまざまな場所を見て歩いた。

わたしたちを案内してくれたのは山岡強一だった。佐藤が殺害されたあとも彼は映画の撮影を続けた。彼のことははっきりと覚えている。とても親切で、山谷の歴史、とくに都市の光景のなかでそこがいかに重要かといったことなどを説明してくれた。残念なことに、彼もまた組織的犯罪によって命を奪われたのだ。

地元の組員の手によって『山谷』の二人の監督が殺害されたこと——二度目は封切りまえのことだった——で明らかになったのは、ある種のドキュメンタリー映画には危険が伴い、それが地元の闘争に深く根づいているということだ。佐藤自身も次のように語っていた。

この映画が完成するまで二年はかかるでしょう。その間、わたしたちは寄せ場（都市の日雇い労働者たちが集まる場所。ヤクザの言葉で、それは「牢獄」を意味する）[25]に滞在し、あなたがたと同じように日雇い労働をしながら生活費を稼ぎます。無責任な態度であなたがたをフィルムにおさめるつもりはありません。[26]

賃金を違法にピンハネする周旋屋や中間業者による恐喝、失業給付金のハンコを扱うヤクザの闇取引、ホームレスを襲う冬の厳しさ、残忍な暴力、そのようなぎりぎりの生活を倫理的に理解するために日雇い労働者の闘争に入り込むこと、このような手法は、映画的実践をとおして具体的な現実社会と直接かかわるというガタリの発想と呼応する。それがきわめて大きな賭けであったとしてもである。このような実例において、マイナーへの生成は映画的実践の倫理をとおして成し遂げられている。主体への敬意とドキュメントを作成する責任をめぐってそのような倫理が打ち立てられていくのかもしれない。

ガタリは、あからさまな表象内容を超越している映画——精神病に関するもの——を選ぶことで、シネマに対する自らの態度を示した。とはいえそういった作品は、まさにその表現形式において、現実的なものと直接触れあいながらスキゾ的感性を表出するものでもある。ただしこれは技術的な大胆さの問題ではなく、精神病の特質を鋭く見抜くことが重要となる。たとえば、ガタリはきわめて論争的なインタヴューのなかで、テレンス・マリックの『地獄の逃避行』(一九七三年)について詳細に論じている。ガタリはこの映画を狂気の愛の効果を打ち出したものと捉えていた。「ストーリーはただ精神分裂病的な旅を支えるものとしてそこにある」[27]。このような捉え方は、マリック自身の見解とは一致しない。ガタリはマリックの見解を認めたうえで、登場人物たちが「自然状態でさまよう子どもたち」として、あるいはもっとはっきりと、マーティン・シーン演じる神話的英雄「キット」――ジェームズ・ディーン――としてモデル化されている点、またそのような評価がなされている点に対して真っ向から反論している。おそらくジェームズ・ディーンの不朽の名声は「千の擬態」によって生きながらえるとするエドガール・モランが正しい[28]。ひとつのイメージ、つまり先行するアイデンティティにとらわれているキットという名の登場人物がそれを追い求めて道を踏み外す、これがその論理的帰結なのだろう。もっといい例があるのはたしかだが、とにかく、ガタリはそこに摸倣を読みとることはしない。ガタリが言うには、キットは狂気に巻きこまれたのではなく、最初から欲望の前－個人的な流れに接続されているのであり、すでにひとつの生成のなかに位置づけられていて、その強度を自分ではどうすることもできなくなっているということだ。この点で、キットはホリー(女優シシー・スペイセク)が放つ狂気の愛の強度を抽象したものとなっている。映画そのものは鮮やかな非シニフィアンの部分記号――強烈な空の青さ、奇妙な行動、国境の横断――によって特徴づけられており、それがスキゾ的な旅を支えている。ガタリが引きあいに出す例は多くはない。彼は映画全体を読み解くことはしない。意見が異なるインタヴュアーに対して自己弁護に終始しているのである。とはいえ、少ないながらも彼の意見は鋭い。大平原にひろがる青い空が映画をとおして写しだされ、ガタリが述べているように、ときにそれがその強度において「痛ましく」も見える。(29) キットは旅をとおして奇妙な行動をする。サッカーボールを拳銃で撃ったり（魚を撃ち損ねたり）、絶えず石を集めてはそれを投げたり、死んだ牛のうえに立ち、その膨張した体の弾力性を確かめたりする。ホリーとともに森のなかの隠れ家に引きこもっているシーンでは、ホリーの父親の遺体を地下室まで引きずっていったあとに見つけた壊れたトースターが、仮のニワトリ小屋の向こうの草地のところに捨ててあるのが見えていたりする。キットは、自ら火を放ったホリーの実家から立ち去るとき、このトースターを持ちだしたのだ。これは、キットを周辺地域へと脱領土化させる小さな機械のひとつなのである。キットはこのような逸脱行為に夢中なのだ——このような欲望の関係性が映画をとおして描かれる。ただ、彼はそこにホリーをも巻きこむのである（たとえば、彼女に石を投げつけたり、ポプラの森の一本の木に設置した、電気のない二人の隠れ家にトースターを運びこんだりする）。まったく非機能的なアイテムが、木のうえの家やキャンプサイト、ニワトリ、拳銃、ライフル、さらにホリーにも接続され、生産的な切断と流れの大きなネットワークを形成する。つまりそれは異質混淆的なものが集まったスキゾ機械なのである。

非シニフィアンのシネマ的部分記号

　ガタリのいうマイナー化は、非シニフィアン的部分記号の力で決まる。ガタリにとって商業的なシネマは、支配的なシニフィアンの記号学によって従順な主観性というモデルを広めるための装置として、企業の利益にかなうだけでなく、その支配的な特徴（大物俳優、大物プロデューサー、固定化されたジャンル）とは別に、その技術的構成から生じる社会的・政治的効果によって闘争的な生成をもたらすものでもある。ガタリは、記号の流れと物質の流れとが直接的に、効果的な形で結びつくことを求めていた。たとえば、自由ラジオ運動や、編集ソフトが手軽に使えるスーパー8という安価なビデオカメラの将来性などにおいて、そのような結合が生じるとガタリは考えた[30]。記号の流れと物質の流れ（強度的で複合的）のあいだの直接的結びつきは、表象作用あるいは意味作用（音声イメージと概念から成るソシュール的記号のような精神的な疑似対象）の領域に転換されることはない。結果的にその領域は、この二つの流れを互いに無効化するのである。ガタリは構造主義と精神分析における主体の条件をまさにそのようなものとして特徴づけていた。一方、もっとも脱領土化された記号である非シニフィアン的粒子（完全に形成されてはいない部分記号）は、表象の罠から抜けだす逃走線をもたらし、「表象作用に先立つ形で、物に〈作用する〉[31]」のである。
　ラカンの公式――「ひとつのシニフィアンが他のシニフィアンに代わって主体を表象する」――において、ひとつのシニフィアンは対立するさまざまな語のパラダイム的諸関係の潜在性にとりつかれている。ジジェクによると[32]、シニフィアンはそれじたい何も意味しない。さらにその現前性は、それじたいに起こりうる不在、つまりそれと対立するものの現前性との対比によって調整され、設定される。ただし、対立する語もまた、その起こりうる不在を背景に設定され、その不在がまた別の対立語の現前性によって占有されるため、そのような現前性が直接的なものになることはない。ガタリにとって、これは「偽りの」主体概念である。というのも、ひとつのシニフィアンはひとつの空白を開いたままにし、その起こりうる不在が対立するもの（他のシニフィアン）によって満たされることで、別のシニフィアンを表象するからである。この欠如こそが、閉め出された主体の姿なのである（すべてのシニフィアンがこのような欠如を露呈するものであるなら、主体はどこまでも表象されると同時に、どこまでいっても表象されることはない）。

　ガタリは表象作用をうまくかわし、非シニフィアンの記号論に着目することで、言語にもとづく失策をまるごと回避しようとする。また、この非シニフィアンの記号がシネマでは重要な役割を担うのである。ガタリは次のように述べている。

> いわゆる非シニフィアンの記号論がもつ独自のステータスを強調し、それを主張することもまた重要である。それによって、シネマを意味作用の記号学から解放し、集合的な欲望の動的編成に関与させるものは何なのか、そのところが理解できるようになるだろう。[33]

まず、次の点を思いだしておこう。シニフィアンの記号学は、非言語的コードや発話、エクリチュールといった支配的なコード化システムにもとづくものであり、個人としての主体にはりつく完全に形づくられた実体の「中心的」で不変的なコードとなるということだ（一般的に、非言語的なものは、例外なく言語にもとづく記号学に翻訳できるとされ、無意識においても文字が主張してくるとされているとしても)。非シニフィアンの部分記号は「有意性と解釈作用の効果を中断させ、支配的な冗長性システムを妨害し、もっとも〈革新的〉で〈建設的〉で〈リゾーム的〉な構成要素の展開を促す」[34]とガタリは明確に述べている。シニフィアンの記号学はどこにでも意味を見いだし、非シニフィアン的記号論の独立をまったく認めない。シニフィアンの記号学がなくても機能できるような(それを戦略的に用いることはあるかもしれないが)非シニフィアンの記号論を認めないのである。一方、ガタリはシネマを意味で満たそうとはしない。つまり、超越的な物語やさまざまな関係性および集合体のシンタグム/パラダイム的連鎖によってそれを満たすことはしないのである。その代わりに彼が提案しているのは、シニフィアンのもとで解釈されることも集約されることもないこのような不完全な部分記号、とはいえシネマ的イメージに見られる未形成の信号的物質を表現する部分記号は、敏感にそれに反応できる者の内部で、マイナーへの生成を引き起こすということだ。動態的なシネマの部分記号は、内在的な出会いにおいて思考がショック状態に陥ったり強制されたりするように、マイナー主義的生成を誘発する。おそらくこれはドゥルーズの映画哲学がもつもっとも革新的な側面なのだろう。主体が記号と出会う際に生じる、あるいは生みだされるもの、精神と物質とのあいだの連続性に語りかけるこのような「思考への衝撃」、そこにドゥルーズは着目する。同様に、身体は考えることを強いられる。この思考は現実をめぐるものであるだけでなく、それじたいが現実的なのである。

シネマには非シニフィアン的断片が棲みついている。色彩(あるいは黒と白)や声なき音、リズム、装備の特性などがそれである。ガタリの規定を借りるなら、それはつまり「外的強度の多様なシステム」[35]に開かれたさまざまな様態や表現素材として現れる。こういったものとイデオロギー的にかかわることはできない。むしろ、そういったものによって新しい参照宇宙へと移行させられるのである。

わたしたちの実存的領土はそういったもので豊かなものになるのだ。クリスチャン・メッツを引用しながらガタリが言うには、そのような表現素材は、解き放たれた内容物あるいは「意味論的組織」として、固定観念（「標準的」で好ましい性格や模範的家族など）と行動規範（学校へ行くことや権威主義的なものに協力すること）[36]のようなコード化作用がもたらすシニフィアンの記号学や支配的な価値の力が及ばないところまで広がるのである。これと同じ理由から、ガタリはさらに次のように述べている。何かを固定化するコードあるいは深層的統語法は、異質混淆的な記号論の絶え間なき展開やその創造的な配備を押しとどめるかもしれないが、映画監督によって自由に使用される表現素材の質感や特徴は、そのようなコードや統語法を逃れるものだ、と。

シネマは、非シニフィアンの部分記号を放出し、その導きに従おうとする欲望を誘発する。ところで、映画批評にとってこのことは何を意味するのか。ひとつ例を挙げるとするなら、スパイク・リーの『ドゥ・ザ・ライト・シング』[37]（一九八九年）をめぐるラリーン・ジャヤメーヌの論考がいいだろう。この映画では、非シニフィアン記号が視覚的な流れや音響的な流れとして作用しており、そこから非物語的なリズムや特質がもたらされる、とジャヤメーヌは鋭くも見抜き、音響的なモティーフ――ラジオ・ラヒームのブームボックスから流れてくるパブリック・エネミー「ファイト・ザ・パワー」の爆音――による領土の囲い込み、さらにはブルックリンでのムーキーの怠惰な日常生活といったものに目を向ける。このような非シニフィアン的粒子は、観る者をマイナー主義的生成へと促す。封切り直後、この映画をめぐって繰り広げられたような、民族間の暴力をめぐる言説では、このようなマイナー主義的生成を捉えることはできない。ジャヤメーヌやガタリが行なっているように、ハリウッド的な自由主義を分析することでそこに潜むレイシズムが浮き彫りになるのだ。

シネマは「外の世界とわたしたちとの関係に直接介入する」[38]ものであり、観衆の記号化に影響を及ぼす、とガタリは言う。とはいえこういった介入は、さまざまな場面の背後で、いわば気づかないうちに生じるものでもある。支配的な価値は、映画的実践のなかでさまざまな形で破壊されうるものなのだ。

ガタリが早い段階から目をつけていたおもな映画作品の監督たちは、時を経てますます重要になってきている。彼らはシネマのマイナー主義的生成にとって不可欠な存在なのである。たとえば、ガタリは、デヴィッド・リンチを熱狂的に支持していた。『イレイザーヘッド』（一九七七年）は「マルコ・ベロッキオの『ポケットの中の握り拳』[39]とともに、精神病に関するもっとも偉大な映画である。この二つの作品にはまったく圧倒されてしまう」。どちらの映画も、当時は、厳密な意味で「商業的な」ものと位置づけられてはいなかった。ガタリにとって、そのような堕落したシネマの形式は反動的で、効いたら従順になってしまうドラッグのようなものであった。[40]何かに関与しようとしているシネマが多様に存在するなかで、ガタリがマイナーなものに着目するきっかけとなったのは『秋のドイツ』（アルフ・ブルステリン、ハンス・ペーター・クロース他、一九七八年）で描かれる集団的創造のあの情感だった。そこからは、一九七〇年代後半のドイツにおける武装闘争的行為を伝えるなかで、支配的な情動を流布させようとするマスメディア機械の役割が見えてくる。レイモン・ドゥパルドンのドキュメンタリー映画『救急』（一九八八年）では、「化物じみた国家権力と感傷的な政治‐軍事装置」[41]とのあいだの二元論的対立が見られる。この映画は、パリの市立病院の精神科救急サービスにおいて撮影した二十カットで構成されており、職務怠慢から精神病にいたるまであらゆる苦しみを抱えた人々と心理療法士との事前面談に見られる疎外やその欺瞞について観る者に問いかける。ガタリの考えでは、

「こういった実存的な決壊の光景は、壊れやすいわたしたち自身の線に直接作用する」[42]。実際、ガタリは自らも鬱病と闘っていたのであり、そのときに観たロマン・グーピル『三十歳の死』(一九八二年)のなかで、六八年世代の男が自殺する場面に心から感動している。

反精神医学のシネマ

明らかにガタリは狂気のシネマに関心をもっていた。一九六〇年代後半から一九七〇年代はじめにかけて、反精神医学運動の掲げる進歩的な目標と何となく結びついているような映画が数多く作られた。反精神医学運動はジャンルを横断するもので、反精神医学そのものを問題化することもあった。それは、スキゾの大家たち(メアリー・バーンズ)の表象によって呪縛され、次世代の賢人たち(R・D・レイン)が夢中になった改革派の試みとして、さらには不首尾に終った実験的コミュニティ(たとえば、ロンドンのキングスレイホールやパビリオン21など)を受け継ぐものとして問い直されたのである。ガタリは、レインが精神医学における実際の運動から身を引いたことを不満に思っていたが、完全に彼のことを避けていたわけではない。レインは、精神分裂症が過剰なる現実に入り込む突破口になると見抜いており、唯物論的な精神医学や精神分析批判の可能性を志向するガタリやドゥルーズにとって、そのことは相変わらず重要だったのである。同じ意味で、ガタリは、実際の分析的関心をカウンターカルチャー的なベールに包む他の多くの反精神医学論者よりもデイヴィッド・クーパーの権威主義のほうを好んだ。クーパーがかつて賞賛されたのは、「決して狂気を否定しなかった」

からであり、「狂気に退行的な足かせをはめなかった」からである。[43] ただし、ガタリはクーパーへの賞賛の気持ちを抑えて、次のような指摘もしている。精神病者が生みだすものは、クーパーにおいても、密かに進行する家族主義によって阻止されている、と。[44] あれこれ批判していたとはいえ、ガタリはレインやクーパーとのプロジェクトに加わっており、一九七〇年代はじめ、代替精神医学ヨーロッパ・ネットワーク（European Network of Alternative Psychiatry）がもっとも力を持っていた時代に活動していたのである。

　ガタリが実際に言及している映画の例をいくつか見てみよう。リストの先頭にくるのはやはり『狂人の解放』で、これはまったく新しい重要な作品――マイナーシネマ――だった。ちなみに、このリストには、ピーター・ロビンソンがレインを描いた映画『アサイラム』（一九七二年）も入っている。この作品を支持する観衆はかなり多く、「それによって間接的に反精神医学の流行が浮き彫りになった」。[45] マイナーシネマは潜在的な民衆、つまり来たるべき人民を求めていた。マイナーシネマは、アイデンティティや社会的関係の支配的なモデル化にいまだ絡めとられていない感性などと同一平面上にその非シニフィアン的部分記号をもたらすことで、そのような民衆とつながろうとする。ガタリが言うように、主観性がどのようにモデル化されるのかを検証すること、これがスキゾ分析の唯一の課題であり、ガタリもマイナー主義的な生成――「情動的汚染」[46] と呼ばれるもの――に加わった。マイナー主義的生成は、モデル化の標準的なシステムを精神分析的に批判するために反精神医学のシネマが解き放つもので、一般的モデルを打ち立てるためのものではない。それは「さまざまな領域におけるモデル化のシステムを解読するための道具」であり、言い換えるなら、異質混淆的な変数の動的編成によって、さらにはリフレイン――新しい参照宇宙への通路《パサージュ》を触媒するような、表現力豊かな「実存的発信機」――によってさまざまな構成要素のあいだに一貫性を見いだすことで、そのようなコンテクストのなかに主観性を自己生成的に生みだす「メタ－モデル」となる[47]。マイナーシネマは、記号論や映画的実践といった観点から、これまで見てきたような特徴によってもたらされる現実的な自己充実化に寄与することができるし、またそうしなければならない。

ドキュメンタリー映画『アサイラム』は間違いなくガタリに感銘を与えた。キングスレイの後、レインが試みた地域医療の実験であるアーチウェイ・ハウスを背景に、マイクが丸見えになっているようなまぎれもないシネマ・ヴェリテ形式で、住人たちの親しげなドラマの数々が映しだされている。撮影クルーは、映画制作のあいだ、六週間にわたってこの精神療法的コミュニティに滞在した（佐藤満夫のかかわり方と呼応する）。明らかに彼らはそこに深くかかわっていた。滞在中、彼らは撮影を行なっただけでなく、グループで問題を解決するミーティングにも積極的に参加した。このコミュニティじたいが既存のコミュニティや家族のモデルを問いなおすものであり、おもな居住者のエピソード――子供に戻ったジュリアの離脱と復帰、ひっきりなしにしゃべることで優位に立とうとするデイヴィッドの感情的爆発――をつうじて、オルタナティヴな自己モデル化に取り組んでいた。ひとりの精神科医は、無意味なことをしゃべりつづけるデイヴィッドの防衛的な傾向を何とかしようとして、紋切り型のフロイト的解釈を持ちだす。デイヴィッドは弟たちの接近を嫌がるのだが、そういった接近が彼にフラストレーションをもたらすのはもっともなことであり、それがもとで彼は感情を爆発させるのだと。これにはデイヴィッドも参った。最後の場面では、デイヴィッドとの議論を見ることができるのだが、そこではひっきりなしに続いていたおしゃべりはおさまり、彼は質問に答えている。彼自らの過去（プログラマーとしての仕事や発電所のスイッチのデザイナーをしていたことなど。彼が抵抗値をぶつぶつ呟くのはこういったことが背景となっている）や友人たちとの仲がうまくいかず、このことがもとで彼は入院し、その後アーチウェイに来たというようなことを話すのだ。なんとなくこのように解決したというわけではなく、グループがみなでこれを成し遂げていったのである。自分たちが共有し運営している家のなかではデイヴィッドも自分の行動に責任を持たねばならないと彼らは言う。こういったことが、新たな能力を生みだそうとする生産的なタイプのスキゾ分析的アプローチを社会的に実践するうえで、その主要な構成要素のひとつとなる。決まり文句や断片的な会話のおかげでデイヴィッドは人の話を聞かなくて済んだわけだが、そういった決まり文句や断片的な言葉の壁を突破すれば、ガタリのいう「状況の潜在的力」(48)を利用することができるようになる。キッチンのテーブルでデイヴィッドと話をする静かなシーンは、誰もいない夜のキッチンでデイヴィッドが大声で怒鳴りちらし、暴れまわり、文句を言っていた少し前のシーンと明らかに対照をなしており、それが新しい変化のシンプルさを物語っている。中心人物にまつわるタブーに診断を下すようなことはしない。『アサイラム』は教訓的なスキゾ分析ではない。閉ざされたものを解き放つことで、さまざまな動的編成のあいだに通路《パサージュ》を見いだす（スキゾ分析によって変化をもたらすことでまったく新しい動的編成を生みだすというよりも）スキゾ分析的プロセスに従おうとするものなのである。(49)

　ガタリがもっとも関心を持っていたのは、イタリア系の反精神医学運動、とくにバザリアと民主的精神医学運動のメンバーたちの活動だった。「制度を否定すること」がモットーだったとはいえ、彼らは、民間の施設に引きこもるのではなく、公共の医療制度とかかわりつづけた。イタリアにおける反制度的な闘争は起こるべくして起こったものだ。精神病院のシステムが古い体質のもので、患者の権利というものがなかったからである。バザリアが言うには、制度というものは、「上と下の関係がひっくり返り、特定の活動領域が問題視され、危機的な状況に陥った場合に」意味を失うという。[50]ガタリはこのようなやり方に疑いの目を向けていた。それはゴリツィアやパルマの病院が必ずしも抑圧的ではないとガタリが信じていたからではなく、そのような否定的概念が制度外の社会的現実に十分根づいておらず、結果的に狂気を否定し、抑圧することにつながるからである。要するに、そのような否定的概念は狂気をも抑え込んでしまうのだ。[51]それにしても、バザリアを読めばすぐに分かることだが、彼が着手していた「否定的思考」における制度的実験は、ラボルドにおけるガタリやジャン・ウリの実験とそっくりだった。ゴリツィアで毎日行われていたミーティングは、患者とスタッフが脱序列化された環境で自発的に集まるもので、そこでは役割や制服はなく、話しあうテーマは参加者から持ちあがった。ミーティングそのものは無秩序なもので、ときには対立が生じることもあった。そこでは、ラボルドで貼りだされていた当番表——精神病院をダイアグラム化する抽象機械——のように、みなが厳密に記号化されているわけではなかった。そういった混沌があったにもかかわらず、多くの人々にとって、これは自らの関心事や必要を言葉にし、それに耳を傾けてもらうはじめてのチャンスだった。このような個人的な要望を集団的な責任として引き受けていくことで、制度そのものに変化をもたらすのである。このような責任の引き受けは観念的なものではなかった。退院や職業紹介といった問題については、ミーティングの参加者たち全員が決定権を持っており、彼らの承認を得て退院した者が行なった犯罪（滅多にないことではあったが）[52]についても集団的に責任を引き受けた。

《March 11 Collective》〔映画制作集団〕がパルマの病院——一九六九年、バザリアはこの病院に移った——を描いた「例外的」映画『狂人の解放』（シルヴァーノ・アゴスティ、マルコ・ベロッキオ、サンドロ・ペトラリア、ステファノ・ルッリ、一九七六年）をガタリは絶賛している。[53]ガタリはこの映画に登場する若者と女性に着目する。彼らは、病院のなかでいかに精神医学が抑圧的なものになるか、さらに、外の日常生活がどれほど喜ばしいものであるかを語っており、そこのところがもっとも感動的だからである。とはいえ、ガタリは、労働運動家たちが精神病患者や元患者を自らの政治的な取り組みに引き込んできたことにも触れている。ガタリの考えでは、心の問題と産業労働者や患者とのあいだのこのような関係性が、このドキュメンタリー映画に見られるもっとも顕著な特徴のひとつとなっており、進歩的な政治信条をもつさまざまな分野のあいだに――このような機会がなければ交流はなかった――新たな連携をもたらすきっかけとなっていた。のちにガタリは次のような見解を述べている。「次第にコンピューター化され、ロボット化されていく産業の発展を思えば、こういった実験に見られる理想的な特徴はたわいなく微笑ましいものかもしれないが、当時のイタリア人たちが持っていたグローバルな目的はいまだ損なわれていない」[54]。さらに、この映画は「日々の闘争こそが、〈国家的〉精神医学をラディカルに変化させるような方向で世論を動かす唯一の手段となる」[55]ということを立証するものだとガタリは考えていた。

『狂人の解放』を絶賛するガタリだが、短い論述の終わりに条件をつけているのは興味深い。反精神医学を背景とする先進的ドキュメンタリー作品に対する自らの熱狂ぶりをガタリはどのように抑制するのか、そのあたりを知るための概説としてそれを読んでも問題ないだろう。抑圧は、ほとんどの場合、治療に携わる者がもたらすとガタリも確信していたが、とはいえ「真実」は必ずしも民衆から生じるわけではない。善意や集団行動だけで精神的に病んでいる者の苦しみが緩和されるわけではないし、精神病院が実践していることのなかには大至急見直さなければならないような差し迫った問題もある。さらに、ガタリにとって『狂人の解放』は、ベロッキオの初期作品『ポケットの中の握り拳』（一九六五年）を引き継ぐものであった。この二つの映画はどちらも、ヨーロッパと、それより規模は小さいが北アメリカにおいて見られるオルタナティヴな精神医学的実践のネットワーク全体で進行している現体制の分子的攪乱の痕跡を記録し、遠心力を利用してそれを放出する。『ポケットの中の握り拳』については第七章でふたたび取りあげる。

ガタリのいうマイナーシネマは、スキゾ的プロセスの触媒作用によって大きく変化する。たとえば、彼はリンチの『イレイザーヘッド』を絶賛している。惜しいことに、それはほんの少し言及するだけで終わったが、それでも彼がヘンリー・スペンサーの分子化に着目していたことは明らかである。ヘンリーのまわりを旋回する消しゴムのくずのなかの分子化――「精神病的分散の多様性」(56)である。この同じ消しゴムのくずが、鉛筆工場における機械のオペレーターの机から払いのけられることになるのだが、工場では鉛筆の先に消しゴムを取りつけていて、その材料はヘンリーの頭から取ったものだ。ヘンリーは自分の部屋の暖房用ラジエーターのなかの女性が歌っているステージにやってくる。自分の部屋の山のような汚物のなかに生息するミミズみたいな虫たちがついてきて、ベッドのなかに入ったり、暖房用ラジエーターを通り抜け、女性のステージに降りかかったりする。最初、女性は虫のまわりを用心深く歩いているものの、最後は虫を踏みつぶしはじめる。ヘンリーも同じく虫を部屋の壁に投げつける（彼が大事にしている虫は宝石収納ケースのなかで踊っている）。ヘンリーは精神錯乱によって、惑星のまわりを回る流れとなって、その地下通路を循環しはじめ、もはや自分の部屋には戻らなくなる。部屋のなかでは、彼のパートナーであったメアリーが押しつけていった奇形の乳児に彼のスキゾ的エネルギーが束縛されていたのだ。こうしてヘンリーの惑星は爆発し、暖房用ラジエーターのなかの女性だけが彼の愛に応えるのである。

ガタリは、それがドキュメンタリーであれ、フィクションであれ、マイナーシネマを、労働闘争に関するものと、狂気を探究するものとに分けたりしない。ドゥルーズと同じく、ガタリも、互いに異質な断片どうしの関係——たとえば反精神医学運動と労働運動とのあいだ、個人的な問題やドラマを許容しうる場所としての家族と、社会的・政治的にすでにまとまったものとしての家族とのあいだの関係——を増殖させることが政治的な映画の使命だと考える。ガタリのいうマイナーシネマの核心は次のような点にある。日々の闘争をシネマの力で浮き彫りにすることで、これまでそのような闘争に参加していなかった人々のあいだに変化をもたらし、個人的なものと政治的なもの、あの問題とこの問題とを隔てるその距離を縮めるという点、さまざまな問題が単純化され区分けされながら視野から消され、複雑さが取り除かれるその数多くの道筋を改善するという点である。ドゥパルドンの『救急』をめぐる議論のなかで、ガタリはこの点を見事に表現しており、またジャン・シュミットの映画 *Comme les anges déchus de la planète Saint-Michel*（一九七八）〔日本未公開。パリ十一区の建物から追いだされた人々の生活を描いた映画〕にもこれと同じ現象を見ている。ガタリは、ホームレスたちが自らの生について自由に語るその直接的な政治的効果に衝撃を受けている。シュミットは「事態をそのまま受け取る。彼はモンタージュ効果を最大化させるために彼らの言葉を選別したりしない」[57]。それよりも彼は情熱的で詩的な言葉とともに、攻撃的な演説、噴出する民族差別的発言、さらには陳腐な決まり文句なども撮る。パリの中心に暮らすこういった周辺的な人々の生を構造化している依存性にはいくつかのタイプがある。生理学的なもの（ドラッグ、寒波、アルコール）、心理的なもの、もしくは行動学的なもの（ホームレスや渡り労働者、さらには観光客らが不安的な形で暮らすさまざまな領土——たとえばポンピドゥーセンターの前の広場）、迷路のように錯綜するさまざまな制度（社会福祉事業、監獄、病院、収容施設、希望を押しつけてくるさまざまな慈善団体）、さらにはストリートの若者たちが繰り広げるパフォーマンスなどである。安直な解決策は何も提示されない。それぞれのグループが集合的なプロジェクトに向かってまとまり、やがてそれぞれが孤独な原子となって落ちぶれ、精神錯乱に陥り、暴力に走る様子が映しだされる。こういった問題を専門家の手に委ねても無駄だとガタリは思っていた。そこに見えている数知れない問題から自分だけ距離を置くことなどできないからである。シュミットは「スキャンダルを暴露するだけで満足しない。〈そういうことを知りたがらない〉マスメディアや世論によって鈍らされ、〈麻酔をかけられ〉、幼児化された感性を堂々と批判するのである。[58]」

ガタリが注目したもうひとつの反精神医学の映画はルネ・フェレ『ポールの物語』（一九七四年）である。ある精神病院を舞台にしながらプロの俳優を用いることで、現実的で、ドキュメンタリー的な効果を生みだしているのだが、後から気づいて驚くことがある。フーコーは自分の目をこすって確かめた。そこに登場するのは精神病の患者ではなく役者たちなのだが、舞台が精神病院のようなものではなく、まさに精神病院なのである。[59]ポールという名の患者を中心にすべてが展開し、彼はこの施設に飲み込まれると同時にこの施設を飲み込むのである。「精神病院にはさまざまなルールがあり、その効果をより巧妙に見せるために、精神病院のルールに則って狂気を演じること[60]」、フェレが求めていたのはそのような効果であった。マイナーシネマは、ひとつのジャンルに限定されるものではなく、そこに期待されるさまざまなものを横断し、融合し、ごっちゃにするものであり、この映画はその実例となっているのである。

マイナーシネマをめぐって、ガタリが理解を求めていたのは、非シニフィアンの部分記号と倫理的な責任を引き受ける映画的実践をとおして、民衆のなかに（あるいはある種の素質をもった人々に）マイナー主義的な生成を解き放つ力がマイナーシネマにはあるということだ。少なくとも、ガタリがエスピノサと共有していたこのようなユートピア的目標に向かう運動を押し進める力がそこにはあった。こういった力がなければ、そのような運動は支配的なモデルや意味に包まれ、さらに偶発的に生じる数々の出来事や偽りの不変性によって妨害されていただろう。創造的な潜在力を引きだし解き放つこと、要するにそういったものの解放を促すことで、そこに変化が生じ、主観性の新たな自己モデル化を構成する要素としてそのような潜在的な力が立ち現れてくることをガタリは望んでいた。主観性の新たな自己モデル化は、実存的座標の設定を可能にする。そこには狂気や貧困の問題とかかわる倫理的で政治的な義務も含まれている。また、そうして誘発されるさまざまな参照世界に、潜在的なプラクシスという観点から、親しみをもって従うことができるようになるのである。

一九六一年、ミシェル・フーコーの『狂気の歴史』が刊行された。当初この著作は反精神医学の書と見なされていた。具体的な流れはたいがいこのあとから生じたものだ。この著作のなかで用いられる専門用語を使いこなせるラディカルな精神科医や理論家たちが、ヨーロッパの反精神医学運動を引っ張ったのである。ケン・ローチ『家庭生活』（一九七一年）のような分裂症に関する洗練された社会派リアリズムの作品などでは、病院内で鎮静剤と電気ショックをひたすら用いる進歩的な小集団による療法と、それがもたらす病歴とのあいだのコントラストを見事に描きだしている。それでも、まだ具体的な改善には至らない、とガタリは言う——「状況を改善するための具体的な提案がひとつもない」(61)。とはいえ、ガタリは、反精神医学の古典的ドキュメンタリー映画であるフレドリック・ワイズマンの『チチカット・フォリーズ』（一九六七年）には触れない。この映画は、マサチューセッツ州ブリッジウォーターにある精神異常犯罪者のための州立刑務所における現状を描いた「現実的フィクション」である。このような「一般向け」の作品にこそ可能性があったのだ。ガタリが望んでいたように、その触媒作用によって変質した潜在的な民衆が、やがて支配的な商業映画に対して、根本的に多様なメッセージを伝えるよう新たに要求することになるだろう。

第七章　情動と癲癇

前章で、ベロッキオの映画『ポケットの中の握り拳』の議論を先送りしたのは、今日の理論に見られるもっとも重要な側面のひとつ——情動の哲学——に対するガタリの独創的な見解を背景にして、それを位置づけたかったからである。本章では、癲癇という現象学的な精神医学の概念が、ガタリの実存的情動の理論にどのような影響を及ぼしたのかを詳細に検証する。さらに、さまざまなタイプの情動を図式化するガタリの試みがこの病によってどのように特徴づけられているのか、そのあたりを見ていきたい。病的な気分がどのように主観性を生みだし、それを構成するのか、ガタリにとってこれがもっとも重要な関心事となっていた。そこのところを理論化するうえで癲癇はどのような役割を担うのか、それを明らかにし、さらにえり抜きの文化的な素材——序章で述べたとおり、ベロッキオやコービンの映画——をとおしてその可能性を探ること、これが本章における批評的課題となる。

一見したところ、癲癇は身体に生じるもので、動こうとする身体の力を弱らせるか、あるいは少なくとも抑えるものと思われるかもしれないし、ひょっとすると癲癇的な現象によって影響をこうむる力が身体にはあって、それがある程度、癲癇の力を押しとどめていると思われるかもしれない。ドゥルーズの『スピノザ』で用いられている言葉で言うなら、少なくともそれは悲しみを増大させることで喜びを軽減しているようにも見えるのだ。[1] 癲癇によって変化が生じた情動は、崩壊へむかって一気に変質していくようなところがある。これをわたしは情動の欠如と呼ぶ。同じく、情動と癲癇とをいっしょに論じていくうえで気をつけなければならないのは、この欠如の必然性について、また癲癇が情動を一方通行的に小さくすることでどのような危険性をもたらすのかという問いに対して、慌てて結論を出そうとしてはいけないということである。あるいは次のような意見もあるかもしれない。身体に癲癇と共生する力があるのなら、そのような経験によって、身体がこうむる影響のあり方がより多様になるはずだから、癲癇の作用をもっと引きだせるはずだし、感受性も高まる――「一定の力あるいは潜在性の度合いによって可能となる強度的情動の合計」[2]――はずだと。これから論じるシネマの例では、癲癇と結びついた強度としての情動はひどい結果をもたらす。とはいえ、これは必然的なものではない。癲癇患者が具体的な形で表わす潜在的な力は、まったく別の、接ぎ木が不可能な通路《パサージュ》を示しているのかもしれない。これまでもかなり論じられてきたことだが、情動の自律性は、情動が開かれているという点にあり、それはまた機能的な固定化を逃れる過剰性にある。癲癇型の情動的特質が示しているのは、逃げることがまったく生の感覚と結びつかないということだ。本質的にそれは肯定的なものではないのである。さらに、ガタリは、重要な注意点として以下のことを付け加えている。身体がもつ力に情動が否定的な形で及ぼす影響について考えることがいかに重要か、そういった体質はどのような影響を受け、またそのような身体は他者に対してどのような影響を及ぼすのか。いずれにせよ、情動の理論にガタリが寄与している点、とくにドゥルーズの思想におけるその役割についてこれまでまったく考察が見られないのはなぜなのか。ヴァーチャルなものがもつ想定外の潜在力に目を向けるなら、いずれ情動の欠如という問題を扱う必要がでてくるだろう、というマッスミの率直な見解にもガタリの影響が見られるのだが、この点に関する考察もない(3)。本章ではそのあたりの問題について考えていきたい。

粘着性

同世代の多くの知識人たちと同じく、ガタリもウジェーヌ・ミンコフスキーの重要な著作『生きられる時間』を読んでいた。『生きられる時間』は、一九三三年に出版され、一九六〇年代後半になって再版されたものであり、精神医学と現象学とのあいだに見られる数多くの交点のなかのひとつである。「リトルネロと実存的情動」というガタリの挑発的なエッセイには、『生きられる時間』をそのように読んでいた痕跡が見られる。冒頭で、ガタリは、癲癇に関するミンコフスキーの文章を引用しながら、情動は「粘着的な(4)」仕方で主体にへばりつくと述べている。情動はべとつくのだ。それはまた非言説的で前‐個人的なものであり、何かに移る性質がある。主体間で移行可能であり、また共有することもできる。とはいえ、話し手と聞き手のような二者間の表現に限られるわけではなく、また特定の感情（あるいはその他の機能的な固定具《アンカー》）につなぎとめられるわけでもない。実際、マッスミがはっきりと述べているように、感情は主体によって「所有される」ものであるが、情動は「所有されることのない」強度なのである(5)。とはいえ、共同で手に入れることができる「怒りというものが必ずどこかに存在する」とガタリはいう。個人の力あるいは一族の力（「マナ」）は、自らを表現するため

に価値の対象を見いだすわけだが、情動はそのような価値対象をとおして、つまり類推によって広く行きわたる。(6)

情動をこのように捉えているものとして、これまでスピノザやベルクソンなどがその哲学的な前例と見なされてきた。そのため、ミンコフスキーの果たした役割に注目が集まらず、情動のもつ特質のなかには癲癇から着想を得たものがあるということも見過ごされてきた。本章の狙いは、ミンコフスキーの粘着性という概念を掘り起こし、ガタリが情動について考えるうえで、さらにはシネマにおけるその作用について考えるうえで、癲癇がどのような役割を果たしたのかを明らかにすることである。ガタリとミンコフスキー、そして情動、これらのあいだには共通点が見られるのだが、そういったことはミンコフスキーに先行するアンリ・ベルクソンのなかにすでに見られるという意見もあるだろう。というのも、精神医学においてミンコフスキーが打ちだす時間の現象学は、重要な修正や逸脱が数多くあるとはいえ、着想じたいがベルクソン的だからである。(7) 影響関係ということであれば、これはまったく正しい。とはいえ、わたしが強調したいのは、ガタリの歩む道はドゥルーズとは違うということだ。ガタリもそのことには気がついていた。現象学的な精神医学から借用した情動的「ムード」(ぼんやりと全体を包みこむもの)——とくにガタリはアルチュール・タトシアンの概説書『精神病の現象学』からそれを借りてくる——を考えるうえで、そのことがどのような効果をもたらしたのか。いずれにせよ、このような概念の移転があったことはあまり知られていないのだが、病理学を参照しながら情動の概念を構築しようとするガタリにとって、これはきわめて重要なことであった。モーリス・メルロ゠ポンティ『知覚の現象学』の読者であれば、このことはある程度すんなり受け入れられるだろう。この著作のなかでは、脳を損傷した「シュナイダー」という患者の事例をもとに、身体の空間性と運動性が論じられる。メルロ＝ポンティは、一九四〇年代にカート・ゴールドシュタインが行なった脳を損傷した兵士たちに関する研究からこの例を引いてくる。そこには、砲弾の破片を後頭部に受けたことで、抽象的な運動能力と視力が損なわれた二十代の男が出てくる。

潜在力《ヴァーチャリティ》に関するマッスミの論考では、中断や遅れ、つまずき（あまりにも速すぎて生じたかどうかも分からない）といった癲癇のような現象が扱われている。そのような現象は、精神病理学的なものであろうとなかろうと、心は折りたたまれて襞《ひだ》をなすものだという考えをもたらした。このように述べているからといって、情動は、臨床単位としての個人に属するものと見なされるとき、精神病理学の問題として扱われると言いたいわけではない。反対に、ミンコフスキーのアプローチに見られる特徴のひとつは、家族（そこではさまざまな病《やまい》が不公平に分配される）、社会情勢、世代間の関係、遺伝に関する生物学的問題など、物と他者の世界を背景にして癲癇的特質が考察されている点である。『アンチ・オイディプス』の読者にとって、このような非‐臨床実体――スキゾ的プロセス――は珍しくない。それは、資本主義の社会的生産様式によって押しつけられる精神の崩壊――「社会はその下部構造のレヴェルで分裂化しつつある」[8]――を回避しながら、自我を解体するものである。資本主義的な分裂症の廃墟からスキゾ分析を作りあげるのと同じように、癲癇から情動を引きだすことは、「肯定的な」作業となるだろうが、そこにはさまざまなリスクがともなう。

空間のなかで動いている身体を現象学的に分析するうえで、病理学が果たす役割とは何か、その観点からメルロ＝ポンティは、シュナイダーを引きあいに出しながら考えていた。正常性の問題は、病理学が判断できるものではない、とメルロ＝ポンティは言う。欠けた部分を把握して、それを正常なものに回復させるだけでは不十分なのである。メルロ＝ポンティにとって、病の世界は、いわゆる標準的な人の世界と同じくひとつの世界なのである。病理学的な症例には「新しい分析のあり方――実存的分析――を垣間見させる力がある。それは、経験主義と合理主義、解釈と反省という昔ながらの二者択一を乗り越えるものである」[9]。言い換えるなら、メルロ＝ポンティの場合、シュナイダーの機能不全（表象行為や図式《スキーマ》の具体化がうまくいかず、実験シミュレーションの象徴的媒介を誤解するなど）を記述することよりも重要なことがある。つまり、わたしたちの感覚世界や知性、運動性を統合する意識の指向体系が、「病においては〈弛緩する〉」ということだ[10]。癲癇のことをメルロ＝ポンティが論じているわけではないが、病理学的なものへの彼のアプローチは、現象学的な伝統の基礎となる。

ミンコフスキーは、粘着性をめぐる議論のなかで、フランソワーズ・ミンコフスカが行なった癲癇の特性をめぐる、家族中心の研究を頼りにする。いわゆる大いなる発作《グラン・マル・デリリウム》としての癲癇は、発作によってもたらされた死や神、エクスタシー、神秘主義などの思考と密接にかかわっているという古い考えをミンコフスキーは当初認めていなかった。ミンコフスキーが言うには、このような考え方に見られる問題点は、トラウマの「残忍性」とその反動的形式としての「病的な狂信」とのあいだに偽りの変換が生じるということだ。一方、一九二〇年代に出版されていたミンコフスカによる研究によると、「無気力や特殊な粘着力」と表現されているもっと根本的な機能不全に比べると、トラウマに対する「爆発的な反動」は副次的なものだとされていた[11]。さらに、ミンコフスカは癲癇に似た体質（粘着性）として次のような点を挙げている。運動性の喪失、自分が置かれている環境から抜けだすことができない、主導権の欠如、生産性の欠如、いま手にしているものへのこだわり、変化に関心がない、秩序を好む、とくに「全体像」をそこなうほど細部にこだわる、安定したものを愛する、感情的なエネルギーを家族あるいは一般的な概念（世界平和）だけに集中させる、思考が遅い、倫理にこだわる宣教師のような熱意、などである。このような体質に見られる粘着性のある情動は、何らかの変化が生じたときに、対象となるものから自らを引き離そうにも引き離せない癲癇患者の無力さにあらわれるとミンコフスカは言う。「癲癇に似た体質は、情動的な人格のパラダイムとなる。このような感情には粘着力があり、そこに流動的なものはない[12]」。大事なことは、この息苦しい停滞状態と不動性がやがて燃焼を起こし、その結果生じる爆発によって、精神は苦痛を強いられ、妄想にとりつかれるということである。ベロッキオの『ポケットの中の握り拳』では、こういった雰囲気が見事に再現されている。

ミンコフスキーは、トラウマとその作用(近代以前の言葉でいう「フォーリング・シックネス」(癲癇のこと))を背景とする三つの交叉的な方法によって、「全体的な気怠《けだる》さ」や感傷的な生のこのような記述を解読する。彼は、画一的な因果関係(互いに影響しあうことがないこと)を受けいれず、根拠のない将来の見込み(移住する機会を逃したり、故郷に対して文化的に強く愛着を抱かなくなったり、あるいは見事にねばり強くこだわりつづけたり)に単純化したりしない。実際、ミンコフスキーが示してくれているように、このような粘着性を解釈することは難しい。粘着性は、不誠実な言動として間違って表に出てくるかもしれないし、自己中心的な性格として見られることもあるかもしれない。粘着性が爆発や神秘主義を回避するにしても、それは瞑想のような別の現象を引き起こす。どうやらそれは動けない状態のようだが、「実際の静止状態とはまったく異なるものである[13]」。癲癇に似た状態には「同調的な」要素があり、それは、環境に対して共感(ミンコフスキーがいうには、そこには粘着性がある)を抱きながら、何らかの形でひとつのまとまりとなって考えていく際のさまざまなニュアンスを明らかにする。個人的な生命の躍動(個人的な目的を達成するために現実から離脱し、主観的なものを越えた生成にふたたび没入すること）にスキゾ的要因が見られるように、瞑想と共感には、何かに没入するその特質において、癲癇的なニュアンスがある。

情動のタイプ

ガタリは、情動（開かれていて、潜在的なものに満ちている）と固着化した感情（具現化の限界）とを区別する。この区別は相対的なものである。というのも、情動には明確な起源も目的地もないが、それは、思いやりによって共有できるような間主観的な現象のなかに実存的基盤を見つけることができるものであり、また実際に見いだすからである。情動は、それを量的なものに拘束しようとする力に対して、曖昧なもの、質的なものでありつづける（これがそのヴァーチャリティであり、開かれであり、自律性である。同化することもできなければ、固定することもできない）。もっとも強度のある基盤から次第に姿を消したり、それを回避したりする力が情動にはある。[14] とはいえ、同時にそれは、音と発作という死を招くようなリトルネロの媒介によって、主体化に干渉し、混乱させ、崩壊させることもできる。

共有可能な情動というものを「人を通して語ること」という超個人的な現象として特徴づけるために、ガタリは、フーベルトゥス・テレンバッハの文化人類学的なニュアンスを帯びた現象学的精神医学から、分裂症と密接にかかわる「雰囲気の診断」という発想を借りてくる。これはテレンバッハが一九六〇年代後半に展開したもので、これについて概説するタトシアンの見解をガタリは引用する。

タトシアンの見解は、分裂症的な心神喪失を、症状からではなくその現象から診断をおこなおうとするものである。コミュニケーションをともなう間主観的な対人関係に埋め込まれているその「雰囲気的な」現象をとおして診断をおこなうのである。テレンバッハの場合、それは病そのものが示す症状ではない。症状というものは、そこに現前しないものを診断によって推定することで作られるものだ。一方、経験的なものを括弧にいれることで見えてくる現象は、推論や解釈をとおさずに、直接的に完全に与えられる。現象学的な診断の特徴は、「二人のパートナーにそれぞれ固有の雰囲気があって、そのあいだに不一致を見いだす[15]」ところにある。現象学的な診断は、前－記号学的で、ナイーブで、非－精神医学的なものなのか、あるいは、ただ記号学以後のもので、「症状の一覧を集約し、さらにそれを越えていく[16]」ものなのか、そこのところをタトシアン自身も考えていた。ガタリは存在を二元論的に捉えようとせず、情動を前－個人的なものとして位置づけようとした。彼の言葉を用いるなら、それは「記号化の構成要素がもつ多声性であり、その構成要素はいまだ実存的に固定されるところまでいたっていない[17]」。

ガタリは、心理学者ダニエル・スターンがその著作のなかで打ちだした生の情動《ヴァイタリティ・アフェクト》という概念にも影響を受けている。その捉えどころのない特質には非カテゴリー的で非個別的な特徴が見られる。そこに着目することで、スターンは、特定のカテゴリーや感覚特性によって色づけせずに、表現の問題を考えるための重要な手がかりを導きだす[18]。たとえば、宥《なだ》められて落ち着くというような生の情動は、幼児の場合（自己の感覚はまだ発生の途上にある）、必ずしも経験から得られるものではない。それは特定の表現様式（声や身振り）にかかわるものであり、あるいは個々の刺激カテゴリー（恐れや悲しみ）に対する反応として固着するものである。生の情動という上位の様態的特質は、表現や行動のさまざまな様態のなか、さらにはそのあいだの感覚的経験に反応し、それを伝え、まとめるための横断的可能性を豊かなものにする。情動はその刺激や経験から解き放たれることで横断性が高まる。ガタリが言うには、情動は前‐個人的なものなのである。文字どおり個人として区別化される前に経験されるものなのだ。個人というカテゴリーは、統合されたネットワークとしての自分らしさを記述する際に用いられるもので、特定可能な諸原理のもとでそのようなネットワークとしての自己が組織化されるのである。スターンの言葉で言えば、それは、生の情動のなかにどっぷりと浸かっている幼児に立ち現れてくる自己のようなものだ。それだけではない。そのような情動は、複合的な転移によって構成されるものでもある（記号学による序列化よりも前にある、さまざまな感覚領野の横断。記号学は言語を中心に据え、それ以外の記号論的形式をすべて中央の様式に合わせて一方的に翻訳する。その逆はありえない）。そのような転移の発生源（さらにはその目的地）、あるいはその刺激、さらにはそれを引きだすカテゴリーといったものの場所を特定することはできない。転移、推移、横断といった言葉をガタリは矢継ぎ早に繰りだす。そうすることで情動の動態的で抽象的な特徴を示そうとしたのである。その記号論的多声性は未完のまま残り、ひとつの記号‐感覚的様態にいまだ拘束されることはない。ガタリの考えでは、「怒りというものが必ずどこかに存在する……」。それは「亡霊」のように徘徊し、集団によって「所有」される。それじたいが一種の媒体のようなもので、それをとおしてその効力が分配され、共有されるのである。言説的な分析を行なおうが、外延的なカテゴリーを用いようが、情動にはまったく手が届かないのだ。情動は集団的なものである。ガタリが述べているように、それは「わたしに語りかけ、わたしをとおして語る」[19]ものなのだ。とはいえ、それは言語ではない。

情動は、生産される主体、つまり暫定的に定められる過程的な主体――「それは個人と集団、個人もしくは集団を自己言及的な実存的領土として出現させるさまざまな条件の集合体であり、他なるものとしての主観性の隣か、それとの境界でかかわるもの[20]」――にとりつく。ガタリのいう実存的領土では、主体的な状態が、次のような場面とかかわるものとして形づくられる。

わたしの部屋のカーテンの陰気な赤色が、日暮れとともに、黄昏とともに、ひとつの実存的な配置に加わり、そこから不気味な情動が生じてくる。少し前までわたしにのしかかっていた自明性とか緊迫感などがそれによって力を失い、世界そのものが一見どうしようもなく空虚なものになってしまうのだ[21]。

ガタリは、赤いカーテンや黄昏というような局所的で直接的な場面に限定されない情動の長引く効果（感情や認知としての）についても触れながら、右の例に修正をほどこす。カオスモーズ的領土（カオスを浸透《オスモーシス》するものとして捉える）をどう理解するのか、これがまず基準線としてあり、そこにさまざまな線が付け加えられていく。それは問題系と呼ばれる別のタイプの情動であり、直接的な感覚系の情動とは対立する。問題系の情動は飛翔するものであって、時空軸によって根拠づけられることがない（ただ連想的なだけでなく、弱くなったり強くなったりする）。ガタリの場合、それは、影響範囲という点で、状況に縛られる感覚的情動よりも存在論的に重要なのである。シニフィアンとシニフィエという残余がそこには明らかに見てとれる。こういったことをガタリは、感覚的情動（リトルネロ）と問題系情動（抽象機械）、あるいは表現形式と内容形式（これらの相互関係のことをガタリは記号機能と呼ぶ。形式が表現と内容の実体を伴うと、これが実存化機能となる）という形で打ちだしなおす。主観性は、「舞台装置」のように数多くの多様な構成要素が集まった属領であり、ある種の従属関係のなかに置かれている。

わたしは、頭がたくさんついた言表行為の動的編成に服従している。個人化された主体化は、わたしにおいて一人称で語る権限が与えられる。しかし実際には、そのような主体化は、こうした時間化（時間的区切り）のさまざまな構成要素による変動的交差にすぎず、それは意識をもった「端末」にすぎない。[22]

このような主体は、ある種の一貫性をともなった異質混淆的な構成要素から成る。とはいえ、それは構造の力（シニフィアンの作用）ではない。言語学に見られるシニフィアンの連鎖に代えて、ガタリは、非－言説的な情動の観点から場面を記述しなおし、そのプロセスにおいて記号論的多様性を保持する。情動性が高まることで主体化に一貫性がもたらされるわけだが、それによって情動の自律性が脅かされることはない。それにもかかわらず、情動は主観性にへばりつく。それは「粘着力のある物質」であり、構成要素の実存的配置とその構成要素を横断し触媒する時間性とに質感を与える（さまざまな構成要素を束ね、プロセスの途上にある主観性にそれをくっつける創発的モティーフとして理解される反復的リトルネロのように）。さらに、ガタリは、現象学的精神医学や時間性の問題を扱う精神病理学から借用した一群の概念――たとえば、鬱病や自閉症に見られる反転（罪悪感に満ちた歴史）や時間の収縮（いま生きている連続性の中断をめぐる古典的な徴候学）――に依拠しつつ、いまだ一貫性を得ていない（とはいえ影響を及ぼす力をまだ失っていない）情動の「初期の次元」を記述する。整然と調和のとれた主体化の時間的構成要素と不調和な形で構成要素を作りだすこととのあいだにガタリは区別をもうけない。そのような区別をもうけると、正常と異常とのあいだのさらなる区別を誤って認めることになるだろう（扇型に加速し広がる躁病患者の病的な時間化と、抑圧が持続と制限をもたらす強迫神経症の病的な時間化とのあいだに重要な差異があるということは誰も否定しないだろう）。ガタリの場合、生きるに値する時間の様態が多様で横断可能なものであれば、それは正常さを構成するものとなり、逆に、異常さにおいてはたったひとつの様態（「強迫観念的な儀式のような〈こわばった表象作用〉」[23]）が支配的なものとなる。これは診断学のようなものではなく、言表行為の問題に関するより一般的な見方を示すものである。それはまた、精神病理学や言語の記号学（言表行為に関しては、シニフィアンの独裁はこの点において異常なものとなる）には還元できないその不安定さを正しく理解しようとするものでもある。

リトルネロのような反復的な現象は、音楽やイントネーションといった感覚的情動に実体を与えることで固定化され、問題系の情動にとってはそれが参照領域となる。それは、何らかの状況や雰囲気の特色に慣れた人がその場に感じているようなものである。記号的機能（感覚的情動）という観点から、リトルネロは言表行為と表現形式とのあいだの関係性とかかわり、抽象機械（問題系の情動）は言表行為と内容形式とのあいだの関係性とかかわる。このような関係性において、記号の機能性は言表行為の実存化機能とかかわり、記号がもつ二つの「機能体」――表現と内容――を作動させるのである。この二つの機能体は、互いに形式を想定しあうものと考えられており、それが物質に投射されることで実体――表現の実体と内容の実体――が生じる。実体は、形式によって命じられるか、包摂されることになる。表現の実体は音のような媒体を見いだし、内容の実体は概念労働を行なうのだ。リトルネロは「感覚的な環境の実存的な配置を固定化し［つまり、意味作用のカオスから何かを抽出し、あるいは分離させ、それをひとつの実体として固定する］、問題系の情動に見られるもっとも抽象的なメタモデル化の場を支える」[24]という点にもっと目を向けるべきだとガタリは思っていた。ガタリの場合、抽象機械が感覚的情動とかかわるように、リトルネロは、そのどちらのタイプの情動とも交差する。言表行為は、語る主体に固定されるわけではなく、それが異質混淆的な数多くの声（社会的なものと前-個人的なもの）で構成されている場合、ある程度自律性や「葉状性」——葉のひろがりのように成長する——をもつ。そこには記号的構成要素が開かれた形で集められ、それをとおして主観性が形づくられ、変化するのである。それは生成をもとめることであり、主観性を「決定不可能なゾーン」のなかに位置づけることである。そこではもはや主観性は人間的なものではなく、色、音、香りとつながる。[25]主体化の全領土が病的に満たされるのだ。言表行為の実存的機能は、非-構造的で多中心的な（多頭的に配置された）未完の交差的情動をとおして、主体化が生じるための領土を開くのである。

音と発作

ベロッキオのデビュー作『ポケットの中の握り拳』（一九六五年）は、イタリアの小さな町のはずれにある屋敷が舞台となる。物語は、成人した子どもたち——男兄弟が三人と娘ひとり——と盲目の母との相互的なやりとりを中心に展開する。町の人々から変な目で見られながら、子どもたちは、ある閉所恐怖症的な環境のなかで独立しようともがく。しかし、そこにこの家族の病、つまり消耗性癲癇を受け継ぐという難しい問題がのしかかってくる。子どもたちのあいだでこの病が公平に分け与えられるわけではない。アレッサンドロの発作はおさまっており、彼の癲癇は薬物治療で抑えられているようだ。とはいえ、彼の場合、他の行動はそういう抑えがきかないのだが。一方、弟のレオーネは脳に障害があり、発作を抑えることができない。長男アウグストは自己愛が強く、結婚を夢見ることもできるが、妹ジュリアの心はもろく、いつ崩壊するか分からない。この映画では、引き裂かれたアレ／サンドロ（名前に見られる家族性のスキゾ的分裂。ピエール－フェリックスというハイフンのついたガタリのファーストネームと似ていなくもない）の見当違いな熱狂ぶりが次々と描かれる。彼は母親と弟レオーネの殺害を企て、実行する。さらに妹を誘惑したり、窒息させて殺そうとしたりする。また兄弟たちのために、父の墓のそばで自動車にのって自殺をはかったり、アウグストと同じ道を歩んで、あてもなく家族を離れようとしたりする。最後に、アレ／サンドロのかなり大きな死に至る発作の場面があり、そこでは有名なリトルネロ的表現－実体であるヴェルディ『椿姫』の音楽が流れている。映画をとおして、ベロッキオはアレ／サンドロを部屋に引きこもらせて、ヴェルディのレコードをかけさせる。その音楽にあわせてアレ／サンドロは動きまわり、口まねをしながら奇妙な信号的ジェスチャーをする。自殺するふりをするかと思うと、見事なバリトン風のアリアを陽気に歌って演じてみせる。彼のベッドルームは、子どもの保護区のような役割を果たしており、サウンドトラックはつねに同じものが流れる。ヴェルディのリトルネロは、最後のベッドルームの場面に形を与え、それを音で満たす。とはいえ、それだけが表現実体なのではなく、アレ／サンドロのジェスチャーや動き——ものまねしたり、歌ったり踊ったり、ベッドのうえではねたり、笑ったり、のたうちまわったりする――がまとまりになって、ある種の恍惚感を彼のなかに誘発する。ベロッキオは、ある暴力的な編集――アレ／サンドロの口が、白くぼやけた感じでアップになったあと、いきなりカットが入るなど――によって、次に生じることを示そうとする。これは全体をとおしてベロッキオがよく用いる手法だが、ある評論家が鋭く見抜いているように「次から次へと発作的に場面が切り替わるこのひどい編集は、まるで癲癇そのものだ[26]」。このような編集は、観る者をある敷居から引きずりだし、問題系の情動――この家族にのしかかる粘着性の情動で、それが最後まですべてを色づけている――と交わる。アレ／サンドロを殺した発作は、「どこからともなく」現われ、その場面を再組織化し、恍惚状態をひっくりかえす。そうしてこの恍惚感を、その新プラトン主義的片割れである癲癇に再接続するのである[27]。アレ／サンドロの身振りに活気を与えていた忘我的な経験が、床のうえを彼が激しくのたうちまわるようになるにつれ突如耐えがたいものになる。音楽を越えたところに新しい構成要素が入り込んだことで、アリアの趣きが変わり、その音楽の特異な効果と発作がぶつかりあい、場面そのものが緊迫し、不調和なものになる。それによって彼の苦しみが強さを増し、長引くことになるのだ。発作がその内容となっているようなリトルネロには何が生じるのか。時間はもはや保たれず、かかっているレコードと持続する発作とのあいだに巨大な裂け目が現われる。この発作が物語を別の方向へと導き、残酷な結末をもたらすのである。これは決して外的なものではない。発作は内側から生じる。アレ／サンドロは、妹に助けを求めてこう叫ぶ――「頭を押さえてくれ」。少し前の場面で発作をおこしかけたときにも彼は同じことを言い、妹の慰めを求めていた。ところがベッドに寝たままのジュリアは動こうとせず、この恐ろしい出来事に、ある種の満足を覚えながら耳をすませている。このような大きな発作から開かれる領土のことを彼女はよく心得ており、成り行きにまかせるのだ。そうすることで彼女もまた、殺人者としての兄との関係において、どうしようもない空気を自ら共有するのである。

精神病患者のエピソードを、ときには癲癇の発作をまじえながら――この場合だと発作中に、もしくは発作と発作のあいだに、アレ／サンドロの行動がどんどん奇妙なものになっていく[28]――印象的な形で磨きあげたのがベロッキオだとするなら、発作後の領域と取り組んだのがアントン・コービンということになるだろう。発作の結果として生じる精神病理は、自殺のリスクを高めるばかりか、その実例を示すことになる。[29]『コントロール』の最後の場面で、ひとり酒でかなり酔っぱらったイアン・カーティスは、ある夜、白黒テレビでヴェルナー・ヘルツォークの『シュトロツェクの不思議な旅』（一九七七年）を断片的に観たり、イギー・ポップの（ドストエフスキーではなく）『白痴』（*The Idiot*〔日本盤のタイトルは『愚者』〕）のレコードをかけたりしているが、その後、戸籍上の妻との和解に失敗し、キッチンで洋服掛けの紐で首をつって命を断つ。この最後の場面では、イアンの発作が具体的に描かれる。アウラ的な手の震えからはじまり、遺書が手から落ち、それを追うように体が床に倒れる。この場面で作用している領土化と時間化のすべての構成要素――テレビ放送が静かに終わり、夜が明けて朝になろうという時間（そのときまでに彼は「この世を去っている」だろう）、レコードも止まり、彼の死のあとフェイドアウトする――が、差し迫る最後、つまり彼の自殺を取りまく形でちりばめられている。自殺のシーンは映されず、真っ黒なスクリーンからドスンという鈍い音だけが聞えてくる。この黒いスクリーンは、発作によって促された自殺が、観る者をそこから連れ去る敷居となるのである。イアンの遺体を妻のデビーが発見したところで、重たくまとわりついてくるようなジョイ・ディヴィジョンの「アトモスフィア」が流れはじめ、最後の場面が順番に写しだされていく。助けを求めるデビーの姿から、黒煙のあがる遠くの火葬場の煙突の光景へと切り替わるのである。

『コントロール』の場合、イアン・カーティスの公私にわたる生活（ステージのうえで起きた発作に、バンドのメンバーや聴衆が混乱におちいる場面は注目に値する）に発作がまとわりついており、その防ぎようもなく繰り返し起こる発作がリトルネロ効果をもたらす。イアンは活動を中止するものの、家庭環境の変化を受け入れることができず、パートナーとの関係を大量の酒とタバコでいっそう悪化させる。彼には愛人がいて、そのために妻は離婚を求めるのだが、そのことを彼は感情的に受け入れられない。愛人のほうはイアンに忠実なのだが、彼はそれを気怠そうに嘆く。苦痛、幻滅、虐げられし者のエネルギーといったジョイ・ディヴィジョンの音楽風景が触媒となって、不調和なものを告げ知らせる不吉な雲のように、実存的情動が集合的に編成されるのである。少し前の場面では、予期せぬ発作の消耗性の作用によって、イアンは薬を多量に摂取して自殺未遂を起こしている。ベロッキオとコービンのあいだ、つまりこれまで見てきた二つの映画には、それぞれ優先順位は異なるものの、音と発作が相補的に交差しあうようなリトルネロが作用している。『ポケットの中の握り拳』では、『椿姫』のリトルネロが最後に発作が不意に起こることで影響をこうむる。発作的な歓喜の状態にあるアレ／サンドロだが、実質的にそれは防ぎようのない最後の強烈な発作だとわかる。一方、『コントロール』では、イアン・カーティスに繰り返し起こる発作が数多くの感覚的場面を特徴づけており、最終的にそれは耐えがたいものとなり、自殺をまねく。どちらの監督も、何となくジェンダー化された剰余的テクノロジーであるレコードプレーヤーをひとつのベクトルとして挿入する。ガタリが述べているように、レコードプレーヤーに寄り添うことで、音と発作の「波乱に満ちた混成体」に主体化が生じるのである（かかっているレコードから音が聞えてこなくとも、レコード盤は主観性の自己定位のための制御可能なパレットとして役に立つ)。その音と発作が主体を傷つけることになるとしてもである。

癲癇の潜在的な力

これまで論じてきたシネマの例では、主要な登場人物たちが自ら持っている言表行為の力は、発作によって危機にさらされる。部分的な主体化の構成要素を見るかぎり、制御できないものを支配する唯一有効な行動は、イアン・カーティスの場合のように、自殺であるように思われるかもしれない。しかし、アレ/サンドロの場合、発作の痙攣は最終的なものであり、音楽によるリトルネロではその脅威から身を守れない。とはいえ、発作の影響力はすでに家族に対する精神病的な暴力として具体化されていた。『コントロール』におけるイアン・カーティスの最後の場面は、あとから音楽的なリトルネロと交差する。『ポケットの中の握り拳』とは異なり、イアンの発作によってわたしたちは強度のある時間のなかに誘われる。おそらくそこでかかっているはずのレコードの音(プレーヤーの針がまずレコードの開始点に置かれており、その後レコードの最後のところにあるのが見えている)が聞こえてこないのである。一方、アレ/サンドロの部屋でかかっている音楽はすべて聞こえてくる。どちらの映画にせよ、内容的情動——アレ/サンドロの発作やカーティスの自殺——は感覚的情動に決定的な一貫性を与えるのだが、それは残酷なまでにどうしようもないものだ。癲癇によって特徴づけられる情動はひどい結末をもたらす。どちらの場合も癲癇は死をもたらす。それはすばやく効果的に脱領土化を引き起こすのだ。ヴェルディの喜びと慰めは後退し、その破壊力をベロッキオは浮き彫りにする。ドゥルーズとガタリが述べているように、「音楽は破壊を好む」[30]のである。癲癇はリトルネロを死にむかって脱領土化し、残酷な形ですばやく解き放つ。助けを求めてそこから繰りだされる旋律をジュリアは受け入れない。カーティスの場合、彼の癲癇的リトルネロは、生まれたばかりの娘やバンドのメンバーたちとの関係からも分かるように、厳密に領土化されている。カーティスは娘を抱きかかえることができず、ベビーサークル越しにただ見つめるだけである。バンドのメンバーとの演奏は、彼の発作によって突然中断される（ステージでの彼のパフォーマンスにはもともと発作的な動きが含まれていたのでそのまま何事もなく終わる）。すべての逃走線や参照領域が同一の内容に収斂／崩壊してはじめて、リトルネロはたったひとつの参照世界のまわりに激しく収縮し、情動の欠如によって自らを見失った主体はそのまま自殺にむかって突きすすむ。

問題系の情動は、感覚系の情動よりも横断的で決定力があるのだが、この二つの区別は『分裂分析的地図作成法』と『カオスモーズ』のあいだのどこかの時点で失われてしまう[31]。この点は注目に値する。これらの情動はどちらも多元的なリトルネロ／リフレインへと生成し――感覚系の情動は実存的で領土的な動的編成を具体化し、問題系の情動は非物質的な宇宙のなかでさまざまな横断的結合を誘発する――他の組みあわせのあいだで（存在論的機能の内容の側を占めるさまざまな宇宙［ヴァーチャルなもの］やさまざまな領土［現実的なもの］で）、表現／内容を軸にして構成される存在論のなかに再導入される。これまで取りあげたシネマでは、リトルネロの突出した力によって言表行為が妨げられ、主体は欠如のなかへ投げこまれる。そこでは、癲癇が死刑宣告のようなものとして描かれているのだ。それは現実化されて地位を獲得しようとしている無数の初期症状のひとつなのである。癲癇に似た動的編成や配備の属領になることは、外来的で内破的な時間化作用（「時間の喪失」）をもたらし、それは最終的に生命線を断つ。終止符。このような終点が、一時的な中断でありうるだろうか。

癲癇的情動のこれから

もし情動が癲癇に似ているのなら、おそらくわたしたちはみな癲癇患者なのだ。[32] わたしたちの身体は発作によって影響をこうむるものであり、さまざまな強度をもった癲癇のはじまりが立ち現れよう[33]と競いあっているのである。とはいえ、必ずしもそれがきわめて危険な最後の局面を現実化するとはかぎらないし、いつも意識的な自覚のレヴェルにあるとはかぎらない。[34] 本章で取りあげたシネマの例は極端なものだが、そのような例を挙げたのは、情動の理解に悲しみを再導入しようと思ったからだ。こういったシネマは、差異化のさまざまな線を、いまだ現実化されていないものが残るなかで、まったく別の結果をもたらすような方向に振り分ける。

癲癇の発作がもたらす喪失に対して、身体はどのような反応を示すのか。それをさらに調査することで、これから解明していかなければならないのは、このような意識の変化がどのように経験されるのか、さらには、それがどのような形式をとるのか、あるいはどのような形式をもたらすのか、ということである。たとえどれほど捉えどころのないものであっても、そのような喪失、もしくは「失われていく」次元を問い直していく必要がある。おそらくガタリがスターンから借用した非形式的モデル（ひとつの意味に属さない）にもとづきながら、方向を見失ったひとつの強度としてそれを理解する必要があるのだ。意識的な知覚の周辺を生きているという感覚が動いていくという非定形の経験が重要なのである。意識がしだいに消失し、やがて回復するという、捉えがたく抽象的に変化する癲癇的様態を芸術的に捉えること、これがオーストラリアのアーティスト、イザベル・デルモットの作品「エピレプトグラフ――内面への旅」(35)のテーマである。彼女がいうには、この制作中の作品は、発作のときの内的変化に自らをチューニングし、新しい感覚を発明するプロセスにおいて、感じることのできないものを感じようとして捉えた音とヴィジョンで構成されている。芸術的にも精神療法的にも、デルモットは思考に感覚を取りもどし、発作のあいだに感じられなかったもの、とはいえたしかにそこに存在する効果を感じようと試みる。その間、意識や視点は混沌とした変化のなかを漂い、身体は発作によってバランスを失う。彼女の目的は、身体についての知を取りもどし、発作が起きる前にそれを感じとり、それをうまくコントロールすることだ。このような観点から見れば、情動は自己の非連続性に対する感受性を高め、つまり境界線としての主体と境界線なき客体とのあいだの純粋な関係性を感知させるものとなる。デルモットは自らの発作をただ受動的に耐え抜くことはしない。その物質的で力強い性質、ガタリの言葉でいうなら、その流れを探りあてるのである。エネルギーの変化、言説の断片、部分記号、色合い、こういったものが癲癇的経験の停滞状態に見られる実際の特徴となる。デルモットは、混沌とした発作の始まりと終わりに自ら踏みこみ、そこに留まり、そのような体質に対する新しい感受性を作りあげるのだ。

精神医学の新しい可能性をめぐって打ちだされたマイナーシネマという概念を背景に、これまでシネマの例をいくつか取りあげながら論じてきた。それはせいぜいマイナー主義的な生成をうながすものと思われるかもしれない。しかし、これらの作品は、発作による視覚的な後退およびそれがもたらす結果（強烈な精神疾患と自殺）を出発点とし、引き裂かれた宇宙の深奥への旅立ちを誘発するものでもある。そこでは、この宇宙のさまざまな特性が解き放たれるのを待ち構えているのだ。ガタリは精神病と癲癇を混同しないよう注意を払う。このような「負の変化」に見られる複数性を保持し、その事実性の内奥から、主体化のもとになる素材をもたらすその独特な潜在力をガタリは「断固として」さぐりだそうとするのである。[36]

結び

機械という概念をガタリは独創的な形でとらえていた。彼にとってそれは、構造に不均衡をもたらすものであり、主観性と欲望とのあいだの関係性（欲望の無意識的主体と機械状の指令とを区別することはできない）を浮き彫りにするものであった。それはただ位相同形的なものを形式的に混乱させるだけのものでなく、「ラディカルな存在論的転換」をもたらすものであって、シニフィアンの記号学や統語法、空間・時間といったものの刻印から遠く隔たった参照宇宙へと逃れるものでもあった[1]。機械という概念は、それがなければ純粋であったはずのシステムに組み込まれたひとつの不純な要素である。純粋なシステムというものは、主観性を窒息させ、相互依存的で反復的な差異の反響のなかにそれを閉じ込め、現実的なものから遠ざける。そこでガタリは、たとえば、発話の力を復活させる。構造主義的な分析において、発話は、言語によってその統一性が担保され、また構造をそこにもちこむことで、本質的なものに対する付属品のような扱いを受けてきた[2]。構造を変化させると主観性が見えてくる。主体を構造から解き放つには、革命的な歴史的規模をもった出来事が必要となるのである。ガタリは、ボルシェビキ革命にそのような歴史的因果関係を引き裂く「大胆不敵なレーニン主義的［機械状］切断」を見ていた（主観性や欲望に無関心であることがスターリンに好機をもたらした）[3]。ガタリは、その初期の著作において、機械という概念を、主体や歴史、欲望、現実的なもの、記号、物質といったものをまとめて扱うための手段と考えていた。とはいえ、彼は大規模な出来事のあいだの関係性やそれが主観性の分子的動揺とどうかかわるのかといったことも見逃さなかった。

ガタリの思想において、機械は進化論的系統流《フィロム》へと拡張する。そこには数多くの装置――抽象的なものもあれば機械的なものもある――が含まれている。その大半が廃れては交換されるものの、なかにはいったん滞ったのち、「どこまでもヴァーチャルに拡張していく系統発生的な線」[4]のどこかの地点でふたたび始動するものもある。そこでは構造の問題はわきに追いやられ、機械という概念がメタファーなのかどうなのかといった問題も完全に消え失せる。系統流には、歴史を創造的に推進する役割がある（直線的な進歩主義者やディストピア的幻想に服従しない）。そのリゾーム的に寄せ集められた物体、プロセス、ダイアグラムが、主観性を生産する力を発揮するのである。ガタリの典型的な戦略は、限定的な例を提示したうえで――テレビのような技術的対象物に釘づけになった子どもの主観性など――、より拡張的で変異的な見解を打ちだすというものだ。つまり、技術的な進歩や「主観性の生産にかかわるいっそう人工的なプロセスが、実際は新しい社会的・創造的形式とかかわっており、分子革命のカーソルはそこを指し示す」[5]ということだ。分子革命は、主観性と技術的な（社会‐集合的な）変化とが出会うその真ん中で生じる。それは、主観性を生みだす異質混淆的な構成要素を横断する混成的な記号論（シニフィアンと非シニフィアンの）によって分析できるものである。それがどのような結果をもたらすのかは誰にも分からない。しかし、ガタリは、情報革命に触れながら、このことが差し迫った問題だということを強調する。これは系統流とかかわるテーマであり、そこには現実的な利害関係の問題がかかわってくるのだ。ガタリの考えでは、人間主体は他なるものとかかわることで、非人間的な機械状の言表行為がもつ影響力を乗り越えなければならないのである。

メンタリティや日常的な習慣を変えることは、気候変動のような大きな問題と横断的にかかわるもので、そのような主観性のなかでは、自己モデル化が生じはじめる。それは、無気力という殻を身につけ、既成の行動パターンや消費パターンを「権利」として主張することによってなされるかもしれないし、習慣や計画を変えながら生活世界を越え、問題を理解するためのある種の自律性を獲得し、複合的な力とさまざまなレヴェルでかかわりながら、そういった問題に対する責任の一翼を担うことでなされるかもしれない。主観性は、さまざまな問題に見られる分子的なものとモル的なもののあいだの複雑な相互作用を、自律化のためのチャンスととらえ、移動手段を考えて選んだり、情報が開示された食品やライフスタイルを選んだり、リサイクルの取り組みを拡大したり、政治的な関心を取りもどしたり、メディアを変えてみたりしながら、自らを（再）特異化するのである。このようなタイプの特異化は、個人による選択というレヴェルで生じるだけではない。個人というカテゴリーの前（前−言語的、生まれつつある自己、非様式的知覚）でもその後（集団的決定、機械状の関係性）でも生じる。社会的・技術的機械は主観性に影響をおよぼす（主体化のモデルや地図は四六時中あらゆるところからやってくる）。また主観性はそういった機械を（再）利用する（支配的モデルから目的、内容、あるいは情動を引きだし、その潜在的な力を試す）。それは非人間的な要素をその動的編成のなかに導入するようなものだ。主体の特異化プロセスをめぐる政治学については、経済学からもアクセスできるし、言葉のパフォーマンスとしての詩――鈍感さを和らげてくれる「意味のビタミン剤」[6]――からもアクセスできる。あるいはむしろ詩からアプローチするほうが分かりやすいかもしれない。

今日では、卓越したエコロジストの多くが経済学者であって、詩人ではないのだが。構造をひっくりかえす声について検討しなおすには、ＭＣやラッパー[7]に見られるような機械状のコミュニケーション能力が必要だとガタリは考える。コンピューターの声でもなければ、テレフォンオペレーターの声でもないのだ。ガタリが求めているのは、記号論的に複雑な言葉であって、その難解な特性は、画一化された市場のやりとりをきりぬけ、さまざまな情動をまきちらしながら、わたしたちを憧れ（過去からの歓待の声）の宇宙、痛み（苦しみの重圧に耐える声）の宇宙、癒し（感情移入して聞き理解すること）の宇宙へとやすやすと導くのだ。

ガタリが生涯にわたって立ちどまることなくつづけたカオスの旅において、不変的なものがひとつあるとすれば、それは雑誌を集団で作りあげることの重要性ということになるだろう。領域横断的な編集作業の動的編成によって作られた雑誌が中心的な役割を果たしていたのである。このような雑誌の編集に彼がはじめてかかわったのは十代のころで、あちこち歩き回る若者たちのグループが集団的に自らを打ちだそうとするその試みに彼も加わっていた。彼らは、青年ユースホステル協会における分派のひとつに属しながら、極左的な政治に傾倒していった。本書の第一章では、学内印刷所を中心とするフレネの革新的な教育方法の重要性について論じた。集団的で学問的な環境のなかで、主観性を変化させる機械状プロセスの例として、ガタリはこのような教育スタイルを高く評価していた[8]。印刷機械——集合的主体化とイノベーションのための系統流に広く見られる構成要素——の社会的エコロジーをとおして、ガタリは人間と機械の関係を捉えようとした。ひとつの構成部分として、ガタリはそこに何度も参入し、異質混淆的な要素をひとつに集め、それを統一的な全体としてまとめることなく、それぞれまったく性質の異なった部分と部分のあいだに横断的な線を刻みこむ。

雑誌は、選択的でミクロ制度的なものであり、編集作業の動的編成によって生みだされる。それは、自らの計画を集団で実現し、新しい参照世界を創出し、芸術家のようなやり方で情動を生みだし、来たるべき読者や参加者に呼びかけるものである。ミクロ制度としてのCERFI（制度論的学習・研究・教育センター）がそれじたい集団的に作られる際に、触媒となっていたのが雑誌『ルシェルシュ』である。

CERFIは、集団で物を作る情動的な共同体のなかで、中核となる会員たちを団結させ、おもに雑誌の刊行に結びつく研究プロジェクトに資金を提供する、いわばフリーランスの研究グループのようなものであった。このセンターは一九六七年にガタリが設立したもので、二年つづいたFGERIのあとを引き継いだものである。FGERIは、ラボルドでの『ルシェルシュ』の刊行からはじまったものだ。CERFIの会員の多くは、研修生や実習生としてラボルドで働いており、そこはさまざまな経験を共有するコミュニティとなっていた。CERFIは、アカデミズムの外で動的に編成されたもので、フランス政府の予算（たとえば設備省からの）のもと、民間の研究委託をうけながら資金を確保し、会員たちに給与を支払ったり、プロジェクトを財政的に支えたりしていた。とはいえ、最終的に予算が切り詰められ、政権が代わり、研究が大学に移るようになると、専門的な学術団体などによって次第に締めだされるようになった。国家戦略として、CERFIの中核メンバーを数名取り込もうとする動きもあったが、それは失敗に終わった。一九七四年以後、資金不足——アンヌ・ケリアンの言葉でいうと「行政からの贈り物」の機能停止——が問題になっていた。(9) それによって、内部闘争や保護的な再編成が行なわれるようになった。その結果、一九七〇年代の終わりごろになると、CERFIは、もっとも有名な『ルシェルシュ』十二号（「三〇億の倒錯者——

同性愛大百科」一九七三年〔邦訳『三〇億の倒錯者──『ルシェルシュ』十二号より』市田良彦訳、インパクト出版会、一九九二年〕）にかかわったラディカルな会員たちに背を向けるようになり、情動と政治の次元で融合していたものが内側から崩壊していったのである。[10] もともと、ＣＥＲＦＩは、第一線で活躍する知識人たちを仲間に加えることで、自らを正当化しようとするところがあった。フーコーが、「集合的施設の系譜学」（Généalogie des équipements collectives stream）と銘打った研究の学術的指導を引き受けたこともあり、『ルシェルシュ』の多くの号で、建築、精神病院の計画立案、その地方特有の言葉の保護、権力といったさまざまなトピックが取りあげられていた。ＣＥＲＦＩはまた、ほかの自主グループとも共同研究を行なった。そうすることでメンバーたちの研究がさまざまな方向に開かれ、またほかのグループの参入をうながした。ガタリは刑事罰などをしょっちゅう科されたが、[11]「三〇億の倒錯者」問題について言及することを決して止めず、風紀紊乱にあたるとして六〇〇フランの罰金を課せられた。[12] 実際、ＣＥＲＦＩの歴史に関心をもつ者にとって、これは外すことのできない論点なのである。[13]

一九七三年そしてＣＥＲＦＩ、このあたりが「絶頂期」だった。資金が潤沢にあって、前年出版された『アンチ・オイディプス』は大当たりで、パリ郊外での共同生活も活気づいた。明るく輝く知識人のスターたちがＣＥＲＦＩのまわりに集まりはじめたのだ。ページに登場しただけでなく、自らが生き生きと編集に携わりながら雑誌を作りあげていったのである。[14] こうして出版されたのが『ルシェルシュ』十二号である。ただ、一九七四年には、さまざまな重圧のもと（政権内の変化や内部の再編など）、ＣＥＲＦＩも根本的に変わってしまっていた。ＣＥＲＦＩが専門書の出版（たとえば、《Encres》のシリーズ本を発展させ、『三〇億の倒錯者』を編集しなおし、《Editions 10/18》と提携しながら『ルシェルシュ』のいくつかの号を独立した本として再版するにあたって、新しいメンバーからの圧力に屈してしまい、かつてのラディカルな主張を削除した）へと舵を切ったところで、ガタリは距離をおくようになった。結局、ガタリは一九八一年に理事職を降りることになった[15]。一九七三年はＣＥＲＦＩの終わりのはじまりだったのだろうか。

出版機械は、すべての機械と同じく、故障してもなお機能しつづける。これはその生産プロセスのひとつの次元にすぎない。ループ・ゴールドバーグが彼の漫画で実例を示してくれているように、故障した機械のパーツをつなぎあわせて、すばらしい装置を作ることも可能かもしれない。機械は、役に立たなくなったときに、その分子的な特質がもつ何かをさらけだす。おそらく、そうしてはじめて、そのミクロ政治的な潜在的力が浮き彫りになるのだろう。この場合、ＣＥＲＦＩは、オッカンガムのＦＨＡＲ（同性愛革命行動戦線 Front homosexuel d'action révolutionnaire）と手を組み、ひとつの問題から起爆的なカクテルを作りだしたのである。そもそもこれはオッカンガムが、ガタリにやりたいようにやれといわれて、アカデミズムの信用性や科学的中立性などの制約を乗り越えて、自分が望んでいるものを作りあげようとしていたからだ。オッカンガムにとって、大切なことは「集団的な創造性であって、わたしたちは実際にほかの雑誌を占拠したのだ。ほかの誰かの領域を占拠することはきわめて重要なことなのだ[16]。」

とはいうものの、ガタリにとって、社会や政治に見られる閉塞感は、虐げられ、追いやられたマイノリティに「声を与える」チャンスがあるのか、またそこから何が生じるのかという問題と大きくかかわっていた。こういった問題をガタリは二重の仕方ではねつける、というよりもむしろ練りなおす。まず、不確実な疑似客観性を装いながら、「形式的でもっともらしい」やり方で「研究対象者」に「声を与える」ことをガタリは拒絶した。次に、ガタリは、特定の問題を利用して、「そういった科学的な言表行為を全体的に、もっというなら発作的に遂行する条件[17]」を作りだそうとした。そのような条件がもたらす脱中心化された科学性には三つの方向性があった。キンゼイ式調査に見られるロジックに反対する方向、精神分析学的な偏見（同一性の固定化）を乗り越える方向、昔ながらの組合中心の闘争に見られる孤立状態から抜けだす方向である。組合による闘争は、拡大する社会的解放運動といまだかかわることがなかった。実際、ガタリにとって闘争の問題は、ほかの先進的な運動やその風潮とかかわりうるか否かという点にあった。これは、ＣＥＲＦＩが、この間、ＦＨＡＲやＭＬＦ（女性解放運動Mouvement de libération des femmes）がもっていた表現への欲望とかかわりながら改善を試みていた制度的課題であった。事実、ＣＥＲＦＩは、オッカンガムにインフラを自由に使わせ、ケリアンもそれをサポートした。ゲイ活動家のこの人物をガタリが特別視していたわけではなかった。ガタリはこう言っている。「ついでながら、ものわかりの悪い連中に言っておくが、ゲイは、分裂症患者と同じく、それじたいが革命的なのではない。この時代そのものが革命的なのだ[18]」。ホモセクシュアルは「すべての標準的な性生活に影響をおよぼす」という意味で、このゲイ活動家が、セクシュアリティそのものを批判するために、どのような潜在力をもつようになるかをガタリは考えていた。このように拡張された生成の領域において、「ホモセクシュアルは、すべてのひとの個々の人生におけるひとつの要素であるだけでなく、階級制度や官僚政治といった社会的な現象ともかかわってくる[19]」ものなのだ。それは周辺的な人々の民族誌ではなく、非画一的な生成なのであって、そこにさまざまなチャンスが見いだされ、社会野を横断する形でさまざまな傾向が発掘されていくのである。そのプロセスにおいて、ホモ－セクシュアルはトランス－セクシュアルになるとガタリはいう。「こうした観点から、ホモセクシュアリティの解放闘争は、社会的解放闘争に不可欠な部分を担うようになる[20]」のである。

ホモセクシュアリティの分子的放出は、先に述べた出版機械の欲望であり、『ルシェルシュ』十二号の読者のなかにホモセクシュアルなマイナー生成を引きおこすものであった。概して、CERFIは、そのプロセスにおいて国家のキャッシュフローを分断し、それじたいがひとつの流れとなって、FHARやGIP（監獄情報グループ。一九七三年以降CERFIの編集者をつとめたフロランス・ペトリもこのグループの活動家だった）といったほかの機械状組織とつながろうとしたのである。最終的に、CERFIは三つの総合をとおして新しいエネルギー資源を引きだした。まず、出版業との接続および専門性や地域集団（音楽、映画、CERFIサウスイースト）への離接的再分割、さらに更新と切断によって、結合的反復（継続的に出版するという重荷）に差異をもたらすこと（組織とそれが生みだすものをどう流通させるかを学ぶこと）、最後に、集合的主観性を連接的に押しだすこと――集合的主観性については、繰り返しその歴史が語られることになるかもしれない。「かつてはそうだったのか[21]」と。

機械状主観性の分子革命は、永続的なプロセスである。ガタリ自身、生涯にわたってこの点にこだわりつづけた。若き日の遍歴時代から、制度論的実験を経て、情報のテクノ－記号作用や展望、さらにはその危険性をめぐる機械状エコロジーの探究にいたるまで、そこにこだわりつづけたのである。社会－集団的機械、これが彼自身の主体化プロセスを形成している現実の存在論的特質であった。この機械は、さまざまな主観性をネットワーク化し、制度論的な実験を創出するものであった。そして、横断性ツールの発明によってそのような実験が実現されたのである。「技術的な進化をとおして、媒体とその利用者、さらには利用者どうしのあいだに新しい相互作用の可能性[22]」をもたらす力が機械状系統流にはある、というガタリの信念は堅く、揺らぐことのないものであった。もちろん、機械には、個人としての、さらには集団的な現象としての主観性を解放する力があると同時にそれを隷属させる力もある。そこでは、いくつものプロセスが横断的に作用し、物質的なものであれ非物質的なものであれ、非人間的な構成要素が交差するのである。画一的なマスメディアや新自由主義的な統合された世界資本主義による隷属化のリスクがあるにもかかわらず、機械と新しく連合することができればまだいくらか希望はある、とガタリは考えていた。さらに重要なことは、それが来たるべき連合、とくに新しいシネマ的マイナー生成によってもたらされるものであったということだ。これは選択の問題でもなければ、政党政治の問題でもない。ガタリが述べていたのは、情報というものは客観的に捉えられるものではなく、主観性の生産とその一貫性の観点から理解すべきものだということである。「情報の本質は、それを受け取る者のなかで生じている実存的な事象を指し示すところにある」[23]。人間と機械はすでに混在しており、結果的に、その機械状の構成要素をとおして主観性がつねに変化することになる。創造性の領域において、倫理－芸術的で、民主的で、エコ－プラクシス的な価値によって、分子とモルの拘束のなかを行ったり来たりさせながら、主観性を確実に導くこと、これが課題なのだ。とはいえ、機械がもたらす昂揚感には注意せねばならない、とガタリは警告する[24]。エクストリームスポーツ〔極端な状況下で行われる過激なスポーツ〕やクリエイティヴ・コモンズ〔著作権などを明示化することによって、インターネット上のクリエイティヴな活動を促進する国際的非営利団体〕における実存的な肯定のスリルがいったんなくなると、その同じ地平に憂鬱さが生じてくる。同じく、情報は、非シニフィアンの部分記号（これを管理するためには相当な専門的知識が求められる。それを逆手にとるとなるとなおさらである）によって、もっと強烈に統合的で濃密な定量的アイデンティティを割り振り、機械状言表行為のネットワークのなかに主観性のエコロジーを隷属させるのである。「空虚な賭け」の誘惑に主観性が立ち向かい、それを乗り越えること、これが課題なのである。「新しい社会的関係をもとめるとともに、最新メディアのステータスを受け入れないこと、そのことがすでに社会的慣習を作りなおすプロセスの重要な一歩となっているのだ[25]」。

機械は、魅力的な価値体系や偽りの解決策とともに押し寄せてくる。同時に、主観性は、その構成要素を増やし、構成要素どうしのあいだに突飛な通路を開き、まったく人為的にリゾームを生みだす。それは、異質混成的な声で話し、創造のための破壊を行ない、集合的に特異化し、自らを安定させる。「主観性は現実的なもの[26]」なのである。

原注

序章

（1）Marie Depussé, *Dieu gît dans les détails: La Borde, un asile*, Paris: P.O.L. Éditeur, 1993, pp. 144–5.

（2）François Dosse, *Gilles Deleuze et Félix Guattari: Biographie croisée*, Paris: La Découverte, 2007, pp. 44–5.（フランソワ・ドス『ドゥルーズとガタリ――交差的評伝』杉村昌昭訳、河出書房新社、二〇〇九年）

（3）Michael Goddard, 'Bifo's Futural Thought,' *Cultural Studies Review* 11/2 (2005): 50.

（4）Félix Guattari, 'Raymond et le groupe Hispano,' *Psychanalyse et transversalité*, Paris: Maspero/La Découverte, 1972/2003, p. 268.（フェリックス・ガタリ『精神分析と横断性――制度分析の試み』杉村昌昭・毬藻充訳、法政大学出版局、一九九四年）イスパノ（Hispano）というのは、パリ郊外のボワ゠コロンブにあるイスパノ・シュイザ自動車工場のことであり、「レイモン」は活動家のレイモン・プティのことで、余暇と労働をひとつにまとめる際に若きガタリを導いた指導者のひとりである。レイモンは青年グループを立ち上げ、まずは余暇と文化を求める二十歳以下の労働者たちのために力を尽くした。その活動がやがてラ・ガレンヌの郊外にまで広がり、そこにはフェリックスのような若者の姿があった。

（5）この点については、Jean Baudrillard, *Fragments: Conversations with François L'Yvonnet*, trans. Chris Turner, London: Routledge, 2004, pp. 15–6を参照。

（6）ラカンの精神分析において「マテーム」は表記的な記号であり、代数を模したような指示文のなかで、無意識の分析に見られるもっとも小さくてもっとも重要な概念の単位のあいだの関係性が、そのような記号の組みあわせによって示される。

（7）Félix Guattari, 'Machine et structure,' *Psychanalyse et transversalité*, p. 240.（ガタリ「機械と構造」『精神分析と横断性』

所収）

（8）Félix Guattari, *L'inconscient machinique*, Fontenay-sous-Bois: Recherches, 1979, p. 190.（フェリックス・ガタリ『機械状無意識』高岡幸一訳、法政大学出版局、一九九〇年）

（9）Sigmund Freud, 'Recommendations to Physicians Practising Psycho-Analysis,' *Standard Edition of the Complete Psychological Works of Sigmund Freud*, vol. 12, London: Hogarth/Vintage, 2001, p. 115.（ジークムント・フロイト「精神分析治療に際して医師が注意すべきことども」須藤訓任訳『フロイト全集12』岩波書店、二〇〇九年）

（10）Jacques Lacan, 'The direction of the treatment and the principles of its power,' *Ecrits: A Selection*, trans. A. Sheridan, New York: W.W.Norton, 1977, pp. 229-30.（ジャック・ラカン『エクリ』一〜三、佐々木孝次他訳、弘文堂、一九七二—一九八一年）

（11）Félix Guattari, 'Nous sommes tous des groupuscules,' *Psychanalyse et transversalité*, p. 284.（ガタリ「われわれはみな小集団なり」『精神分析と横断性』所収）

（12）Slavoj Žižek, 'Introduction: Alfred Hitchcock, or, The Form and Its Historical Mediation,' *Everything You Always Wanted to Know About Lacan But Were Afraid To Ask Hitchcock*, London: Verso, 1992, p. 4.

（13）Guattari, 'Machine et structure,' p. 244.（ガタリ「機械と構造」『精神分析と横断性』所収）

（14）Ibid., p. 243.

（15）Ibid., p. 241.

（16）Félix Guattari, 'On the Machinic Interpretation of Lacan's "a",' *The Anti-Oedipus Papers*, trans. K. Gotman, Los Angeles: Semiotext(e), 2006, p. 153.（フェリックス・ガタリ『アンチ・オイディプス草稿』國分功一郎・千葉雅也訳、みすず書房、二〇一〇年）

（17）Gilles Deleuze and Félix Guattari, *Anti-Oedipus: Capitalism and Schizophrenia*, trans. Robert Hurley, Mark Seem, and Helen R. Lane, New York: Viking Press, 1977, p. 285.（ジル・ドゥルーズ／フェリックス・ガタリ『アンチ・オイディプス——資本主義と分裂症』上・下、宇野邦一訳、河出文庫、二〇〇六年）「欲望は主体のなかにあるものではな

い。欲望する機械があるのだ。」
(18) Ibid., p. 244.
(19) Ibid., p. 73.
(20) Félix Guattari and Antonio Negri, *Communists Like Us: New Spaces of Liberty, New Lines of Alliance*, trans. M. Ryan, New York: Semiotext(e), 1990, p. 17.（フェリックス・ガタリ、アントニオ・ネグリ『自由の新たな空間』杉村昌昭訳、世界書院、二〇〇七年）
(21) Maurizio Lazzarato, 'Semiotic Pluralism and the New Government of Signs: Homage to Félix Guattari,' *Semiotic Review of Books* 18/1 (2008): 9-12.
(22) Paul Bains, 'Subjectless Subjectivities,' *A Shock to Thought*, ed. B. Massumi, London: Routledge, 2002, p. 103.
(23) Franco Berardi, *Félix Guattari: Thought, Friendship, and Visionary Cartography*, trans. G. Macchia and C. Stivale, London: Palgrave Macmillan, 2008. 第九章参照。
(24) Félix Guattari, *Chaosmosis*, trans. P. Bains and J. Pefanis, Bloomington: Indiana University Press, 1995, p. 60.（フェリックス・ガタリ『カオスモーズ』宮林寛・小沢秋広訳、河出書房新社、二〇一七年新装版）
(25) Félix Guattari, 'Institutional Practice and Politics,' interview by J. Pain, in *The Guattari Reader*, ed. G. Genosko, Oxford: Blackwell, 1996, p. 122.（フェリックス・ガタリ「制度論の実践と政治」杉村昌昭・三脇康生・村澤真保呂編訳『精神の管理社会をどう超えるか？』松籟社、二〇〇〇年、所収）
(26) Guattari, *Chaosmosis*, p. 61.（ガタリ『カオスモーズ』）
(27) Ibid., p. 14.（ガタリ『カオスモーズ』）
(28) Guattari, 'Institutional Practice and Politics,' p. 133.
(29) Ibid., p. 136.
(30) Guattari, *Chaosmosis*, p. 18.（ガタリ『カオスモーズ』）
(31) Félix Guattari and Suely Rolnik, *Molecular Revolution in Brazil*, trans. K. Clapshow and B. Holmes, Los Angeles: Semio-

text(e), 2008, pp. 357-63. この短いセクションには「スキゾ分析的事例」というタイトルが付されている。ガタリはそのような事例をほとんど後世に残さなかった。

（32）Ian Buchanan, 'Deleuze, Gilles and Félix Guattari,' *The Johns Hopkins Guide to Literary Theory and Criticism*, 2nd edn., eds. M. Groden et al., Baltimore: John Hopkins University Press, 2005, p. 248.

（33）Slavoj Žižek, *Organs without Bodies*, New York: Routledge, 2004, p. 83.（スラヴォイ・ジジェク『身体なき器官』長原豊訳、河出書房新社、二〇〇四年）

（34）Ibid., p. 191.「ガタリはかつて直接……」というような、文書が残っていない曖昧な記述を参照。

（35）Michael Hardt and Antonio Negri, *Empire*, Cambridge: Harvard University Press. pp. 290 ff.（アントニオ・ネグリ、マイケル・ハート『〈帝国〉——グローバル化の世界秩序とマルチチュードの可能性』水嶋一憲、酒井隆史、浜邦彦、吉田俊実、以文社、二〇〇三年）

（36）Félix Guattari, 'Capital as the Integral of Power Formations,' *Soft Subversions*, New York: Semiotext(e), 1955, p. 212.

（37）Michael Hardt and Antonio Negri, *Multitude: War and Democracy in the Age of Empire*, New York: Penguin, 2004, p. 336.（アントニオ・ネグリ、マイケル・ハート『マルチチュード——〈帝国〉時代の戦争と民主主義』上・下 幾島幸子訳、水嶋一憲、市田良彦監修、ＮＨＫブックス、二〇〇五年）

（38）Hardt and Negri, *Empire*, p. 406.（ネグリ、ハート『〈帝国〉』）

（39）Félix Guattari, *The Three Ecologies*, trans. Ian Pindar and Paul Sutton, London: Athlone Press, 2000（原書は *Les trois écologies*, Paris: Galilée, 1989), p. 68.（フェリックス・ガタリ『三つのエコロジー』杉村昌昭訳、平凡社ライブラリー、二〇〇八年）

（40）Guattari, 'Institutional Practice and Politics,' p. 132.（ガタリ「制度論の実践と政治」）

（41）Guattari, *Chaosmosis*, pp. 35-6.（ガタリ『カオスモーズ』）道具と機械とを細かく対比させている点に注意。道具は人間の延長として捉えられる。人間と道具には相互適応性があり、道具は機械へと進化するが、機械はその製作者を裏切る。一方、機械状の動的編成はさまざまな構成要素（特定の人間だけを含む）をひとつにまとめる。それは接触や投射によるというよりも、繰り返しとコミュニケーションによるものである。以下も参照。Félix Guattari, ‘Balance-Sheet for Desiring-Machines,’ *Chaosophy*, New York: Semiotext(e), 1995, pp. 121-2.

(42) Félix Guattari, ‘Microphysics of Power/Micropolitics of Desire,’ *The Guattari Reader*, p. 175.

(43) Ibid., p. 181.

(44) Guattari, *Chaosmosis*, p. 7.（ガタリ『カオスモーズ』）

(45) Félix Guattari, ‘Entretien avec Félix Guattari,’ interview by E. Videcoq and J.-Y. Sparel, *Chimères* 28 (Spring/Summer 1996): 20; およびL. Margulis and J. E. Lovelock, ‘Gaia and Geognosy,’ M. B. Rambler et al. (eds.), *Global Ecology*, Boston: Academic Press, 1989, pp. 1-30.

(46) Guattari, ‘Institutional Practice and Politics,’ *The Guattari Reader*, p. 126.（ガタリ「制度論の実践と政治」）

(47) Guattari, *Chaosmosis*, pp. 93-4.（ガタリ『カオスモーズ』）「ジャズは、そのアフリカ的系統と、異質混淆的な形式での再現実化とによって同時に育まれる。それが生きているかぎり、そのようなものでありつづけるだろう。ただ、どのようなオートポイエーシス機械もそうだが、自らをよそものにする運命へと進まなくなったり、その支えが不足したりすると死ぬこともある。」

(48) Ibid., p. 133.

(49) この点について、ジョン・マークスの次のような見解に同意する。「ドゥルーズとガタリをコンピューターマニアのはしりのように読むことは理にかなっていないように思われる。」というのも、彼らは「現実離れしたユートピア的サイバースペースのための青写真」を打ちだしていないからである。John Marks, ‘Information and Resistance: Deleuze, the Virtual and Cybernetics,’ I. Buchanan and A. Parr (eds.), *Deleuze and the Contemporary World*, Edinburgh: Edinburgh University Press, 2006, p. 40. とはいえ、ガタリは明らかに夢中になっていた。ただ、自分の興味を追究させてくれるまさにこの機械——コンピューター——の限界をも認識していた。いずれにせよ、彼は機械状の陶酔感を拒絶していたわけではなかった。

(50) Félix Guattari, ‘Typescript of an Interview with T. Wada of the *Asahi Shimbun*, London Bureau,’ October 2, 1985, Fonds

Félix Guattari, L'Institut Mémoires de l'Édition Contemporaine (IMEC), Saint-Germain-la-Blanche-Herbe, file I02-21.

(51) Félix Guattari, 'Towards an Ethics of the Media,' trans. J. Watson, *Polygraph* 14 (2002): 19.

(52) Gilles Deleuze and Félix Guattari, 'Treatise on Nomadology: The War Machine,' *A Thousand Plateaus*, trans. B. Massumi, Minneapolis: University of Minnesota Press, 1987, pp. 353 and 360.（ジル・ドゥルーズ／フェリックス・ガタリ『千のプラトー』上・中・下、宇野邦一・小沢秋広・田中敏彦・豊崎光一・宮林寛・守中高明訳、河出文庫、二〇一〇年）

(53) Ibid., pp. 388-9.

(54) Félix Guattari, 'La Borde: A Clinic Unlike Any Other,' *Chaosophy*, p. 196.

(55) Nicola Spelman, 'Reversing us and them: anti-psychiatry and "The Dark Side of the Moon",' R. Reising (ed.), *'Speak to Me': The Legacy of Pink Floyd's 'The Dark Side of the Moon'*, Aldershot: Ashgate, 2005, pp. 123-42.

(56) 反精神医学に中心概念があったとするなら、それはデイヴィッド・クーパーが一九六〇年代初頭に自らの著作について語ったコメントのなかにある。それはヴィラ21という精神科の病棟の実験ユニットに関するもので、従来の精神病院が抱える「制度論的不条理」を批判するものであった（スタッフと患者という幻想が集合的なミーティングや役割の交替をとおして分析された）。反精神医学におけるこのような実験については以下に記述がある。David Cooper, *Psychiatry and Anti-Psychiatry*, London: Tavistock, 1967, pp. 83-104.（D・クーパー『反精神医学』野口昌也・橋本雅雄訳、岩崎学術出版社、一九七四年）

(57) Guattari, *Chaosmosis*, pp. 92-3.（ガタリ『カオスモーズ』）

(58) Brian Massumi, *Parables for the Virtual, Durham*, NC: Duke University Press, 2002, p. 36.

(59) Guattari and Rolnik, *Molecular Revolution in Brazil*, pp. 196-7.

（1）Félix Guattari, *Psychanalyse et transversalité*, Paris: Maspero/La Découverte, 1972/2003, p. 154.（ガタリ『精神分析と横断性』）

（2）François Dosse, *Gilles Deleuze et Félix Guattari: Biographie croisée*, Paris: La Découverte, 2007, p. 37.（ドス『ドゥルーズとガタリ』）

（3）Félix Guattari, *The Anti-Oedipus Papers*, trans. K. Gotman, Los Angeles: Semiotext(e), 2006, New York: Semiotext(e), 2006, p. 303.（ガタリ『アンチ・オイディプス草稿』）

（4）Félix Guattari, 'La Borde: A Clinic Unlike Any Other,' *Chaosophy*, New York: Semiotext(e), 1995, p. 189.

（5）Guattari, *Anti-Oedipus Papers*, p. 307.（ガタリ『アンチ・オイディプス草稿』）

（6）Ibid., p. 307.

（7）Jean Oury, 'Une dialectique de l'amitié,' *Le Monde* (1 September 1992): 11.「［ガタリは］薬学を学びはじめた。彼はそれにまったく満足していなかった。……わたしが彼にもうやめたほうがいいと勧めたのだ。」

（8）Tom De Coster et al., 'Emancipating a Neo-Liberal Society? Initial Thoughts on the Progressive Pedagogical Heritage in Flanders since the 1960s,' *Education Research and Perspectives* 31/2 (2004): 156-75.

（9）Nicholas Beattie, *The Freinet Movements of France, Italy, and Germany, 1920-2000*. Mellen Studies in Education, vol. 74, Lewiston: The Edwin Mellen Press, 2002, p. 229.

（10）Ibid., 232.

（11）Catherine Bédarida, 'Disparitions: Fernand Deligny - Un éducateur et un écrivain au service des enfants "anormaux",' *Le Monde* (21 September 1996).

（12）Liane Mozère, 'In Early Childhood: What's Language About?' *Educational Philosophy and Theory* 39/3 (2007): 296.

（13）Dosse, *Biographie croisée*, pp. 95-6.（ドス『ドゥルーズとガタリ』）

（14）Pierre Boiral, 'Introduction,' *Deligny et les tentatives de prise en charge des enfants fous: L'aventure de l'aire*（*1968-1973*）, Ramonville Saint-Agne: Éditions Érès, 2007, pp. 15-7.

（15）ニコラス・ビーティーもこの点に触れているが、ただその際に、学内印刷所のようなフレネのやり方をジャン・ウリが「精神療法的ツールとしての仕事につくりかえた」と決めつけている点は正確さに欠く。Beattie, *Freinet Movements*, p. 228.

（16）Piet Kimzeke, 'The Educational Function of the Youth Hostel,' Graham Heath（ed.）, *The International Youth Hostel Manual*, 2nd edn., Copenhagen: IYHA, 1967, p. 97.

（17）Anton Grassl and Graham Heath, *The Magic Triangle: A Short History of the World Youth Hostel Movement*, Bielefeld, Germany: International Youth Hostel Federation, 1982, p. 47.

（18）Graham Heath, 'The Growth of the Youth Hostel Movement,' *International Youth Hostel Manual*, p. 19.

（19）Grassl and Heath, *Magic Triangle*, p. 58.

（20）Ibid., p. 85.

（21）Ibid., p. 58.

（22）Ibid., p. 105.

（23）Jean Oury, 'Finalités conscientes et inconscientes des institutions,' *Onze heures du soir à La Borde: Essais sur la psychothérapie institutionnelle*, Paris: Galilée, 1980, p. 259.

（24）Félix Guattari, 'L'intervention institutionnelle,' インタヴュー原稿（一九八〇年）。Fonds Félix Guattari, L'Institut Mémoires de l'Édition Contemporaine（IMEC）, Saint-Germain-la-Blanche-Herbe, file ET09-26, pp. 135-6.

（25）Félix Guattari, 'Du Zen aux Galeries Lafayette,' interview with Jacky Beillerot, 一九八六年十一月二十三日と日付の入ったタイプ原稿。Fonds Félix Guattari, IMEC, file I02-22, pp. 6-7.

（26）Ibid., p. 15.

（27）Félix Guattari, *Chaosmosis*, trans. P. Bains and J. Pefanis, Bloomington: Indiana University Press, 1995, p. 65.（ガタリ『カ

オスモーズ』）

（28）Aïda Vasquez and Fernand Oury, *Vers une pédagogie institutionnelle*, Paris: François Maspero, 1968, pp. 43 and 200.

（29）Vasquez and Oury, *Vers une pédagogie institutionnelle*, p. 243.

（30）Célestin Freinet, *La méthode naturelle. 1. L'apprentissage de la langue*, Neuchatel and Paris: Delachaux et Niestlé, 1968, p. 146.（セレスタン・フレネ『言語の自然な学び方――学校教育の轍の外で』里見実訳、太郎次郎社エディタス、二〇一五年）

（31）Célestin Freinet, 'L'Éducation du travail,' *Oeuvres Pédagogiques*, vol. 1, Paris: Éditions du Seuil, 1994, p. 309.

（32）Freinet, *La méthode naturelle*, p. 122.（フレネ『言語の自然な学び方』）

（33）Ibid., p. 122.

（34）Ibid., p. 123.

（35）Ibid., p. 124.

（36）Célestin Freinet, 'L'École moderne Française,' *Oeuvres Pédagogiques*, vol. 2, Paris: Éditions du Seuil, 1994, p. 59.（セレスタン・フレネ『フランスの現代学校』シリーズ・世界の教育改革7、石川慶子・若狭蔵之助訳、明治図書出版、一九七九年）

（37）Ibid., p. 60.

（38）Vasquez and Oury, *Vers une pédagogie institutionnelle*, p. 82.

（39）Félix Guattari, 'La grille,' 一九八七年一月二十九日と日付の入ったタイプ原稿。Fonds Félix Guattari, IMEC, file ET04-13, p. 6.

（40）Vasquez and Oury, *Vers une pédagogie institutionnelle*,, p. 82.

（41）Guattari, 'La grille,' p. 9.

（42）Vasquez and Oury, *Vers une pédagogie institutionnelle*,, p. 242.

（43）Ibid., p. 243.

(44) Freinet, 'L'Éducation du travail,' pp. 252-3.
(45) Guattari, 'La grille,' p. 3.
(46) Freinet, 'L'Éducation du travail,' p. 252.
(47) Freinet, 'L'École moderne Française,' p. 47.
(48) Guattari, 'La Borde,' p. 193.
(49) Ibid., p. 194.
(50) Guattari, *Psychanalyse et transversalité*, p. 80.（ガタリ『精神分析と横断性』）
(51) Célestin Freinet, 'Rapid Growth of School Magazines in Various Parts of the World,' *Cooperative Learning and Social Change: Selected Writings of Célestin Freinet*, ed. and trans. David Clandfield and John Sivell, Toronto: OISE Publishing, 1990, pp. 34-5.
(52) このスケジュールについては以下を参照。 Beattie, *Freinet Movements*, pp. 22-31.
(53) Guattari, 'La Borde,' p. 190.
(54) Michel Foucault, *Discipline and Punish*, trans. Alan Sheridan, New York: Vintage, 1977, p. 149.（ミシェル・フーコー『監獄の誕生――監視と処罰』田村俶訳、新潮社、一九七七年）
(55) Félix Guattari and Suely Rolnik, *Molecular Revolution in Brazil*, trans. K. Clapshow and B. Holmes, Los Angeles: Semiotext(e), 2008, p. 380.

第二章

(1) Félix Guattari, 'I Am An Idea-Thief,' *Chaosophy*, New York: Semiotext(e), 1995, p. 39.
(2) Félix Guattari, 'Beyond the Psychoanalytic Unconscious,' *Soft Subversions*, New York: Semiotext(e), 1955, pp. 196-7.

（3）François Dosse, *Gilles Deleuze et Félix Guattari: Biographie croisée*, Paris: La Découverte, 2007, pp. 66 and 81.（ドス『ドゥルーズとガタリ』）

（4）Ibid., p. 73.

（5）Félix Guattari, 'Transversalité,' *Psychanalyse et transversalité*, Paris: Maspero/La Découverte, 1972/2003, p. 75.（ガタリ『精神分析と横断性』）

（6）Félix Guattari, 'The Transference,' *The Guattari Reader*, ed. G. Genosko, Oxford: Blackwell, 1996, p. 63.

（7）Gilles Deleuze, 'For Félix,' *Two Regimes of Madness*, trans. A Hodges and M. Taormina, New York: Semiotext(e), 2006, p. 382.（ジル・ドゥルーズ『狂人の二つの体制――一九七五―一九八二』宇野邦一監訳、河出書房新社、二〇〇四年）

（8）Guattari, 'Transversalité,' p. 79.

（9）Ibid., p. 80.

（10）Ibid., p. 80

（11）Guattari, 'The Transference,' p. 62.

（12）Guattari, 'Transversalité,' p. 76.

（13）Guattari, 'The Transference,' p. 63.

（14）Gary Genosko, *Félix Guattari: An Aberrant Introduction*, London: Continuum, 2002, pp. 87-90.

（15）Sigmund Freud, 'Neurosis and Psychosis,' *Standard Edition of the Complete Pshchological Works of Sigmund Freud*, vol. 19, London: Hogarth/Vintage, 1964, pp. 151-2.

（16）Sigmund Freud, 'An Outline of Psycho-Analysis,' *Standard Edition of the Complete Pshchological Works of Sigmund Freud*, vol. 23, London: Hogarth/Vintage, 1964, pp. 206-7.（ジークムント・フロイト「精神分析梗概」本間直樹訳『フロイト全集18』岩波書店、二〇〇七年）

（17）Félix Guattari, 'The Best Capitalist Drug,' *Chaosophy*, p. 215.

(18) Ibid., p. 219-20.
(19) Dosse, *Biographie croisée*, pp. 36 and 89.（ドス『ドゥルーズとガタリ』）
(20) Ivan Illich, *Tools for Conviviality*, New York: Harper&Row, 1973, p. 17.
(21) Ibid., p. 191.
(22) Michel Foucault, *Discipline and Punish*, trans. A Sheridan, New York: Vintage, 1977, p. 152.（フーコー『監獄の誕生――監視と処罰』）
(23) Deleuze, *Foucault*, trans. S. Hand Minneapolis: University of Minnesota Press, 1988, pp. 34-7.（ジル・ドゥルーズ『フーコー』宇野邦一訳、河出文庫、二〇〇七年）
(24) Félix Guattari, *La Révolution Moléculaire*, Fontenay-sous-Bois: Recherches (Encres), 1977, p. 271.（フェリックス・ガタリ『分子革命――欲望社会のミクロ分析』杉村昌昭訳、法政大学出版局、一九八八年。ただしこの部分の邦訳は『精神と記号』杉村昌昭訳、法政大学出版局、一九九六年、所収。）
(25) Stephen Zepke, *Art as Abstract Machine: Ontology and Aesthetics in Deleuze and Guattari*, London: Routledge, 2005, pp. 189-92.
(26) ゼプケは賢明にも、抽象機械をつくることはＤＩＹ的なプロジェクトなのだということを強調する。Ibid., p. 2.
(27) Illich, *Tools for Conviviality*, p. 37.
(28) Deleuze, *Foucault*, p. 22.（ドゥルーズ『フーコー』）
(29) 用語集はこの病院の以下のウェブサイトの「資料」のところにある。〈http://www.cliniquedelaborde.com〉〔ウェブサイトそのものは存在するが、デザインが変わったのか、現在、用語集は閲覧できない。以下、注の30および31も同様〕
(30) Le Club Laborde, 'Le feuille de jour: traverses les cloisonnements,' 〈http://www.cliniquedelaborde.com〉《Quotidien》のところにリストがある〔現在閲覧不可〕。
(31) CERFI, 'La grille: 1958-1973,' もともとは *Revue perspectives psychiatrique* 45 (1974) に掲載されたもの。〈http://www.

cliniquedelaborde.com〉《Réflexion》のところで見られる〔現在閲覧不可〕。

（32）Félix Guattari, 'La "grille",' *Chimères* 34 (1998): 18-20. およびFélix Guattari, 'Entretien avec John Johnston: Vertige de l'immanence,' *Chimères* 38 (2000): 14-5.（フェリックス・ガタリ「内在の眩暈」杉村昌昭編訳『フェリックス・ガタリの思想圏——〈横断性〉から〈カオスモーズ〉へ』、大村書店、二〇〇一年、所収）ガタリは以下の点について端的に述べている。横断性の概念は、一九六〇年代に、異質混淆的な極性のあいだのパサージュとしてガタリが展開した初期のものから、記号やアイデンティティ、あるいは他の座標軸による条里化を回避するとき、出来事や力に何が生じるのかを示すために用いられる概念となり、最終的にはカオスモーズ的な横断性へと変わっていった。この概念は完全に意味と決別するリスクを示すものなのである。

（33）Deleuze and Guattari, 'Balance-Sheet for Desiring Machines,' *Chaosophy*, p. 136.

（34）Foucault, *Discipline and Punish*, pp. 164 ff.（フーコー『監獄の誕生』）

（35）Guattari, 'Subjectivities: for Better and for Worse,' *The Guattari Reader*, p. 201.

（36）Richard K. Ashley, 'Living on Border Lines: Mass, Poststructuralism, and War,' James Der Derian and Michael J. Shapiro (eds.), *International/intertextual Relations: Postmodern Readings of World Politics*, Lexington, MA: D.C.Heath, 1989, pp. 296 ff.

（37）David Campbell, 'Political Prosaics, Transversal Politics, and the Anarchical World,' Machael J. Shapiro and Hayward R. Allier (eds.), *Challenging Boundaries*, Minneapolis: University of Minnesota Press, 1996, p. 20.

（38）Roland Bleiker, *Popular Dissent, Human Agency and Global Politics*, Cambridge: Cambridge University Press, 2000, p. 119.

（39）Michael Hardt and Antonio Negri, *Multitude: War and Democracy in the Age of Empire*, New York: Penguin, 2004, p. 88.（ネグリ、ハート『マルチチュード』）

（40）Ned Rossiter, *Organized Networks*, The Hague: NAi Publishers, 2006, pp. 208-9.

（41）Michel Foucault, 'Afterword: The Subject and Power,' Hubert L. Dreyfus and Paul Rabinow, *Michel Foucault: Beyond Structuralism and Hermeneutics*, Chicago: University of Chicago Press, 1982, pp. 211-2.（ヒューバート・L・ドレイファス、

ポール・ラビノウ『ミシェル・フーコー――構造主義と解釈学を超えて』山形頼洋ほか訳、筑摩書房、一九九六年)
(42) Félix Guattari, 'Microphysics of Power/Micropolitics of Desire,' *The Guattari Reader*, p. 174.
(43) Ibid., p. 176.
(44) Félix Guattari, 'Réinventer la politique,' *Le Monde*, March 8, 1990.
(45) Félix Guattari, 'La révolution moléculaire,' *Le Monde*, December 7, 1990.
(46) Félix Guattari, 'Ecologie et politique: Un nouvel axe progressiste,' *Le Monde*, April 6, 1992.
(47) Félix Guattari, 'Capitalism: A Very Special Delirium,' *Chaosophy*, pp. 61-2.
(48) Hardt and Negri, *Multitude*, p. 358. (ネグリ、ハート『マルチチュード』)
(49) Ibid., p. 222.
(50) Félix Guattari, *The Three Ecologies*, trans. Ian Pindar and Paul Sutton, London: Athlone Press, 2000 (原書は *Les trois écologies*, Paris: Galilée, 1989), pp. 68-9. (ガタリ『三つのエコロジー』)

第三章

(1) Félix Guattari, *The Three Ecologies*, trans. Ian Pindar and Paul Sutton, London: Athlone Press, 2000 (原書は *Les trois écologies*, Paris: Galilée, 1989). (ガタリ『三つのエコロジー』)
(2) Félix Guattari, 'Les fondements éthico-politique de l'interdisciplinarité,' 手書き原稿、一九九一年四月。Fonds Félix Guattari, L'Institut Mémoires de l'Édition Contemporaine (IMEC), Saint-Germain-la-Blanche-Herbe, file ET10-24.
(3) Ibid., p. 15.
(4) 'De la pluridisciplinarité à la transdisciplinarité,' written with Sergio Vilar, Barcelona and Paris, Sept. 1992, Fonds Félix Guattari (IMEC), file ET05-13, p. 6.

（5）Jean Chesnaux and Roger Gentis, 'Félix, Our Friend,' trans. M. McMahon, G. Genosko (ed.), *Deleuze and Guattari: Critical Assessments of Leading Philosophers*, vol. 2, London: Routledge, 2001, p. 544.

（6）François Dosse, *Gilles Deleuze et Félix Guattari: Biographie croisée*, Paris: La Découverte, 2007, p. 449 ff.（ドス『ドゥルーズとガタリ』）

（7）フランコ・ベラルディが友人のフェリックスについて書くときのおもなテーマはこれである。

（8）Gary Genosko, 'Summit of Radicals,' *The Party without Bosses: Lessons on Anti-Capitalism from Félix Guattari and Luís Inácio 'Lula' da Silva*, Semaphore Series, Winnipeg: Arbeiter Ring, 2003.

（9）Félix Guattari, *Chaosmosis*, trans. P. Bains and J. Pefanis, Bloomington: Indiana University Press, 1995, p. 128.（ガタリ『カオスモーズ』）

（10）Félix Guattari, 'Une autre vision du future,' *Le Monde*, February 15, 1992.

（11）'La préparation des elections régionales: Les Verts de Paris proposent une referendum sur l'aménagement de l'Ile-de-France,' *Le Monde*, February 27, 1992.

（12）Félix Guattari, *La Philosophie est essentielle à l'existence humaine*, interview with Antoine Spire, Michel Field and Emmanuel Hirsch, Paris: Éditions Aube, 2002, p. 42.（フェリックス・ガタリ「一般概念＝普遍主義を超えて」『フェリックス・ガタリの思想圏』所収）さらにFélix Guattari, 'L'intervention institutionnelle,' Fonds Félix Guattari, IMEC, 1980, file ET09-26, p. 146. インタヴューのタイプ原稿

（13）Guattari, *La Philosophie*, p. 47.

（14）Guattari, 'I am an Idea-Thief,' pp. 46-7.

（15）Ibid., p. 47.

（16）Félix Guattari, 'La grand-peur écologique,' 手書き原稿。Fonds Félix Guattari, IMEC, file ET10-03.

（17）Guattari, *The Three Ecologies*, p. 34.（ガタリ『三つのエコロジー』）

（18）Ibid., p. 29.

(19) Félix Guattari, 'Remaking Social Practices,' *The Guattari Reader*, ed. G. Genosko, Oxford: Blackwell, 1996, p. 264.（フェリックス・ガタリ「社会的実践の再構築のために――メディアの破産、文明の危機、近代の逃走」杉村昌昭訳『近代／反近代』岩波講座・現代思想14、岩波書店、一九九五年、所収）

(20) Ibid.

(21) Ibid., p. 268.

(22) Guattari, *The Three Ecologies*, pp. 41-2.（ガタリ『三つのエコロジー』）

(23) Ibid., p. 35.

(24) Ibid., p. 36.

(25) Steve Baker, *The Postmodern Animal*, London: Reaktion Books, 2000, p. 63.

(26) Guattari, *The Three Ecologies*, p. 49.（ガタリ『三つのエコロジー』）

(27) Félix Guattari, 'Introduction,' *George Condo*, Paris: Daniel Templon, 1990, p. 5. さらにGuattari, *Chaosmosis*, pp. 6-7. およびGary Genosko, *Félix Guattari: An Aberrant Introduction*, London: Continuum, 2003, pp. 49 ff.（ガタリ『カオスモーズ』）

(28) Guattari, *The Three Ecologies*, p. 49.（ガタリ『三つのエコロジー』）

(29) Ibid., p. 52.

(30) Guattari, 'Subjectivities: For Better and for Worse,' *The Guattari Reader*, pp. 199-200.

(31) Félix Guattari, 'Les Ritournelles du temps perdu,' *L'inconscient machinique*, Fontenay-sous-Bois: Recherches, 1979, pp. 239 ff.（ガタリ『機械状無意識』）

(32) Guattari, *Chaosmosis*, p. 90.（ガタリ『カオスモーズ』）

(33) Guattari, *The Three Ecologies*, p. 46.（ガタリ『三つのエコロジー』）

(34) Guattari, *Chaosmosis*, p. 91.（ガタリ『カオスモーズ』）

(35) Guattari, *The Three Ecologies*, p. 52.（ガタリ『三つのエコロジー』）

(36) Guattari, 'David Wojnarowicz,' *Rethinking Marxism* 3/1 (1990): 76-7.（フェリックス・ガタリ「デイヴィッド・ヴォイナロヴィッチ」『エコゾフィーとは何か』杉村昌昭訳、青土社、二〇一五年、所収）

(37) 一九九三年ブリティッシュ・コロンビアのクレヨコット湾での伐採反対のための抗議行動を撮影したイアン・ウォレスの大判写真は、一九九五年、ヴァンクーヴァー・アート・ギャラリーで展示された。

(38) Guattari, *The Three Ecologies*, p. 66.（ガタリ『三つのエコロジー』）

(39) Félix Guattari, 'Les machines architecturales de Shin Takamatsu,' *Chimères* 21 (Winter 1994): 127-41.

(40) ベン・ライトの映画『スラヴォイ・ジジェク――仮想という現実（*Slavoj Žižek: The Reality of the Virtual*）』（二〇〇四年）で彼の見解を聞くことができる。

(41) Gilles Deleuze and Félix Guattari, *What is Philosophy?* trans. H. Tomlinson and G. Burchell, New York: Columbia University Press, 1994, pp. 183-6.（ジル・ドゥルーズ／フェリックス・ガタリ『哲学とは何か』財津理訳、河出文庫、二〇一二年）

(42) Guattari, *The Three Ecologies*, p. 66.（ガタリ『三つのエコロジー』）

(43) Félix Guattari, 'Regimes, Pathways, Subjects,' *The Guattari Reader*, p. 103.

(44) Guattari, *The Three Ecologies*, p. 69.（ガタリ『三つのエコロジー』）

(45) Gilles Deleuze, *Francis Bacon: The Logic of Sensation*, trans. D.W. Smith, Minneapolis: University of Minnesota Press, 2003, p. 70.（ジル・ドゥルーズ『フランシス・ベーコン――感覚の論理学』宇野邦一訳、河出書房新社、二〇一六年）

(46) 「わたしは超越的な判断を下さない」Félix Guattari, 'Entretien avec Félix Guattari,' interview by E. Videcoq and J.-Y. Sparel, *Chimères* 28 (1996)（Spring/Summer 1996）: 22.

(47) このような観点は以下の著作に見られる。A. and M. Mattelart, *Rethinking Media Theory*, trans. J. A. Cohen and M. Urquidi, Minneapolis: University of Minnesota Press, 1992, pp. 20-7.

(48) ロワイヨモン修道院で開催された領域横断性に関する学会の参加者のなかには「超越的な言語」や「超越的

な説明的権力」を求める者がいる。M. A. Somerville and D. J. Rapport (eds.), *Transdisciplinarity: Recreating Integrated Knowledge*, Oxford: EOLSS, 2000.

(49) 周知のとおり、E・O・ウィルソンが「混沌から帰還する道」について触れており、これが注(48)の *Transdisciplinarity* の編集者のひとりによって領域横断性の定義として取り上げられている。p. 135.

(50) Guattari, *Chaosmosis*, p. 80.(ガタリ『カオスモーズ』)

(51) Ibid., p. 133.

(52) Ibid., p. 129.

(53) Arne Naess, *Ecology, Community and Lifestyle*, trans. D. Rothenberg, Cambridge: Cambridge University Press, 1989, p. 38.(アルネ・ネス『ディープ・エコロジーとは何か――エコロジー・共同体・ライフスタイル』斎藤直輔・開龍美訳、文化書房博文社、一九九七年)

(54) Ibid., p. 86.

(55) Warwick Fox, *Toward a Transpersonal Ecology*, Albany: State University of New York Press, 1995. がその一例。

(56) Guattari, 'I am an Idea-Thief,' pp. 47-8.

(57) Guattari, 'Rethinking Social Practices,' p. 268.(ガタリ「社会的実践の再構築のために」)

(58) Hans Jonas, *The Imperative of Responsibility: In Search of an Ethics for the Technological Age*, Chicago: University of Chicago Press, 1984, p. 9; Guattari, 'Rethinking Social Practices,' p. 271.(ハンス・ヨナス『責任という原理――科学技術のための倫理学の試み』加藤尚武監訳、東信堂、二〇一〇年)

第四章

(1) Umberto Eco, *A Theory of Semiotics*, Bloomington: Indiana University Press, 1976, p. 20.(ウンベルト・エーコ『記号

論』（1・2）、池上嘉彦訳、講談社学術文庫、二〇一三年）

（2）Ibid., p. 33.

（3）Maurizio Lazzarato, 'Immaterial Labor,' Paolo Virno and Michael Hardt (eds.), *Radical Thought in Italy: A Potential Politics*, Minneapolis: University of Minnesota Press, 1996, p. 143.

（4）Karl Marx, *Capital*, vol. 1. trans. S. Moore and E. Aveling, Moscow: Progress Publishers, 1986, p. 582.（カール・マルクス『資本論』（第一巻上・下）今村仁司・三島憲一・鈴木直訳、筑摩書房、二〇〇五年）

（5）マニュエル・カステルはネットワーク社会の物質的基盤を五段階に分けて定義している。情報はテクノロジーが作動する生の素材である。そのような新しい情報テクノロジーには浸透性がある。こういったテクノロジーはネットワーク化の論理に従う。この論理の特徴は適応性がある。新旧のテクノロジーがそこに収斂する。Manuel Castells, *The Rise of the Network Society*, Oxford: Blackwell, 2000, pp. 70-1.

（6）Manuel DeLanda, *War in the Age of Intelligent Machines*, New York: Zone, 1991.（マヌエル・デランダ『機械たちの戦争』杉田敦訳、アスキー、一九九七年）デランダは「機械状系統流」の二つの意味を引用している。ひとつ目は「物質運動の流れ」というドゥルーズとガタリから直接引いてきたもので、二つ目は「混沌から秩序が生じる」プロセスに関するものだ（p. 20）。「系統流」は、テクノロジーの系統のことであり、その現われにデランダは着目する。そのような系統流が軍事目的で利用されたり、科学的に裏づけられたりするからだ。ガタリはこの系統流のことを端的に「可能性の連続体」と定義する。それは純粋な可能性をもつ抽象的な物としてのリビドーによってモデル化された機械状の相互作用のことである。リビドーは、欲望（衝動、対象、段階など）の流れによって条里化される。もちろんこれだけがすべてではないが。Félix Guattari, *Cartographies schizoanalytiques*, Paris: Galilée, 1989, pp. 42-4.（フェリックス・ガタリ『分裂分析的地図作成法』宇波彰・吉沢順訳、紀伊國屋書店、一九九八年）

（7）Félix Guattari, 'Machinic Junkies,' *Soft Subversions*, New York: Semiotext(e), 1995, p. 103.

（8）Guattari, 'Révolution informationnelle, écologie et recomposition subjective,' *Multitudes* 24 (2006), 〈http://multitudes.Samizdat.net/spip.php?article2390〉および Pierre Clastres, *Society Against the State*, trans. R. Hurley, New York: Zone, 1987,

p. 47.（ピエール・クラストル『国家に抗する社会——政治人類学研究』渡辺公三訳、水声社、一九八九年）

（9）二〇〇八年八月、カーディフで開催された国際ドゥルーズ・スタディーズ学会で、オサリヴァンは「現代アートにおける無‐意味と不確定性」と題する報告のなかで主体化のこのような読みを提案した。

（10）Gilles Deleuze, *Cinema 2: The Time-Image*, trans. H. Tomlinson and R. Galeta, Minneapolis: University of Minnesota Press, 1989, p. 29.（ジル・ドゥルーズ『シネマ2——時間イメージ』宇野邦一、石原陽一郎、江澤健一郎、大原理志、岡村民夫訳、法政大学出版局、二〇〇六年）ガタリの考えでは、粒子‐記号は系統流においてその滑らかさと抽象性を立証する。それは、まだ完全に形成されてはいないものの、十分具体的なものだからである。とはいえ、系統流はすでにリゾームによって条里化されている。記号的物質とエネルギーが効果を及ぼすようになるのは、抽象的で連続的な系統流の領域が、多様な分節化（リビドー、資本、記号論、労働）とかかわりながら、時空に縛られ、また条里化された非連続的な流れのなかに現われるときである。ガタリにならって、系統流と自然数の関係は、流れと分数の関係に等しいとも言えるだろう。

（11）この点については、たとえば以下を参照。Scott Lash, *Critique of Information*, London: Sage, 2002, pp. 18 ff.（スコット・ラッシュ『情報批判論——情報社会における批判理論は可能か』相田敏彦訳、ＮＴＴ出版、二〇〇六年）

（12）Michael Ruse, 'Signal,' Paul Bouissac (ed.), *Encyclopedia of Semiotics*, New York: Oxford University Press, 1998, p. 576.

（13）Félix Guattari, *Chaosmosis*, trans. P. Bains and J. Pefanis, Bloomington: Indiana University Press, 1995, p. 5.（ガタリ『カオスモーズ』）

（14）Félix Guattari, *L'inconscient machinique*, Fontenay-sous-Bois: Recherches, 1979, p. 13.（ガタリ『機械状無意識』）

（15）Guattari, *Chaosmosis*, p. 49.（ガタリ『カオスモーズ』）

（16）Bruno Bosteels, 'From Text to Diagram: Towards a Semiotics of Cultural Cartography,' C. W. Spinks and J. Deely (eds.), *Semiotics 1994*, New York: Peter Lang, 1995, p. 353.

（17）Roland Barthes, *Elements of Semiology*, trans. A. Lavers and C. Smith, New York: Hill and Wang, 1967, pp. 11 and 86.（ロラン・バルト『零度のエクリチュール　付・記号学の原理』渡辺淳・沢村昂一訳、みすず書房、一九七一年）

(18) Barthes, *Elements of Semiology*, p. 87.

(19) Inna Semetsky, 'Semiotics' A. Parr (ed.), *The Deleuze Dictionary*, Edinburgh: Edinburgh University Press, 2004, p. 243.

(20) Félix Guattari, *La Révolution Moléculaire*, Fontenay-sous-Bois: Recherches (10/18), 1977, pp. 230-1. これは「10/18」版である。（ガタリ『分子革命』）

(21) Ibid., p. 234. およびFélix Guattari, *La Révolution Moléculaire*, Fontenay-sous-Bois: Recherches (Encres), 1977, p. 243. これは「ルシェルシュ」版である。

(22) Guattari, *La Révolution Moléculaire* (Encres), p. 243.（ガタリ『分子革命』）

(23) Ibid., p. 281.

(24) Guattari, *La Révolution Moléculaire* (10/18), p. 236.（ガタリ『分子革命』）

(25) Guattari, *Chaosmosis*, p. 49.（ガタリ『カオスモーズ』）

(26) Janell Watson, 'Guattari's Black Holes and the Post-Media Era,' *Polygraph* 14 (2002): 35.

(27) Guattari, *La Révolution Moléculaire* (10/18), p. 235.（ガタリ『分子革命』）

(28) Guattari, *La Révolution Moléculaire* (Encres), p. 282.（ガタリ『分子革命』）

(29) Guattari, *L'inconscient machinique*, p. 224.（ガタリ『機械状無意識』）

(30) Félix Guattari, *The Anti-Oedipus Papers*, trans. K. Gotman, New York: Semiotext(e), 2006, p. 387.（ガタリ『アンチ・オイディプス草稿』）

(31) Guattari, *La Révolution Moléculaire* (10/18), p. 235.（ガタリ『分子革命』）

(32) Brian Massumi, *A User's Guide to Capitalism and Schizophrenia*, Cambridge, MA: MIT Press/Swerve Edition, 1992, p. 53.

(33) Guattari, *La Révolution Moléculaire* (Encres), p. 244.（ガタリ『分子革命』）

(34) Oscar Gandy, 'Data Mining, Surveillance, and Discrimination in the Post-9/11 Environment,' K. Haggerty and R. Ericson (eds.), *The New Politics of Surveillance and Visibility*, Toronto: University of Toronto Press, 2006, pp. 363-84.

(35) Gilles Deleuze, 'Postscript on Control Societies,' *Negotiations 1972-1990*, trans. M. Joughin, New York: Columbia, 1995,

pp. 181-2.
(36) Guattari, *Chaosmosis*, p. 48.(ガタリ『カオスモーズ』)
(37) Ibid., p. 49.
(38) Guattari, *L'inconscient machinique*, p. 55.(ガタリ『機械状無意識』)
(39) Jacques Derrida, *Dissemination*, trans. B. Johnson, Chicago: University of Chicago Press, 1981, p. 292.(ジャック・デリダ『散種』藤本一勇・立花史・郷原佳以訳、法政大学出版局、二〇一三年)
(40) Guattari, *L'inconscient machinique*, p. 224.(ガタリ『機械状無意識』)
(41) Ibid., p. 223.
(42) Guattari, *La Révolution Moléculaire* (Encres), p. 259.(ガタリ『分子革命』)
(43) Ibid., p. 259.
(44) Ibid., p. 269.
(45) Ibid., p. 267. さらにGilles Deleuze and Félix Guattari, *A Thousand Plateaus*, trans. B. Massumi, Minneapolis: University of Minnesota Press, 1987, p. 129.(ドゥルーズ/ガタリ『千のプラトー』)
(46) Jussi Parikka, *Digital Contagions*, New York: Peter Lang, 2007, pp. 260 ff.
(47) Guattari, *La Révolution Moléculaire* (10/18), p. 237.(ガタリ『分子革命』)
(48) John Willinsky, *Technologies of Knowing*, Boston: Beacon Press, 1999.
(49) カステルにとって、ヨーロッパは「ひとつのネットワーク国家」である。*End of Millennium*, Oxford: Blackwell, 2000, pp. 338 ff.
(50) Michael Hardt and Antonio Negri, *Multitude*, New York: Penguin, 2004, p. 88.(ネグリ、ハート『マルチチュード』)
(51) Brian Massumi, *Parables for the Virtual*, Durham, NC: Duke University Press, 2002, pp. 46 ff.
(52) Félix Guattari, 'Ritornellos and Existential Affects,' trans. Juliana Schiesari and Georges van den Abbeele, *Discourse* 12/2 (1990): 74.

(53) エリック・アリエズの見事な言葉「デジタル資本主義の帝国」にちなむ。Eric Alliez, 'Anti-Oedipus: Thirty Years On,' M. Fuglsang and B. M. Sorensen (eds.), *Deleuze and the Social*, Edingurgh: Edinburgh University Press, 2006, p. 165.

(54) Acidus, 'NCR ATMs – Aurum Ex Machina,' *2600* 19/2 (Summer 2002): 18–9.

(55)「主観的充実の差延」としての「意図的貧困」というマイナー戦略については以下を参照。Nick Thoburn, 'Vacuoles of Noncommunication: Minor Politics, Communist Style and the Multitude,' I. Buchanan and A. Parr (eds.), *Deleuze and the Contemporary World*, Edinburgh: Edinburgh University Press, 2006, p. 44.

(56) 例としてシャロン・キルケゴールの作品を参照。彼女は滞納状態になっている自分の個人的な負債を作品のなかでフローチャートとして地図化した。Sharon Kirksghard, 'Performer turns credit card debt into art,' STTF.org (South to the Future), ⟨http://sttf.org/wires/1990/03/22/performer-turns-credit-card-debt-into-art/⟩.

第五章

(1) Gilles Deleuze and Félix Guattari, *A Thousand Plateaus*, trans. B. Massumi, Minneapolis: University of Minnesota Press, 1987, pp. 474 ff. (ドゥルーズ/ガタリ『千のプラトー』)

(2) Paul Putton, *Deleuze and the Political*, Oxford: Blackwell, 2000, p. 114.

(3) Ibid., p. 129.

(4) Deborah Root, *Cannibal Culture: Art, Appropriation, and the Commodification of Difference*, Boulder, CO: Westview, 1996, p. 86.

(5) イカルイトにおけるこのようなプロジェクトの現地調査は、おもにアダム・ブリックスが行なった。彼は現在、カリフォルニア大学における演劇専攻の博士号取得候補者のひとりである。

(6) Department of Communications and Department of Justice, *Privacy and Computers: A Report of a Task Force*, Ottawa:

Government of Canada, 1972, p. 88.

（7）Valerie Alia, *Names, Numbers, and Northern Policy: Inuit, Project Surname, and the Politics of Identity*, Halifax: Fernwood, 1994, pp. 30-1.

（8）Deleuze and Guattari, *A Thousand Plateaus*, p. 500.（ドゥルーズ／ガタリ『千のプラトー』）

（9）Ibid., p. 492.

（10）Ibid., p. 493.

（11）Ibid., p. 494.「エスキモー」という言葉を用いることは、人類学者を含む第三者が使用する侮蔑的なレッテルを受け入れることを意味し、またかなり時代的な制約もあるように思われる。一九七〇年代半ばごろには、すでにこの言葉は使用されなくなっていて、代わりに「イヌイット」という語が用いられていたのだが、もともと一九八〇年に出版された『千のプラトー』の著者たちは、そのことをまだ知らなかった。Edmund Carpenter, *Eskimo Realities* (New York: Holt, Rinehart & Winston, 1973), pp. 192 ff.; James Houston, *Confessions of an Igloo Dweller* (Toronto: M&S, 1995), p. 18.「氷原空間」という語の使用については、以下を参照。Deleuze and Guattari, *A Thousand Plateaus*, p. 574, n. 28 and p. 577, n. 56. およびCarpenter, *Eskimo Realities*, p. 78.（ドゥルーズ／ガタリ『千のプラトー』）

（12）Christopher L. Miller, 'The Postidentitarian Predicament in the Footnotes of *A Thousand Plateaus*: Nomadology, Anthology, and Authority,' *Deleuze and Guattari: Critical Assessments*, vol. 3, G. Genosko (ed.) (London: Routledge, 2001), p. 1117.

（13）Deleuze and Guattari, *A Thousand Plateaus*, p. 574, n. 28.（ドゥルーズ／ガタリ『千のプラトー』）

（14）Carpenter, *Eskimo Realities*, p. 78; Deleuze and Guattari, *A Thousand Plateaus*, pp. 475-6.（ドゥルーズ／ガタリ『千のプラトー』）

（15）Ernst Roch (ed.), *Arts of the Eskimo: Prints*, Montreal: Signum Press, 1974, p. 20.

（16）Department of Indian Affairs and Northern Development, *Identification and Registration of Indian and Inuit People*, Ottawa: DIAND, 1993, p. 24.

(17) Richard Diubaldo, *The Government of Canada and the Inuit: 1900-1967*, Ottawa: Research Branch and Corporate Policy, Indian and Northern Affairs Canada, 1985, p. 111.

(18) Deleuze and Guattari, *A Thousand Plateaus*, p. 477. (ドゥルーズ/ガタリ『千のプラトー』)

(19) John MacDonald-Adam Bryx, 私信, 二〇〇三年七月十七日.

(20) Alan Rudolph Marcus, *Relocating Eden: The Image and Politics of Inuit Exile in the Canadian Arctic* (Hanovera and London: University Press of New England, 1995), p. 33.

(21) Department of Indian Affairs and Northern Development, *Identification and Registration of Indian and Inuit People*, p. 23.

(22) Alia, *Names, Numbers, and Northern Policy*, pp. 14 ff.

(23) Deleuze and Guattari, *A Thousand Plateaus*, pp. 456-7. (ドゥルーズ/ガタリ『千のプラトー』)

(24) Ludger Müller-Wille, *Gazetter of Inuit Place Names in Nunavik (Québec, Canada)*, Inukjuak, PQ: Avataq Cultural Institute, 1987; cf. Department of Natural Resources Canada, 'Geographical Names of Canada,' 〈http://www.geonames.nrcan.gc.ca〉.

(25) James Williams, 'Monitoring vs. Metaphysical Modeling: or, How to predict the future of the postmodern condition,' PLI (October 1992): 55; Michael Hardt, 'The Global Society of Control,' *Discourse* 20/3 (Fall 1998): 139-52.

(26) R. A. Reiter, *The Fundamental Principles of Indian Law*, Edmonton: First Nations Resource Council, 1991, p. 14; S. Imai, The 1999 Annotated Indian Act and Aboriginal Constitutional Provisions, Toronto: Carswell, 2000, p. 26.

(27) J. Poudrier, 'Racial Categories and Health Risks: Epidemiological Surveillance among Canadian First Nations,' D. Lyon (ed.), *Surveillance as Social Sorting*, London: Routledge, 2003, pp. 111-34.

(28) Alia, *Names, Numbers, and Northern Policy*, p. 40.

(29) Marcus, *Relocating Eden*, p. 32.

(30) Félix Guattari, 'Semiological Subjection, Semiotic Enslavement,' *The Guattari Reader*, ed. G. Genosko, Oxford: Blackwell, 1996, pp. 143-5.

(31) Marcus, *Relocating Eden*, p. 33.

(32) Department of Indian Affairs and Northern Development, *Identification and Registration of Indian and Inuit*, p. 23.
(33) Marcus, *Relocating Eden*, p. 23.
(34) Deleuze and Guattari, *A Thousand Plateaus*, p. 457.（ドゥルーズ／ガタリ『千のプラトー』）
(35) R. Quinn Duffy, *The Road to Nunavut: The Progress of the Eastern Arctic Inuit since the Second World War*, Montreal and Kingston: McGill-Queen's University Press, 1988, p. 10.
(36) Diubaldo, *The Government of Canada and the Inuit*, pp. 4 and 51.
(37) Deleuze and Guattari, *A Thousand Plateaus*, p. 491.（ドゥルーズ／ガタリ『千のプラトー』）
(38) Duffy, *The Road to Nunavut*, pp. 31–2.
(39) David Damas, *Arctic Migrants/Arctic Villagers: The Transformation of Inuit Settlement in the Central Arctic*, Montreal and Kingston: McGill-Queen's University Press, 2002, p. 112.
(40) Deleuze and Guattari, *A Thousand Plateaus*, p. 449.（ドゥルーズ／ガタリ『千のプラトー』）
(41) Ibid., p. 453.
(42) Alia, *Names, Numbers, and Northern Policy*, p. 102.
(43) Ibid., pp. 102–6.
(44) Jim Shirley-Adam Bryx, 個人的な会話，二〇〇三年七月十九日
(45) Julie McCann, 'Reclaiming Inuit Tags,' *Canadian Geographic Magazine*, September/October 2003, p. 29.
(46) Aaron Spitzer, 'Getting the names right – finally,' *Nunatsiaq News*, October 20, 2000, 〈http://www.nunatsiaq.com〉.
(47) Re Tucktoo and Kitchooalik (Re: Deborah)（1972）27 D.L.R.（3d）225.
(48) Deleuze and Guattari, *A Thousand Plateaus*, p. 40.（ドゥルーズ／ガタリ『千のプラトー』）
(49) Félix Guattari, *Cartographies schizoanalytiques*, Paris: Galilée, 1989, p. 104.（ガタリ『分裂分析的地図作成法』）
(50) Zebedee Nungak, 'E9–1956,' Canadian Film Centre's Great Canadian Story Engine (n.d.), 〈http://www.storyengine.ca/serlet/ReadAStory?story=90〉.

(51) Rosalind Kidd, *The Way We Civilise*, St. Lucia, Queensland: Queensland University Press, 2000, p. 309.

(52) Marilyn Wood, 'Nineteenth Century Bureaucratic Constructions of Indigenous Identities in New South Wales,' N. Peterson and W. Sanders (eds.), *Citizenship and Indigenous Australians: Changing Conceptions and Possibilities*, Melbourne: Cambridge University Press, 1998, pp. 35-54.

(53) Lauren Marsh and Steve Kinnane, 'Ghost Files: The Missing Files of the Department of Indigenous Affairs Archives,' *Studies in Western Australian History* 23 (2004): 125.

(54) Tim Rowse, *White Flour, White Power: From Rations to Citizenship in Central Australia*, Melbourne: Cambridge University Press, 1998, p. 116.

(55) John Murphy, *Imaging the Fifties: Private Sentiment and Political Culture in Menzies' Australia*, Sydney: University of New South Wales Press, 2000, p. 175.

(56) Maggie Brady (ed.), *Giving Away the Grog*, Camberra: Commonwealth Department of Health and Ageing, 1995, pp. 54 and 63.

(57) J. Milroy, 'Introduction,' *The Art of Sally Morgan*, Ringwood, Victoria: Penguin, 1996, p. 28. Sally Morgan and Jack Mcphee, *Wanamurraganya: The Story of Jack McPhee*, Fremantle: Fremantle Arts Cooperative, 1989, pp. 17-7.

(58) David Horton (ed.), *Encyclopedia of Aboriginal Australia*, vol. 1, Canberra: Aboriginal Studies Press, AIATSIS, pp. 298-9. 「犬札」の項参照。さらにルビー・ラングフォードは次のように述べている。「犬鑑札はアボリジニー保護委員会が作成したものであった……この委員会のおもな機能は、アボリジニーを差別することであった。」*Don't Take Your Love to Town*, Ringwood, Victoria: Penguin, 1988, p. 48.

(59) Murphy, *Imaging the Fifties*, p. 176.

(60) Jakelin Troy, *King Plates: A History of Aboriginal Gorgets*, Canberra: Aboriginal Studies Press, 1993, p. 41.

(61) Judith Ryan, *Land Marks*, Melbourne: National Gallery of Victoria, 2006, p. 87.

(62) Troy, *King Plates*, pp. 35-8.

（63）Steve Butcher, 'Firm Fined over Aboriginal Relics,' *The Age*, February 10, 2005; 〈http://www.theage.com.au/news/national/Firm-fined-over-Aboriginal-relics/2005/02/09/1107890272567.html〉.

（64）Stephen Muecke, 'The Discourse of Nomadology: Phylums in Flux' Genosko (ed.), *Deleuze and Guattari*, vol. 3, pp. 1164-81.

（65）エリザベス・グロッスはウェスタン・デザート・アートについて二つ例を引きながら詳細に論じている。それは未来への宇宙的で、政治的にも前向きな祈りであって、大地がアボリジニーに帰ってくるよう祈るものである。変化のもととなる感覚に自律性を与えるような芸術だからこそこういったことがなしうるのだ。「いまは手に入らない感覚、とはいえ、それを感じ取り、心を動かされる覚悟がある者には、将来、解き放たれる感覚。」Elizabeth Grosz, *Chaos, Territory, Art: Deleuze and the Framing of the Earth*, New York: Columbia University Press, 2008, p. 103.

第六章

（1）Félix Guattari, 'Le Cinéma: Un Art Mineur,' *La révolution moléculaire*, Fontenay-sous-Bois: Recherches（Encres）, 1977, pp. 203-38.（フェリックス・ガタリ「映画と欲望」『精神と記号』所収）

（2）Constantine Verevis, 'Minoritatian + Cinema,' *The Deleuze Dictionary*, ed. A. Parr, Edinburgh: Edinburgh University Press, 2005, pp. 165-6. 国家主義と第三シネマの特徴に関する問題について、ジム・パインズとポール・ウィルメンがはっきりと述べているように、それは闘争的な活動がもたらす非本質主義的、非超越的な国家主義であり、そこに知識人たちが批判的で明快な洞察を加えるのである。Jim Pines and Paul Willemen（eds.）*Questions of Third Cinema*, London: BFI, 1989, pp. 19-20.「序文」より。

（3）Félix Guattari, 'Gangs à New York,' *La révolution moléculaire*（Encres）, pp. 185-6.（ガタリ「ニューヨークのギャングたち」『分子革命』所収）サウス・ブロンクスのギャングに関するガタリのコメントも参照。「あるレヴェルで、彼らは一番悪いタイプのファシスト的暴力を再生産するが、一方で、彼らは、独自の解決方法、独自の望ましい関係性を模索している。多くの場合、それは消極的なものであると同時に積極的なものでもある。」'Revolution and Desire: An Interview with Félix Guattari,' Hannah Levin and Mark Seem, *State and Mind* 6/4 and 7/1 (Summer/Fall 1978): 57.

（4）Félix Guattari, 'La Question des Tribunaux Populaires,' *La révolution moléculaire*, Fontenay-sous-Bois: Recherches (10/18), 1977, pp. 89-90.（ガタリ『分子革命』）

（5）Fernando Solanas and Octavio Getino, 'Towards a Third Cinema: Notes and Experiences for the Development of a Cinema of Liberation in the Third World,' *New Latin American Cinema*, vol. 1, Detroit: Wayne State University Press, 1997, p. 45.

（6）Fernando Solanas, 'An Interview by James Roy MacBean,' *Film Quarterly* 24/1 (1979): 38.

（7）Ibid., p. 40.

（8）Félix Guattari, 'Name-dropping,' 二ページにわたるタイプ原稿。署名入り。日付は一九八六年四月十五日。Fonds Félix Guattari, L'Institut Mémoires de l'Édition Contemporaine (IMEC), Saint-German-la-Blanche-Herbe, file ET02-10.

（9）Dudley Andrew, 'The Roots of the Nomadic: Gilles Deleuze and the Cinema of West Africa,' G. Flaxman (ed.), *The Brain Is the Screen: Deleuze and the Philosophy of Cinema*, Minneapolis: University of Minnesota Press, 2000, pp. 224-5.

（10）Julio García Espinosa, 'For an Imperfect Cinema,' *New Latin American Cinema*, vol. 1, p. 81.

（11）Julio García Espinosa, 'Meditations on Imperfect Cinema,' *New Latin American Cinema*, vol. 1, p. 84.

（12）Félix Guattari, 'Le Divan du Pauvre,' *La révolution moléculaire* (Encres), p. 226.（ガタリ『精神と記号』）

（13）Espinosa, 'Meditations,' p. 84.

（14）Deleuze, *Cinema 2: The Time-Image*, trans. H. Tomlinson and R. Galeta, Minneapolis: University of Minnesota Press, 1989, pp. 220-1.（ドゥルーズ『シネマ２』）第三シネマにおける人民の衰退については次を参照。Patricia Pisters, 'Arresting the Flux of Images and Sounds: Free Indirect Discourse and the Dialectics of Political Cinema,' I. Buchanan and A. Parr (eds.), *Deleuze and the Contemporary World*, Edinburgh: Edinburgh University Press, 2006, pp. 177-8. ピスターズは、一九六〇年代の希望のあと、多くの第三世界の国々において「来たるべき人民の可能性」が歴史的に挫折したことを指摘しつつ、ガタリのいうマイナーなものにも、エスピノサの来たるべき人民にも言及していない。

(15) Gilles Deleuze and Félix Guattari, *A Thousand Plaeaus*, trans. Brian Massumi, Minneapolis: University of Minnesota Press, 1987, p. 456.（ドゥルーズ／ガタリ『千のプラトー』）

(16) Ibid., p. 473.

(17) Félix Guattari, 'Le cinema doit devenir un art mineur,' *La révolution moléculaire* (Encres), p. 206.（ガタリ『精神と記号』）

(18) Deleuze and Guattari, *A Thousand Plateau*, p. 470.（ドゥルーズ／ガタリ『千のプラトー』）

(19) この点については以下を参照。Paola Marrati, 'Against the Doxa: Politics of Immanence and Becoming-Minoritarian,' P. Pisters (ed.), *Micropolitics of Media Culture*, Amsterdam: University of Amsterdam Press, 2001, p. 214.

(20) Gilles Deleuze and Félix Guattari, *Anti-Oedipus: Capitalism and Schizophrenia*, trans. Robert Hurley, Mark Seem, and Helen R. Lane, New York: Viking Press, 1977, pp. 3 and 124.（ドゥルーズ／ガタリ『アンチ・オイディプス』）

(21) Solanas and Getino, 'Towards,' pp. 53-4.

(22) Guattari, 'Tokyo, the Proud,' trans. G. Genosko, Deleuze Studies 1/2 (2007)（オリジナルは 'Tokyo l'orgueilleuse,' Fonds Félix Guattari, IMEC, file ET02-12, フランス語タイプ原稿五ページ。平井玄、浅田彰、武田賢一、ラジオ・ホームランほか『東京劇場――ガタリ、東京を行く』東京：ＵＰＵ、一九八六年として日本語で出版されている。）

(23) この点については以下を参照。Edward Fowler, *San'ya Blues: Laboring Life in Contemporary Tokyo*, Ithaca: Cornell University Press, 1996, pp. 24-5.（エドワード・ファウラー『山谷ブルース』川島めぐみ訳、新潮社、二〇〇二年）

(24) Krystian Woznicki, 'SANYA: On Marginal Space and Periphery,' 一九九八年、上野俊哉とのインタヴュー。〈http://www.nettime.org/Lists-Archives/nettime-l-9802/msg00082.html〉.

(25) Tom Gill, *Men of Uncertainty: The Social Organization of Day Laborers in Contemporary Japan*, Albany: State University of

New York Press, 2001, pp. 87 and 242.

(26) Mitsuo Sato, 'Appeal to the Sanya Workers,' 〈http://www.bordersphere.com/events/yama5.html〉.

(27) Félix Guattari, 'La Balade Sauvage,' *La révolution moléculaire* (Encres), p. 206.

(28) Edgar Morin, *The Stars*, trans. R. Howard, New York: Grove Press, 1961, p. 133.（エドガール・モラン『スター』渡辺淳・山崎正巳訳、法政大学出版局、一九七六年）

(29) Guattari, 'La Balade Sauvage,' p. 206.

(30) Félix Guattari, 'Les Cinémachines Désirantes,' *La révolution moléculaire* (Encres), p. 218.（フェリックス・ガタリ「欲望する映画機械」『精神と記号』所収）

(31) Félix Guattari, 'La Place Du Signifiant Dans L'Institution,' *La révolution moléculaire* (Encres), p. 282.（ジル・ドゥルーズ／フェリックス・ガタリ「制度のなかにおけるシニフィアンの位置」『政治と精神分析』杉村昌昭訳、法政大学出版局、一九九四年、所収。）

(32) Slavoj Žižek, *For They Know Not What They Do*, London: Verso, 1991, pp. 22 ff. スラヴォイ・ジジェク『為すところを知らざればなり』鈴木一策訳、みすず書房、一九九六年）

(33) Guattari, 'Les Cinémachines Désirantes,' p. 221.

(34) Ibid., p. 221, n. 1.

(35) Ibid., p. 223.

(36) Ibid., pp. 222 and 233.

(37) Laleen Jayamanne, '"Forty Acres and A Mule Filmworks" – *Do the Right Thing* – "A Spike Lee Joint" : Blocking and Unblocking the Block,' P. Pisters (ed.) *Micropolitics of Media Culture: Reading the Rhizomes of Deleuze and Guattari*, Amsterdam: University of Amsterdam Press, pp. 235-49.

(38) Guattari, 'Les Cinémachines Désirantes,' p. 236.

(39) Félix Guattari, 'La machine à images,' *Cahiers du cinéma* 437 (November 1990): 71.

(40) Guattari, 'Les Cinémachines Désirantes,' p. 236.

(41) Félix Guattari, 'Comme un Echo de la Mélancholie Collective,' *La révolution moléculaire* (10/18), p. 236.（ガタリ『分子革命』）

(42) Félix Guattari, 'Urgences: la folie est dans le champ,' *Le Monde* (March 9, 1988): 22.

(43) Gilles Pial, 'Docteur Cooper et Mister Anti,' *Libération* (July 31, 1986): 20.

(44) Deleuze and Guattari, *Anti-Oedipus*, p. 95.（ドゥルーズ／ガタリ『アンチ・オイディプス』）

(45) Félix Guattari, 'Le cinéma doit devenir' *La révolution moléculaire* (Encres), p. 203.

(46) Félix Guattari, *Chaosmosis*, trans. P. Rains and J. Pefanis, Bloomington: Indiana University Press, 1995, p. 92-3.（ガタリ『カオスモーズ』）

(47) Félix Guattari, *Cartographies schizoanalytiques*, Paris: Galilée, 1989, pp. 27-8 and 304.（ガタリ『分裂分析的地図作成法』）

(48) Félix Guattari, *L'inconscient machinique*, Fontenay-sous-Bois: Recherches, 1979, p. 191.（ガタリ『機械状無意識』）

(49) 生成変化的差異については以下を参照。Félix Guattari, *L'inconscient machinique*, Fontenay-sous-Bois: Recherches, 1979, p. 192 ff.（ガタリ『機械状無意識』）

(50) Franco Basaglia, 'Institutions of Violence,' *Psychiatry Inside Out: Selected Writings of Franco Basaglia*, ed. Nancy Scheper-Hughes and Anne M. Lovell, tans. A. M Lovell and T. Shtob, New York: Columbia University Press, 1987, p. 63.

(51) Félix Guattari, 'Franco Basaglia: Guerilla Psychiatrist,' *The Guattari Reader*, p. 44.

(52) Anne M. Lovell and Nancy Scheper-Hughes, 'Introduction - The Utopia of Reality: Franco Basaglia and the Practice of a Democratic Psychiatry,' Basaglia, *Psychiatry Inside Out*, p. 16.

(53) Félix Guattari, 'Fous à Délier (Italie, 1976),' *La révolution moléculaire* (Encres), p. 158-60.

(54) Félix Guattari, 'La Borde: A Clinic Unlike Any Other,' *Chaosophy*, p. 198.

(55) Guattari, 'Fous à Délier,' p. 160.

(56) Deleuze and Guattari, *Anti-Oedipus*, p. 342.（ドゥルーズ／ガタリ『アンチ・オイディプス』）

(57) Félix Guattari, 'La Misère D'Aujourd'hui,' *La révolution moléculaire* (10/18), p. 348.（ガタリ『分子革命』）
(58) Ibid., p. 350.
(59) Michel Foucault and René Féret, 'Sur Histoire de Paul: Entretien,' *Cahiers du cinéma* 262-3 (January 1976): 63.
(60) Ibid., p. 65.
(61) Guattari, 'La Borde,' p. 197.

第七章

(1) Deleuze, *Spinoza: Practical Philosophy*, trans. Robert Hurley, San Francisco: City Lights, 1988, pp. 48-51.（ジル・ドゥルーズ『スピノザ——実践の哲学』鈴木雅大訳、平凡社ライブラリー、二〇〇二年）
(2) Gilles Deleuze and Félix Guattari, *A Thousand Plateaus*, trans. Brian Massumi, Minneapolis: University of Minnesota Press, 1987, p. 260.（ドゥルーズ／ガタリ『千のプラトー』）
(3) Brian Massumi, *Parables for the Virtual*, Durham, NC: Duke University Press, 2002, p. 21.
(4) Félix Guattari, 'Ritornellos and Existential Affects,' trans., Juliana Schiesari and Georges van den Abbeele, *Discourse* 12/2 (1990): 66.
(5) Brian Massumi, 'The Autonomy of Affect,' Paul Patton (ed.), *Deleuze: A Critical Reader*, Oxford: Blackwell, 1996, pp. 221-2.
(6) Guattari, 'Ritornellos,' pp. 66-7.
(7) Herbert Spiegelberg, *Phenomenology in Psychology and Psychiatry*, Evanston, IL: Northwestern University Press, 1972, pp. 243-6.
(8) Gilles Deleuze and Félix Guattari, *Anti-Oedipus: Capitalism and Schizophrenia*, trans. Robert Hurley, Mark Seem, and

Helen R. Lane, New York: Viking Press, 1977, p. 361.（ドゥルーズ／ガタリ『アンチ・オイディプス』）

（9）Maurice Merleau-Ponty, *Phenomenology of Perception*, trans. Colin Smith, New York: Routledge & Kegan Paul, 1962, p. 136.（モーリス・メルロ＝ポンティ『知覚の現象学』中島盛夫訳、法政大学出版局、一九八二年）

（10）Ibid.

（11）Françoise Minkowska, quoted in Eugène Minkowski, *Lived Time: Phenomenological and Psychopathological Studies*, trans. Nancy Wetzel, Evanston, IL: Northwestern University Press, 1933, p. 203.（ユージン・ミンコフスキー『生きられる時間――現象学的・精神病理学的研究』1・2、中江育生、清水誠、大橋博司訳、みすず書房、一九七二年［第二巻一九七三年］）

（12）Minkowski, *Lived Time*, p. 209.（ミンコフスキー『生きられる時間』）

（13）Ibid., p. 65; John M. Sutherland and Howard Tait, *The Epilepsies*, Edinburgh: E. & S. Livingstone, 1969, p. 113; Walter J. Friedlander, *The History of Modern Epilepsy: The Beginning, 1865-1914*, Westport, CT: Greenwood Press, 2001, pp. 220-3.

（14）Massumi, 'Autonomy of Affect,' pp. 228-9.

（15）Arthur Tatossian, *Phénomenologie des psychoses*, Paris: Masson, 1980, p. 42（アルチュール・タトシアン『精神病の現象学』小川豊昭・山中哲夫訳、みすず書房、一九九八年）; and Guattari, 'Ritornellos,' p. 79, n. 4.

（16）Tatossian, *Phénomenologie des psychoses*, p. 42.（タトシアン『精神病の現象学』）

（17）Guattari, 'Ritornellos,' p. 67.

（18）Daniel Stern, *The Interpersonal World of the Infant: A View from Psychoanalysis and Developmental Psychology*, New York: Basic Books, 1985, pp. 54 ff.（ダニエル・スターン『乳児の対人世界』「理論編」神庭靖子・神庭重信訳、「臨床編」小此木啓吾・丸田俊彦訳、岩崎学術出版社、一九八九年）

（19）Guattari, 'Ritornellos,' p. 68.

（20）Guattari, *Chaosmosis*, p. 9.（ガタリ『カオスモーズ』）

（21）Guattari, 'Ritornellos,' pp. 68-9.

（22）Ibid., p. 69.

（23）Guattari, *Chaosmosis*, p. 17.（ガタリ『カオスモーズ』）

（24）Guattari, 'Ritornellos,' p. 73.

（25）Gilles Deleuze and Félix Guattari, *What is Philosophy?* trans. H. Tomlinson and G. Burchell, New York: Columbia University Press, 1994, p. 173.（ドゥルーズ／ガタリ『哲学とは何か』）

（26）Peter Cowie, *Revolution! The Explosion of World Cinema in the Sixties*, New York: Faber and Faber, 2004, p. 170.

（27）Owsei Temkin, *The Falling Sickness: A History of Epilepsy from the Greeks to the Beginnings of Modern Neurology*, Baltimore: Johns Hopkins Press, 1971, pp. 160-1.

（28）Perminder Sachdev, 'Schizophrenia-like psychosis and epilepsy,' Daryl Fujii and Iqbal Ahmed (eds.), *The Spectrum of Psychotic Disorders: Neurobiology, Etiology and Pathogenesis*, Cambridge: Cambridge University Press, 2007, p. 270.

（29）Maurizio Pompili, et al., 'Suicide Risk Among Epileptic Patients,' K. J. Holloway (ed.), *New Research on Epilepsy and Behavior*, New York: Nova Science, 2007, pp. 147-8.

（30）Deleuze and Guattari, *A Thousand Plateaus*, p. 299.（ドゥルーズ／ガタリ『千のプラトー』）

（31）Guattari, *Chaosmosis*, pp. 16-17.（ガタリ『カオスモーズ』）

（32）ポール・ヴィリリオは、速度がヘゲモニーを行使する時代における日常生活の分裂的次元としての消滅を理論化する。それは癲癇、正確にいうとピクノレプシー〔速度がもたらす意識の癲癇的状態〕、もしくは頻繁に生じる軽度の癲癇的発作をめぐるものである。彼の著作『消滅の美学』は、喪失、消滅、不在といったテーマにはじまり、若きピクノレプティックが、存在の次元からは思いだせないものを発明しながら、まとめあげようとする能動的記憶について考察するものである。ここでヴィリリオが用いる手法は、ピクノレプティックを隔離し、レッテルを貼るために考案されたものではない。いずれにせよ、その人物は癲癇患者ではないし、そのような診断は論争を引き起こすことになる。「少年期の欠如」は部分的なものとして分類される場合があり、批判の対象になりやすい。癲癇学的な記述の場合、「喪失」だけでは不十分なのである（この点については以下を参照。Andrea E. Cavanna, et al., 'Epilepsy and Consciousness,' Holloway (ed.), *New Research on Epilepsy and Behavior*, p. 300)。

とはいえ、このような状態には難しい問題が含まれている。それは癲癇の発作に見られる諸特徴にもとづくもので、患者にも観察者にも知覚されないものなのである。ヴィリリオの主眼はここにある。「誰がピクノレプティックなのか。今日では、こう答えることができるだろう。ピクノレプティックでない者がいるのか。これまでピクノレプティックでなかった者がいるのか、と。」(Paul Virilio, *The Aesthetics of Disappearance*, New York: Semiotext(e), 1991, p. 14.)

わたしたちはみなピクノレプティックなのだと言いたいわけではない。そうではなく、わたしたちはむしろ、時の経過とともに手から滑り落ちていく少年期をどうにかしようともがく若者なのである。そこにピクノレプティックの経験がかかわってくるのだ。癲癇のようなものが生じたり、思春期が邪魔したりということをヴィリリオは少なくともそのような意味で捉えている。ピクノレプシーは「一般的に」少年期の病として知られている。大人になるにつれてゆっくりとおさまっていく場合が多い。これは特殊なタイプの発作なのである。ヴィリリオがそこに着目するのは、その症状が軽微であり、また痙攣を伴わないからだ。実際、そこには目立ったアウラも前兆となる症状もない。視覚野に問題が生じたり、聴覚の異常や変化として現れたり、手足の感覚がひきつったりしびれたり、さらには嗅覚や特殊な味覚、めまい、倦怠感などとして現れる。こういったことは、情動の癲癇的欠如に代わるものとしては控えめな性質のものである。

(33) マッスミによる繊細な表現。*Parables*, p. 30.

(34) Klaus Lehnertz, 'Epilepsy: Extreme Events in the Human Brain,' S. Albeverio et al. (eds.) *Extreme Events in Nature and Society*, Berlin: Springer, 2006, pp. 123-43. この論文によると「発作を予想するアルゴリズムの統計的な意義を認め、その性能を確かめるための公式な手段は、今のところまだ存在しない」(p. 138) し、また手当たり次第に臨床試験を行なってもうまくいかないのは、そこにさまざまな理由があるからだという。

(35) イザベル・デルモットのエピレプトグラフについては以下を参照。〈http://www.isabelledelmotte.net〉.

(36) Guattari, *Chaosmosis*, pp. 83-6.(ガタリ『カオスモーズ』)

（1）Félix Guattari, *Chaosmosis*, trans. P. Bains and J. Pefanis, Bloomington: Indiana University Press, 1995, pp. 37-8.（ガタリ『カオスモーズ』）

（2）Félix Guattari, 'Machine et structure,' *Psychanalyse et transversalité*, Paris: Maspero/La Découverte, 1972/2003, p. 243.（ガタリ『精神分析と横断性』）

（3）Félix Guattari, 'La causalité, la subjectivité et l'histoire,' *Psychanalyse et transversalité*, p. 181.（ガタリ『精神分析と横断性』）

（4）Guattari, *Chaosmosis*, p. 40.（ガタリ『カオスモーズ』）

（5）Félix Guattari, 'So What?' *Chaosophy*, p. 21.

（6）Félix Guattari, 'La révolution moléculaire,' *Le Monde* December 7, 1990; and *Chaosmosis*, p. 21.

（7）Guattari, *Chaosmosis*, p. 97.（ガタリ『カオスモーズ』）

（8）Félix Guattari and Suely Rolnik, *Molecular Revolution in Brazil*, trans. K. Clapshow and B. Holmes, Los Angeles: Semiotext(e), 2008, p. 381.

（9）Anne Querrien, 'Le plan de consistence du felice-deleuzisme,' *Chimères* 37 (1999): 35.

（10）François Dosse, *Gilles Deleuze et Félix Guattari: Biographie croisée*, Paris: La Découverte, 2007, pp. 34-5.（ドス『ドゥルーズとガタリ』）

（11）Guattari and Rolnik, *Molecular Revolution in Brazil*, p. 380.

（12）Félix Guattari, 'Three Billion Perverts on the Stand,' *The Guattari Reader*, ed. G. Genosko, Oxford: Blackwell, 1996, p. 192.

（13）Liane Mozère, 'Foucault et le CERFI: instantanés et actualité,' *Le Portique* 13-14 (2004). ここでは、「三〇億の倒錯者」にフーコーが関与した問題に触れながら、その制作をめぐるカーニバル的雰囲気についてフーコーは沈黙しつつも、「好意的な形で距離」を保ちながら、そこに名を連ねていたことが論じられている。リアンヌ・モゼールは一九六七年から一九七〇年までＣＥＲＦＩの指揮をとった。

（14） Dosse, *Biographie croisée*, pp. 319-24.（ドス『ドゥルーズとガタリ』）

（15） Ibid., pp. 332-5.

（16） Hocquenghem, quoted by Dosse, *Biographie croisée*, p. 327.（ドス『ドゥルーズとガタリ』）

（17） Guattari, 'Three Billion Perverts,' p. 186.

（18） Ibid.

（19） Ibid. p. 187.

（20） Ibid.

（21） Gilles Deleuze and Félix Guattari, *Anti-Oedipus: Capitalism and Schizophrenia*, trans. Robert Hurley, Mark Seem, and Helen R. Lane, New York: Viking Press, 1977, p. 18.（ドゥルーズ／ガタリ『アンチ・オイディプス』）

（22） Félix Guattari, 'Remaking Social Practices,' *The Guattari Reader*, p. 263.（ガタリ『社会的実践の再構築のために』）

（23） Ibid., p. 266.

（24）「シリコンバレーのような大きな力を推進するのは〈機械状の〉主観性である。」Félix Guattari, 'Machinic Junkies,' *Soft Subversions*, New York: Semiotext(e), 1995, p. 103.

（25） Ibid., p. 272.

（26） Félix Guattari, *The Anti-Oedipus Papers*, trans. K. Gotman, New York: Semiotext(e), 2006, p. 55.（ガタリ『アンチ・オイディプス草稿』）

訳注

（訳注1）系統流《フィロム》とは、生物学の「門」という分類概念を応用したもので、一連の系統的つらなりのことであるが、ガタリは「フィロム・マシニック」のように、機械状の系統的流れを指すのに使用している。

（訳注2）ジャン・ウリも、のちにこの南フランスの精神病院で研修した。詳しくはフランソワ・ドスの『ドゥルーズとガタリ——交差的評伝』参照。

（訳注3）国際ユースホステル会議の意向としては、一国一協会が原則であり、フランスの場合、「フランス・ユースホステル協会」だけが唯一の会員として認められた。

（訳注4）ジェノスコの話によれば、ドゥルーズ／ガタリ研究者ポール・パットンがフランス語の「アジャンスマン」（agencement）の英訳として「アセンブリッジ」（assemblage）という語を最初に用いたという。英語では他にも「アレンジメント」（arrangement）や「レイアウト」（layout）と訳されることがあるが、本書においてジェノスコは一貫して「アセンブリッジ」を用いている。本書ではコンテクストに合わせて「集合体」や「動的編成」などと訳し分けた。

（訳注5）「グリッド」はフランス語の「グリーユ」（la grille）の英語訳。ガタリは一九八七年ラボルドの研修員に向けて「グリーユ」について語っている（この講話はガタリの死後、雑誌『シメール』三四号（一九九八年秋号）に掲載されている）。この講話の冒頭で、ガタリは「グリーユの問題」は「制度のなかへのスタッフの組み込みの問題」であると語っている。なおポルトガル出身でイギリスで活動する哲学研究者スサナ・カロ（Susana Caló）が「グリッド」（The Grid）というタイトルの短いながら秀逸な論文を書いていてインターネットで読むことができる（https://www.anthropocene-curriculum.org/pages/root/campus-2016/axiomatic-earth/the-grid/）。この論文のなかに、ラボルドで実際に機能していた「グリーユ」（図表）が掲載されているので、興味のある方は参照されたい。

（訳注6）『分子革命』には一九七七年刊行のルシェルシュ版と八〇年刊行の10／18版という二種類の版本がある。邦

訳の『分子革命』はおもに10／18版に基づいて訳出されたもので、この邦訳に未収録のルシェルシュ版の諸論文は別途『精神と記号』と題して、同じく法政大学出版局から刊行されている。この二つの版について「ふたつの分子革命」と題された櫻田和也の詳細な研究がある（『現代思想』二〇一三年六月号「特集フェリックス・ガタリ」所収）。なお、二〇一二年にステファヌ・ナドーの編集による新版が刊行されている（Félix Guattari, *La Révolution moléculaire*, Les Prairies ordinaires, 2012）。

（訳注7）ドゥルーズ／ガタリは『千のプラトー』において平滑と条里という二つの空間について考察しており、そこでは両者を比較するためのひとつのモデルとして「技術的モデル」が引き合いに出される。このモデルの主軸となるのが「織物」と「フェルト」という二つの技術である。縦糸と横糸が交差する「織物」（条里空間）に対して「フェルト」には糸と糸との区別や交差がないとされる（平滑空間）。要するに「フェルト」は、繊維がもつれあう「錯綜集合体」であり、したがって「フェルトの言語」とはそのような不均質で平滑な「錯綜集合体」を連想させるような言語的実践のことをいうのだろう。

参考文献

Acidus. 'NCR ATMs: Aurum Ex Machina,' *2600* 19/2 (Summer 2002): 18–19.

Alia, Valerie. *Names, Numbers, and Northern Policy: Inuit, Project Surname, and the Politics of Identity*, Halifax: Fernwood, 1994.

Alliez, Eric. 'Anti-Oedipus: Thirty Years On,' in *Deleuze and the Social*, M. Fuglsang and B. M. Sorensen (eds.), Edinburgh: Edinburgh University Press, 2006, pp. 151–68.

Andrew, Dudley. 'The Roots of the Nomadic: Gilles Deleuze and the Cinema of West Africa,' in G. Flaxman (ed.), *The Brain is the Screen: Deleuze and the Philosophy of Cinema*, Minneapolis: University of Minnesota Press, 2000, pp. 215–49.

Ashley, Richard K. 'Living on Border Lines: Mass, Poststructuralism, and War,' in James Der Derian and Michael J. Shapiro (eds.), *International/Intertextual Relations: Postmodern Readings of World Politics*, Lexington, MA: D.C. Heath, 1989, pp. 276–7.

Bains, Paul. 'Subjectless Subjectivities,' in B. Massumi (ed.), *A Shock to Thought*, London: Routledge, 2002, pp. 101–16.

Baker, S. *The Postmodern Animal*, London: Reaktion Books, 2000.

Barthes, Roland. *Elements of Semiology*, trans. A. Lavers and C. Smith, New York: Hill & Wang, 1967.（ロラン・バルト『零度のエクリチュール　付・記号学の原理』渡辺淳・沢村昂一訳、みすず書房、一九七一年）

Basaglia, Franco. 'Institutions of Violence,' in *Psychiatry Inside Out: Selected Writings of Franco Basaglia*, ed. Nancy Scheper-Hughes and Anne M. Lovell, trans. A. M. Lovell and T. Shtob, New York: Columbia University Press, 1987.

Baudrillard, Jean. *Fragments: Conversations with Françcois L'Yvonnet*, trans. Chris Turner, London: Routledge, 2004.

Beattie, Nicholas. *The Freinet Movements of France, Italy, and Germany, 1920-2000*. Mellen Studies in Education, vol. 74, Lewiston, NY: Edwin Mellen Press, 2002.

Bédarida, Catherine. 'Disparitions: Fernand Deligny — Un éducateur et un écrivain au service des enfants "anormaux",' *Le Monde*, September 21, 1996.

Berardi, Franco. *Félix Guattari, Thought, Friendship, and Visionary Cartography*, trans. G. Mecchia and C. Stivale, Basingstoke: Palgrave Macmillan, 2008.

Bleiker, Roland. *Popular Dissent, Human Agency and Global Politics*, Cambridge: Cambridge University Press, 2000.

Boiral, Pierre. 'Introduction,' in *Deligny et les tentatives de prise en charge des enfants fous: L'aventure de l'aire (1968-1973)*, Ramonville Saint-Agne: Éditions Érès, 2007, pp. 16-21.

Bosteels, Bruno. 'From Text to Diagram: Towards a Semiotics of Cultural Cartography,' in C. W. Spinks and J. Deely (eds.), *Semiotics 1994*, New York: Peter Lang, 1995, pp. 347-59.

Brady, Maggie (ed.). *Giving Away the Grog*, Canberra: Commonwealth Department of Health and Ageing, 1995.

Buchanan, Ian. 'Deleuze, Gilles and Félix Guattari,' in M. Groden et al. (eds.), *The Johns Hopkins Guide to Literary Theory and Criticism*, Baltimore: Johns Hopkins University Press, 2005, pp. 247-50.

Butcher, Steve. 'Firm Fined over Aboriginal Relics,' *The Age*, February 10, 2005, ⟨http://www.theage.com.au/news/national/Firm-fined-over-Aboriginal-relics/2005/02/09/1107890272567.html⟩.

Campbell, David. 'Political Prosaics, Transversal Politics, and the Anarchical World,' in Michael J. Shapiro and Hayward R. Allier (eds.), *Challenging Boundaries*, Minneapolis: University of Minnesota Press, 1996, pp. 7-24.

Carpenter, Edmund. *Eskimo Realities*, New York: Holt, Rinehart & Winston, 1973.

Castells, Manuel. *The Rise of the Network Society*, Oxford: Blackwell, 2000.

———*End of Millennium*, Oxford: Blackwell, 2000.

Cavanna, Andrea E., Mula, Marco and Monaco, Francesco. 'Epilepsy and Consciousness,' in K. J. Holloway (ed.), *New Research on Epilepsy and Behavior*, New York: Nova Science, 2007, pp. 295-317.

CERFI, 'La grille: 1958-1973,' originally published in *Revue perspectives psychiatriques* 45 (1974). Accessed under 'Réflexions' at ⟨http://www. cliniquedelaborde.com⟩.

Chesnaux, J. and Gentis, R. 'Félix, Our Friend,' trans. M. McMahon, in G. Genosko (ed.), *Deleuze and Guattari: Critical Assess-*

ments of Leading Philosophers, vol. 2, London: Routledge, 2001, pp. 542–5.

Clastres, Pierre. *Society Against the State*, trans. R. Hurley, New York: Zone, 1987.（ピエール・クラストル『国家に抗する社会——政治人類学研究』渡辺公三訳、水声社、一九八九年）

Club Laborde, Le. 'Le feuille de jour: traverses les cloisonnements; listed under' Quotidien; (n.d.), at 〈http://www.cliniquedelaborde.com〉.

Cooper David. *Psychiatry and Anti-Psychiatry*, London: Tavistock, 1967.（デイビッド・クーパー『反精神医学』野口昌也・橋本雅雄訳、岩崎学術出版社、一九八〇年）

Cowie, Peter. *Revolution! The Explosion of World Cinema in the Sixties*, New York: Faber and Faber, 2004.

Daman, David. *Arctic Migrants/Arctic Villagers: The Transformation of Inuit Settlement in the Central Arctic*, Montreal and Kingston: McGill-Queen's University Press, 2002.

De Coster, Tom, et al. 'Emancipating a Neo-Liberal Society? Initial Thoughts on the Progressive Pedagogical Heritage in Flanders Since the 1960s,' *Education Research and Perspectives* 31/2 (2004): 156–75.

DeLanda, Manuel. *War in the Age of Intelligent Machines*, New York: Zone, 1991.（マヌエル・デランダ『機械たちの戦争』杉田敦訳、アスキー、一九九七年）

Deleuze, Gilles. *Two Regimes of Madness*, trans. A. Hodges and M. Taormina, New York: Semiotext(e), 2006.（ジル・ドゥルーズ『狂人の二つの体制——一九七五—一九八二』宇野邦一監訳、河出書房新社、二〇〇四年）

———*Francis Bacon: The Logic of Sensation*, trans. D. W. Smith, Minneapolis: University of Minnesota Press, 2003.（ジル・ドゥルーズ『フランシス・ベーコン——感覚の論理学』宇野邦一訳、河出書房新社、二〇一六年）

———'Postscript on Control Societies,' in *Negotiations 1972–1990*, trans. M. Joughin, New York: Columbia, 1995, pp. 177–82.（ジル・ドゥルーズ『記号と事件——一九七二—一九九〇年の対話』宮林寛訳、河出文庫、二〇〇七年）

———*Cinema 2: The Time-Image*, trans. H. Tomlinson and R. Galeta, Minneapolis: University of Minnesota Press, 1989.（ジル・ドゥルーズ『シネマ２——時間イメージ』宇野邦一、石原陽一郎、江澤健一郎、大原理志、岡村民夫訳、法

政大学出版局、二〇〇六年）

———*Foucault*, trans. S. Hand, Minneapolis: University of Minnesota Press, 1988.（ジル・ドゥルーズ『フーコー』宇野邦一訳、河出文庫、二〇〇七年）

———*Spinoza: Practical Philosophy*, trans. Robert Hurley, San Francisco: City Lights, 1988.（ジル・ドゥルーズ『スピノザ——実践の哲学』鈴木雅大訳、平凡社ライブラリー、二〇〇二年）

———and Guattari, Félix. *What in Philosophy?* trans. H. Tomlinson and G. Burchell, New York: Columbia University Press, 1994.（ジル・ドゥルーズ／フェリックス・ガタリ『哲学とは何か』財津理訳、河出文庫、二〇一二年）

———*A Thousand Plateaus: Capitalism and Schizophrenia*, trans. B. Massumi, Minneapolis: University of Minnesota Press, 1987.（ジル・ドゥルーズ／フェリックス・ガタリ『千のプラトー』上・中・下、宇野邦一・小沢秋広・田中敏彦・豊崎光一・宮林寛・守中高明訳、河出文庫、二〇一〇年）

———*Kafka: For a Minor Literature*, trans. Dana Polan, Minneapolis: University of Minnesota Press, 1986.（ジル・ドゥルーズ／フェリックス・ガタリ『カフカ——マイナー文学のために〈新訳〉』宇野邦一訳、法政大学出版局、二〇一七年）

———*Anti-Oedipus: Capitalism and Schizophrenia*, trans. Robert Hurley, Mark Seem and Helen R. Lane, New York: Viking Press, 1977.（ジル・ドゥルーズ／フェリックス・ガタリ『アンチ・オイディプス——資本主義と分裂症』上・下、宇野邦一訳、河出文庫、二〇〇六年）

Delmotte Isabelle. 'The Epileptograph,' at 〈http://www.isabelledelmotte. net〉.

Department of Communications and Department of Justice. *Privacy and Computers: A Report of a Task Force*, Ottawa: Government of Canada, 1972.

Department of Indian Affairs and Northern Development. *Identification and Registration of Indian and Inuit People*, Ottawa: DIAND, 1993.

Department of Natural Resources Canada. 'Geographical Names of Canada,' (n.d.), 〈http://www.geonames.nrcan.gc.ca〉.

Depussé, Marie. *Dieu gît dans les détails: La Borde, un asile*, Paris: P.O.L. Éditeur, 1993.

Derrida, Jacques. *Dissemination*, trans. B. Johnson, Chicago: University of Chicago Press, 1981.（ジャック・デリダ『散種』藤本一勇・立花史・郷原佳以訳、法政大学出版局、二〇一三年）

Diubaldo, Richard. *The Government of Canada and the Inuit: 1900-1967*, Ottawa: Research Branch and Corporate Policy, Indian and Northern Affairs Canada, 1985.

Dosse, François. *Gilles Deleuze et Félix Guattari: Biographie croisée*, Paris: La Découverte, 2007.（フランソワ・ドス『ドゥルーズとガタリ――交差的評伝』杉村昌昭訳、河出書房新社、二〇〇九年）

Duffy, R. Quinn. *The Road to Nunavut: The Progress of the Eastern Arctic Inuit since the Second World War*, Montreal and Kingston: McGill-Queen's University Press, 1988.

Eco, Umberto. *A Theory of Semiotics*, Bloomington: Indiana University Press, 1976.（ウンベルト・エーコ『記号論』（1・2）池上嘉彦訳、講談社学術文庫、二〇一三年）

Espinosa, Julio García. 'For an Imperfect Cinema,' in M. I. Martin (ed.), *New Latin American Cinema*, vol. 1, Detroit: Wayne State University Press, 1997, pp. 71-82.

———'Meditations on Imperfect Cinema,' in M. I. Martin (ed.), *New Latin American Cinema*, vol. 1, Detroit: Wayne State University Press, 1997, pp. 83-5.

Foucault, Michel. 'Afterword: The Subject and Power,' in Hubert L. Dreyfus and Paul Rabinow, *Michel Foucault: Beyond Structuralism and Hermeneutics*, Chicago: University of Chicago Press, 1982, pp. 208-26.（ヒューバート・L・ドレイファス、ポール・ラビノウ『ミシェル・フーコー――構造主義と解釈学を超えて』山形頼洋ほか訳、筑摩書房、一九九六年）

———*Discipline and Punish*, trans. Alan Sheridan, New York: Vintage, 1977.（ミシェル・フーコー『監獄の誕生――監視と処罰』田村俶訳、新潮社、一九七七年）

———and René Féret, 'Sur Histoire de Paul: Entretien,' *Cahiers du cinéma* 262-3 (January 1976): 63-5.

Fowler, Edward. *San'ya Blues: Laboring Life in Contemporary Tokyo*, Ithaca, NY: Cornell University Press, 1996.（エドワード・ファウラー『山谷ブルース』川島めぐみ訳、新潮社、二〇〇二年）

Fox, Warwick. *Toward a Transpersonal Ecology*, Albany: State University of New York Press, 1995.

Freinet, Célestin. *Oeuvres pédagogiques*, vol. 1, Paris: Éditions du Seuil, 1994.

——— *Oeuvres pédagogiques*, vol. 2, Paris: Éditions du Seuil, 1994.

——— *Cooperative Learning and Social Change: Selected Writings of Célestin Freinet*, ed. and trans. David Clandfield and John Sivell, Toronto: OISE Publishing, 1990.

——— *La méthode naturelle. 1. L'apprentissage de la langue*, Neuchatel and Paris: Delachaux & Niestlé, 1968.（セレスタン・フレネ『言語の自然な学び方――学校教育の轍の外で』里見実訳、太郎次郎社エディタス、二〇一五年）

Freud, Sigmund. 'Recommendations to Physicians Practising Psycho-Analysis [1912]' *Standard Edition*, vol. 12, London: Hogarth/Vintage, 2001, pp. 111-20.（ジークムント・フロイト「精神分析治療に際して医師が注意すべきことども」須藤訓任訳『フロイト全集12』岩波書店、二〇〇九年）

——— 'Neurosis and Psychosis' [1924] , *Standard Edition*, vol. 19, London: Hogarth/Vintage, 1964, pp. 149-53.（ジークムント・フロイト「神経症と精神病」吉田耕太郎訳『フロイト全集18』岩波書店、二〇〇七年）

——— 'An Outline of Psycho-Analysis' [1940], *Standard Edition*, vol. 23, London: Hogarth/Vintage, 1964, pp. 144-207.（ジークムント・フロイト「精神分析梗概」本間直樹訳『フロイト全集18』岩波書店、二〇〇七年）

Friedlander, Walter J. *The History of Modern Epilepsy: The Beginning, 1865-1914*, Westport, CT: Greenwood Press, 2001.

Gandy, Oscar. 'Data Mining, Surveillance, and Discrimination in the Post-9/11Environment,' in K. Haggerty and R. Ericson (eds.), *The New Politics of Surveillance and Visibility*, Toronto: University of Toronto Press, 2006, pp. 363-84.

Genosko, Gary. 'Félix Guattari: Towards a transdisciplinary metamethodology,' *Angelaki: Journal of the Theoretical Humanities* 8/1 (April 2003): 129-40.

——— *The Party without Bosses: Lessons on Anti-Capitalism from Félix Guattari and Luís Inácio 'Lula' da Silva*, Semaphore Series,

Winnipeg: Arbeiter Ring, 2003.
———Félix Guattari: *An Aberrant Introduction*, London: Continuum, 2002.
Gill, Tom. *Men of Uncertainty: The Social Organization of Day Laborers in Contemporary Japan*, Albany: State University of New York Press, 2001.
Goddard, Michael. 'Bifo's Futural Thought,' *Cultural Studies Review* 11/2 (2005): 49-56.
Goldstein, Kurt. *Aftereffects of Brain Injuries in War*, New York: Grune & Stratton, 1948.
Grassl, Anton and Heath, Graham. *The Magic Triangle: A Short History of the World Youth Hostel Movement*, Bielefeld, Germany: International Youth Hostel Federation, 1982.
Grosz, Elizabeth. *Chaos, Territory, Art: Deleuze and the Framing of the Earth*, New York: Columbia University Press, 2008.
Guattari, Félix. 'Tokyo, the Proud,' trans. and intro. G. Genosko, *Deleuze Studies* 1/2 (2007): 93-9.（平井玄、浅田彰、武田賢一、ラジオ・ホームランほか『東京劇場——ガタリ、東京を行く』東京：ＵＰＵ、一九八六年）
———*The Anti-Oedipus Papers*, New York: Semiotext(e), 2006.（フェリックス・ガタリ『アンチ・オイディプス草稿』國分功一郎・千葉雅也訳、みすず書房、二〇一〇年）
———'Révolution informationnelle, écologie et recomposition subjective,' *Multitudes* 24 (2006), 〈http://multitudes.samizdat.net/spip.php?article2390〉.
———*La Philosophie est essentielle à l'existence humaine*, interview with Antoine Spire, Michel Field and Emmanuel Hirsch, Paris: Éditions Aube, 2002.（フェリックス・ガタリ「一般概念＝普遍主義を超えて」『フェリックス・ガタリの思想圏——〈横断性〉から〈カオスモーズ〉へ』杉村昌昭編訳、大村書店、二〇〇一年）
———'Towards an Ethics of the Media,' trans. J. Watson, *Polygraph* 14 (2002): 17-21.
———'Entretien avec John Johnston: Vertige de l'immanence,' *Chimères* 38 (2000): 13-30.（フェリックス・ガタリ「内在の眩暈」『フェリックス・ガタリの思想圏——〈横断性〉から〈カオスモーズ〉へ』杉村昌昭編訳、大村書店、二〇〇一年）

——*The Three Ecologies*, trans. Ian Pindar and Paul Sutton, London: The Athlone Press, 2000.（フェリックス・ガタリ『三つのエコロジー』杉村昌昭訳、平凡社、二〇〇八年）

——'La "grille",' *Chimères* 34 (1998): 7–20.

——'Entretien avec Félix Guattari,' interview by E. Videcoq and J.-Y. Sparel, *Chimères* 28 (Spring/Summer 1996): 19–32.

——*The Guattari Reader*, ed. G. Genosko, Oxford: Blackwell, 1996.

——*Chaosmosis*, trans. P. Bains and J. Pefanis, Bloomington: Indiana University Press, 1995.（フェリックス・ガタリ『カオスモーズ』宮林寛・小沢秋広訳、河出書房新社、二〇一七年新装版）

——*Chaosophy*, New York: Semiotext(e), 1995.

——*Soft Subversions*, New York: Semiotext(e), 1995.

——'Les machines architecturales de Shin Takamatsu,' *Chimères* 21 (1994): 127–41.

——'Une autre vision du futur,' *Le Monde*, February 15, 1992.

——*Chaosmose*, Paris: Galilée, 1992.（フェリックス・ガタリ『カオスモーズ』宮林寛・小沢秋広訳、河出書房新社、二〇一七年新装版）

——'Ecologie et politique: Un nouvel axe progressiste,' *Le Monde*, June 4, 1992.

——'De la pluridisciplinarité à la transdisciplinarité,' written with Sergio Vilar, Barcelona and Paris, September 1992, Fonds Félix Guattari, L'Institut Mémoires de l'Édition Contemporaine (IMEC), Saint-Germain-la-Blanche-Herbe, file ET05–13.

——'Pour une éthique des médias,' *Le Monde*, November 6, 1991.

——'Les fondements éthico-politique de l'interdisciplinarité,' handwritten text, April 1991, Fonds Félix Guattari, L'Institut Mémoires de l'Édition Contemporaine (IMEC), Saint-Germain-la-Blanche-Herbe, file ET10- 24.

——'Les bouleversements à l'Est et l'Ouest Réinventer la politique,' *Le Monde*, March 8, 1990.

——'David Wojnarowicz,' *Rethinking Marxism* 3/1 (1990): 76–7.

———'Introduction,' in *George Condo*, Paris: Daniel Templon, 1990, pp. 5-8.

———'La machine à images,' *Cahiers du cinéma* 437 (November 1990): 71-2.

———'La révolution moléculaire,' *Le Monde*, December 7, 1990.

———'Ritornellos and Existential Affects,' trans. Juliana Schiesari and Georges van den Abbeele, *Discourse* 12/2 (1990): 66-81.

———*Cartographies schizoanalytiques*, Paris: Galilée, 1989.（フェリックス・ガタリ『分裂分析的地図作成法』宇波彰・吉沢順訳、紀伊國屋書店、一九九八年）

———*Les trois écologies*, Paris: Galilée, 1989.（フェリックス・ガタリ『三つのエコロジー』杉村昌昭訳、平凡社、二〇〇八年）

———'Urgences: la folie est dans le champ,' *Le Monde*, March 9, 1988.

———'La grille,' typescript dated January 29, 1987, Fonds Félix Guattari, L'Institut Mémoires de l'Édition Contemporaine (IMEC), Saint-Germain-la-Blanche-Herbe, file ET04-13.

———'Name-dropping,' 2 pages, typescript, signed and dated April 15, 1986, Fonds Félix Guattari, L'Institut Mémoires de l'Édition Contemporaine (IMEC), Saint-Germain-la-Blanche-Herbe, file ET02- 10.

———'Tokyo l'orgueilleuse,' 5 pages, typescript in French, Fonds Félix Guattari, L'Institut Mémoires de l'Édition Contemporaine (IMEC), Saint-Germain-la-Blanche-Herbe, file ET02-12. Published in Japanese in F. Guattari, Hirai Gen, Asada Akira, Takeda Kenichi, Radio Homerun, et al., *Tokyo Gekijou: Guattari, Tokyo wo yuku*, UPU, 1986.（平井玄、浅田彰、武田賢一、ラジオ・ホームランほか『東京劇場——ガタリ、東京を行く』東京：ＵＰＵ、一九八六年）

———'Du Zen aux Galeries Lafayette,' interview with Jacky Beillerot, typescript dated November 23, 1986, Fonds Félix Guattari, L'Institut Mémoires de l'Édition Contemporaine (IMEC), Saint-Germain-la-Blanche-Herbe, file I02-22.

———'Typescript of an interview with T. Wada of the *Asahi Shinbun*, London Bureau,' October 2, 1985, Fonds Félix Guattari, L'Institut Mémoires de l'Édition Contemporaine (IMEC), Saint-Germain-la-Blanche-Herbe, file I02-21.

———'L'intervention institutionnelle,' typescript of an interview (1980), Fonds Félix Guattari, L'Institut Mémoires de l'Édition Contemporaine (IMEC), Saint-Germain-la-Blanche-Herbe, file ET09-26.

———*L'inconscient machinique*, Fontenay-sous-Bois: Recherches, 1979.（フェリックス・ガタリ『機械状無意識』高岡幸一訳、法政大学出版局、一九九〇年）

———'Revolution and Desire: An Interview with Félix Guattari,' Hannah Levin and Mark Seem, *State and Mind* 6/4 and 7/1 (Summer/Fall 1978): 53-7.

———*La Révolution Moléculaire*, Fontenay-sous-Bois: Recherches (Encres), 1977.

———*La Révolution Moléculaire*, Fonrenay-sous-Bois: Recherches (10/18), 1977.（フェリックス・ガタリ『分子革命——欲望社会のミクロ分析』杉村昌昭訳、法政大学出版局、一九八八）

———Psychanalyse et transversalité, Paris: Maspero/La Découverte, 1972/2003.（フェリックス・ガタリ『精神分析と横断性——制度分析の試み』杉村昌昭・毬藻充訳、法政大学出版局、一九九四年）

———'La grand-peur écologigue,' handwritten MS (n.d.), Fonds Félix Guattari, L'Institut Mémoires de l'Édition Contemporaine (IMEC), Saint-Germain-la-Blanche-Herbe, file ET10-03.

———and Negri, Antonio. *Communists Like Us: New Spaces of Liberty, New Lines of Alliance*, trans. M. Ryan, New York: Semiotext(e), 1990.（フェリックス・ガタリ、アントニオ・ネグリ『自由の新たな空間』杉村昌昭訳、世界書院、二〇〇七年）

———and Rolnik, Suely. *Molecular Revolution in Brazil*, trans. K. Clapshow and B. Holmes, Los Angeles: Semiotext(e), 2008.

Hardt, Michael. 'The Global Society of Control,' *Discourse* 20/3 (Fall 1998): 139-52.

———and Negri, Antonio. *Multitude: War and Democracy in the Age of Empire*, New York: Penguin, 2004.（アントニオ・ネグリ、マイケル・ハート『マルチチュード——〈帝国〉時代の戦争と民主主義』上・下 幾島幸子訳、水嶋一憲、市田良彦監修、ＮＨＫブックス、二〇〇五年）

———*Empire*, Cambridge: Harvard University Press, 2000.（アントニオ・ネグリ、マイケル・ハート『〈帝国〉――グローバル化の世界秩序とマルチチュードの可能性』水嶋一憲、酒井隆史、浜邦彦、吉田俊実、以文社、二〇〇三年）

Horton, David (ed.). *Encyclopedia of Aboriginal Australia*, vol. 1, Canberra: Aboriginal Studies Press, AIATSIS, pp. 298–99.

Houston, James. *Confessions of an Igloo Dweller*, Toronto: M. & S., 1995.

Illich, Ivan. *Tools for Conviviality*, New York: Harper & Row, 1973.

Imai, Shin. *The 1999 Annotated Indian Act and Aboriginal Constitutional Provisions*, Toronto: Carswell, 2000.

Jayamanne, Laleen. '"Forty Acres and A Mule Filmworks" – *Do the Right Thing* – "A Spike Lee Joint" : Blocking and Unblocking the Block,' in Patricia Pisters (ed.), *Micropolitics of Media Culture*, Amsterdam: University of Amsterdam Press, 2001, pp. 235–49.

Jonas, Hans. *The Imperative of Responsibility: In Search of an Ethics for the Technological Age*, Chicago: University of Chicago Press, 1984.（ハンス・ヨナス『責任という原理――科学技術のための倫理学の試み』加藤尚武監訳、東信堂、二〇一〇年）

Kidd, Rosalind. *The Way We Civilise*, St. Lucia, Queensland: Queensland University Press, 2000.

Kimzeke, Piet. 'The Educational Function of the Youth Hostel,' in Graham Heath (ed.), *The International Youth Hostel Manual*, 2nd edn., Copenhagen: IYHA, 1967, pp. 97–100.

Kirksghard, Sharon. '2.8.99 – Performer turns credit card debt into art,' STTF.org (South to the Future), 〈http://sttf.org/wires/1999/03/22/peformer-turns-credit-card-debt-into-art/〉.

Lacan, Jacques. 'The direction of the treatment and the principles of its power,' *Ecrits: A Selection*, trans. A. Sheridan, New York: W. W. Norton, 1977, pp. 226–80.（ジャック・ラカン『エクリ』一～三、佐々木孝次他訳、弘文堂、一九七二―一九八一年）

Langford, Ruby. *Don't Take Your Love to Town*, Ringwood, Victoria: Penguin, 1988.

Lash, Scott, *Critique of Information*, London: Sage, 2002.（スコット・ラッシュ『情報批判論――情報社会における批判理論は可能か』相田敏彦訳、NTT出版、二〇〇六年）

Lazzararo, Maurizio. 'Semiotic Pluralism and the New Government of Signs: Homage to Félix Guattari,' *Semiotic Review of Books* 18/1 (2008): 9–12.

———'Immaterial Labor,' in Paolo Virno and Michael Hardt (eds.), *Radical Thought in Italy: A Potential Politics*, Minneapolis: University of Minnesota Press, 1996, pp. 133–46.

Lehnertz, Klaus. 'Epilepsy: Extreme Events in the Human Brain,' in S. Albeverio, V. Jentsch, and H. Kantz (eds.), *Extreme Events in Nature and Society*, Berlin: Springer, 2006, pp. 123–43.

Marcus, Alan Rudolph. *Relocating Eden: The Image and Politics of Inuit Exile in the Canadian Arctic*, Hanover and London: University Press of New England, 1995.

Margulis, Lynn and Lovelock, James. 'Gaia and Geognosy,' in M. B. Rambler et al. (eds.), *Global Ecology*, Boston: Academic Press, 1989, pp. 1–30.

Marks, John. 'Information and Resistance: Deleuze, the Virtual and Cybernetics,' in I. Buchanan and A. Parr (eds.), *Deleuze and the Contemporary World*, Edinburgh: Edinburgh University Press, 2006, pp. 195–211.

Marrati, Paola. 'Against the Doxa: Politics of Immanence and Becoming-Minoritarian,' in Patricia Pisters (ed.), *Micropolitics of Media Culture*, Amsterdam: University of Amsterdam Press, 2001, pp. 205–20.

Marsh, Lauren and Kinnane, Steve. 'Ghost Files: The Missing Files of the Department of Indigenous Affairs Archives,' *Studies in Western Australian History* 23 (2004): 111–27.

Marx, Karl. *Capital*, vol. 1, trans. S. Moore and E. Aveling, Moscow: Progress Publishers, 1986.（カール・マルクス『資本論』（第１巻上・下）今村仁司・三島憲一・鈴木直訳、筑摩書房、二〇〇五年）

Massumi, Brian. *Parables for the Virtual*, Durham, NC: Duke University Press, 2002.

———'The Autonomy of Affect,' in Paul Patton (ed.), *Deleuze: A Critical Reader*, Oxford: Blackwell, 1996, pp. 217–39.

———*A User's Guide to Capitalism and Schizophrenia*, Cambridge, MA: MIT Press/Swerve Edition, 1992.

Mattelart, A. and M. *Rethinking Media Theory*, trans. J. A. Cohen and M. Urquidi, Minneapolis: University of Minnesota Press, 1992.

McCann, Julie. 'Reclaiming Inuit Tags,' *Canadian Geographic Magazine* (September/October 2003): 29.

Merleau-Ponty, Maurice. *Phenomenology of Perception*, trans. Colin Smith, New York: Routledge & Kegan Paul, 1962.（モーリス・メルロ＝ポンティ『知覚の現象学』中島盛夫訳、法政大学出版局、一九八二年）

Miller, Christopher L. 'The Postidentitarian Predicament in the Footnotes of *A Thousand Plateaus*: Nomadology, Anthology, and Authority,' in G. Genosko (ed.), *Deleuze and Guattari: Critical Assessments*, vol. 3, London: Routledge, 2001, 1113-49.

Milroy, J. *The Art of Sally Morgan*, Ringwood, Victoria: Penguin, 1996.

Minkowski, Eugène. *Lived Time: Phenomenological and Psychopathological Studies*, trans. Nancy Wetzel, Evanston, IL: Northwestern University Press, 1933.（ユージン・ミンコフスキー『生きられる時間——現象学的・精神病理学的研究』1・2、中江育生、清水誠、大橋博司訳、みすず書房、一九七二年［第二巻一九七三年］）

Morgan, Sally and McPhee, Jack. *Wanamurraganya: The Story of Jack McPhee*, Fremantle: Fremantle Arts Cooperative, 1989.

Morin, Edgar. *The Stars*, trans. R. Howard, New York: Grove Press, 1961.（エドガール・モラン『スター』渡辺淳・山崎正巳訳、法政大学出版局、一九七六年）

Mozère, Liane, 'In Early Childhood: What's Language About?' *Educational Philosophy and Theory* 39/3 (2007): 291-9.

———'Foucault et le CERFI: instantanés et actualité,' *Le Portique* 13-14 (2004), 〈http://leportique.revues.org/document642.html〉.

Muecke, Stephen. 'The Discourse of Nomadology: Phylums in Flux,' in G. Genosko (ed.), *Deleuze and Guattari Critical Assessments of Leading Philosophers*, vol. 3, London: Routledge, 2001, pp. 1164-81.

Müller-Wille, Ludger. *Gazetteer of Inuit Place Names in Nunavik*, Inukjuak, PQ: Avataq Cultural Institute, 1987.

Murphy, John. *Imaging the Fifties: Private Sentiment and Political Culture in Menzies' Australia*, Sydney: University of New South

Wales Press, 2000.
Naess, Arne. *Ecology, Community and Lifestyle*, trans. D. Rothenberg, Cambridge: Cambridge University Press, 1989.（アルネ・ネス『ディープ・エコロジーとは何か――エコロジー・共同体・ライフスタイル』斎藤直輔・開龍美訳、文化書房博文社、一九九七年）
Nungak, Zebedee. 'E9-1956,' Canadian Film Center's Great Canadian Story Engine (n.d.), ⟨http://www.storyengine.ca/serlet/ReadAStory?story=90⟩.
Oury, Jean. 'Une dialectique de l'amitié,' *Le Monde*, September I, 1992.
———*Onze heures du soir à La Borde: Essais sur la psychothérapie institutionnelle*, Paris: Galilée, 1980.
Parikka, Jussi. *Digital Contagions*, New York: Peter Lang, 2007.
Patton, Paul. *Deleuze and the Political*, Oxford: Blackwell, 2000.
Pial, Gilles. 'Docteur Cooper et Mister Anti,' *Libération*, July 31, 1986.
Pines, Jim and Willemen, Paul (eds.). *Questions of Third Cinema*, London: BFI, 1989.
Pisters, Patricia. 'Arresting the Flux of Images and Sounds: Free Indirect Discourse and the Dialectics of Political Cinema,' in I. Buchanan and A. Parr (eds.), *Deleuze and the Contemporary World*, Edinburgh: Edinburgh University Press, 2006, pp. 175-93.
Pompili, Maurizio, et al., 'Suicide Risk among Epileptic Patients,' in K. J. Holloway (ed.), *New Research on Epilepsy and Behavior*, New York: Nova Science, 2007, pp. 141-59.
Pondrier, J. 'Racial Categories and Health Risks: Epidemiological Surveillance among Canadian First Nations,' in D. Lyon (ed.), *Surveillance as Social Sorting*, London: Routledge, 2003, pp. 111-34.
'La préparation des élections régionales: Les Verts de Paris proposent une referendum sur l'aménagement de l'Ile-de-France,' *Le Monde*, February 27, 1992.
Querrien, Anne. 'CERFI 1965-87' (2002), ⟨http://www.criticalsecret. com/n8/quer/1fr/index.html⟩.

———'Le plan de consistence du felice-deleuzisme,' *Chimères* 37 (1999): 33-43.

Reiter, R. A. *The Fundamental Principles of Indian Law*, Edmonton: First Nations Resource Council, 1991.

Roch, Ernst (ed.). *Arts of the Eskimo: Prints*, Montreal: Signum Press, 1974.

Root, Deborah. *Cannibal Culture: Art, Appropriation, and the Commodification of Difference*, Boulder, CO: Westview, 1996.

Rossiter, Ned. *Organized Networks*, The Hague: NAi Publishers, 2006.

Rowse, Tim. *White Flour, White Power: From Rations to Citizenship in Central Australia*, Melbourne: Cambridge University Press, 1998.

Ruse, Michael. 'Signal,' in Paul Bouissac (ed.), *Encyclopedia of Semiotics*, New York: Oxford University Press, 1998, pp. 575-6.

Ryan, Judith. *Land Marks*, Melbourne: National Gallery of Victoria, 2006.

Sachdev, Perminder. 'Schizophrenia-like psychosis and epilepsy,' in Daryl Fujii and Iqbal Ahmed (eds.), *The Spectrum of Psychotic Disorders: Neurobiology, Etiology and Pathogenesis*, Cambridge: Cambridge University Press, 2007, pp. 262-84.

Sato, Mitsuo. 'Appeal to the Sanya Workers,' (n.d.), posted on 〈http://www.bordersphere.com/events/yama5.html〉.

Semetsky, Inna. 'Semiotics,' in A. Parr (ed.), *The Deleuze Dictionary*, Edinburgh: Edinburgh University Press, 2004, pp. 242-4.

Solanas, Fernando. 'An Interview by James Roy MacBean,' *Film Quarterly* 24/1 (1979): 37-43.

———and Getino, Octavio. 'Towards a Third Cinema: Notes and Experiences for the Development of a Cinema of Liberation in the Third World,' in *New Latin American Cinema*, vol. 1, Detroit: Wayne State University Press, 1997, pp. 33-58.

Somerville, M. A. and Rapport, D. J. (eds.). *Transdisciplinarity: Recreating Integrated Knowledge*, Oxford: EOLSS, 2000.

Spelman, Nicola. 'Reversing us and them: anti-psychiatry and "The Dark Side of the Moon",' in R. Reising (ed.), *'Speak to Me': The Legacy of Pink Floyd's 'The Dark Side of the Moon'*, Aldershot: Ashgate, 2005, pp. 123-42.

Spiegelberg, Herbert. *Phenomenology in Psychology and Psychiatry*, Evanston, IL: Northwestern University Press, 1972.

Spitzer, Aaron. 'Getting the names right — finally,' *Nunatsiaq News*, October 20, 2000, 〈http://www.nunatsiaq.com〉.

Stern, Daniel. *The Interpersonal World of the Infant: A View from Psychoanalysis and Developmental Psychology*, New York: Basic

Books, 1985.（ダニエル・スターン『乳児の対人世界』「理論編」神庭靖子・神庭重信訳、「臨床編」小此木啓吾・丸田俊彦訳、岩崎学術出版社、一九八九年）

Sutherland, John M. and Tait, Howard. *The Epilepsies*, Edinburgh: E. & S. Livingstone, 1969.

Tatossian, Arthur. *Phénomenologie des psychoses*, Paris: Masson, 1980.（アルチュール・タトシアン『精神病の現象学』小川豊昭・山中哲夫訳、みすず書房、一九九八年）

Temkin, Owsei. *The Falling Sickness: A History of Epilepsy from the Greeks to the Beginnings of Modern Neurology*, Baltimore: Johns Hopkins Press, 1971.

Thoburn, Nick. 'Vacuoles of Noncommunication: Minor Politics, Communist Style and the Multitude,' in I. Buchanan and A. Parr (eds.), *Deleuze and the Contemporary World*, Edinburgh: Edinburgh University Press, 2006, pp. 42-56.

Troy, Jakelin. *King Plates: A History of Aboriginal Gorgets*, Canberra: Aboriginal Studies Press, 1993.

Tucktoo and Kitchooalik (Re: Deborah) (1972) 27 *D.L.R.* (3d) 225.

Vasquez, Aïda and Oury, Fernand. *Vers une pédagogie institutionnelle*, Paris: François Maspero, 1968.

Verevis, Constantine. 'Minoritarian + Cinema,' in A. Parr (ed.), *The Deleuze Dictionary*, Edinburgh: Edinburgh University Press, 2005, pp. 165-6.

Virilio, Paul. *Negative Horizon*, London Continuum, 2005.（ポール・ヴィリリオ『ネガティヴ・ホライズン――速度と知覚の変容』丸岡高弘訳、産業図書、二〇〇三年）

———*The Aesthetics of Disappearance*, New York: Semiotext(e), 1991.

———*Lost Dimension*, New York: Semiotext(e), 1991.

Wallace, Ian. *Clayoquot Protest* (August 9, 1993), Windsor: Art Gallery of Windsor, 1997.

Watson, Janell. 'Guattari's Black Holes and the Post-Media Era,' *Polygraph* 14 (2002): 23-46.

Williams, James. 'Monitoring vs. Metaphysical Modeling: or, How to predict the future of the postmodern condition,' *PLI* (October 1992): 41-65.

Wood, Marilyn. 'Nineteenth Century Bureaucratic Constructions of Indigenous Identities in New South Wales,' in N. Peterson and W. Sanders (eds.), *Citizenship and Indigenous Australians: Changing Conceptions and Possibilities*, Melbourne: Cambridge University Press, 1998, pp. 35-54.

Willinsky, John. *Technologies of Knowing*, Boston: Beacon Press, 1999.

Woznicki, Krystian. 'SANYA: Marginal Space and Periphery,' interview with Toshiya Ueno, 1998, 〈http://www.nettime.org/Lists-Archives/nettime_1_9802/msg00082.html〉.

Zepke, Stephen. *Art as Abstract Machine: Ontology and Aesthetics in Deleuze and Guattari*, London: Routledge, 2005.

Žižek, Slavoj. *Organs without Bodies*, New York: Routledge, 2004.（スラヴォイ・ジジェク『身体なき器官』長原豊訳、河出書房新社、二〇〇四年）

——*For They Know Not What They Do*, London: Verso, 1991.（スラヴォイ・ジジェク『為すところを知らざればなり』鈴木一策訳、みすず書房、一九九六年）

参照メディア一覧

※括弧内は邦題

Agnosti, Sylvano, Bellocchio, Marco, et al. (dirs.). 1975. *Fous à délier*. 11 Marizo Cinematografica.

Bellocchio, Marco (dir.). 1965. *Fists in the Packet*. (『ポケットの中の握り拳』) Doria Film/The Criterion Collection.

Brustellin, Alf and Cloos, Hans Peter et al. (dirs.). 1978. *Germany in Autumn*. (『秋のドイツ』) Filmverlag der Autoren.

Corbijn, Anton (dir.). 2007. *Control: The Tragic Tale of the Singer of Joy Division*. (『コントロール』) The Weinstein Company/The Miriam Collection.

Deligny, Fernand and Manenti, Josée. 1962–71. *Le Moindre Geste*. Éditions Montparnasse.

Depardon, Raymond (dir.). 1988. *Urgences*. CNC.

Féret, René (dir.). 1974. *Histoire de Paul*. Films de l'Arquebuse.

Forman, Milos (dir.). 1975. *One Flew Over the Cuckoo's Nest*. (『カッコーの巣の上で』) Fantasy Films.

Goupil, Romain (dir.). 1982. *Mourir à trente ans*. MK2 Productions.

Joy Division. 1979. 'Atmosphere,' *Unknown Pleasures*. LP. Factory Records.

Karmitz, Marin (dir.). 1972. *Coup pour coup*. Cinema Services.

Lee, Spike (dir.). 1989. *Do The Right Thing*. (『ドゥ・ザ・ライト・シング』) 40 Acres and a Mule Filmworks.

Loach, Ken (dir.). 1971. *Family Life*. (『家庭生活』) Kestrel/EMI Films.

Lynch, David (dir.). 1977. *Eraserhead*. (『イレイザーヘッド』) American Film Institute.

Malick, Terrence (dir.). 1973. *Badlands*. (『地獄の逃避行』) Badlands Co./Warner.

Mitsuo, Sato (dir.). 1985. *YAMA: An Eye for an Eye*. (『山谷——やられたらやりかえせ』) YAMA Production and Exhibition Committee.

Nichols, Mike (dir.). 1970. *Catch-22*. (『キャッチ22』) Filmways Productions.
Pop, Iggy. 1977. *The Idiot*. (『愚者』) LP. Produced by David Bowie. RCA Records.
Robinson, Peter (dir.). 1972. *Asylum*. Peter Robinson Associates.
Schmidt, Jean (dir.). 1978. *Comme les anges déchus de la planète Saint-Michel*. Atelier 8.
Verdi, Giuseppe. 1853. *La traviata*. (『椿姫』) Opera, libretto by F. M. Piave, 1852.
Wiseman, Frederick (dir.) 1967. *Titicut Follies*. (『チチカット・フォーリーズ』) Zipporah Films.
Wright, Ben (dir.). 2004. *Slavoj Žižek: The Reality of the Virtual*. Olive Films.

訳者解題　フェリックス・ガタリのシナリオ
――本書をとおして『ＵＩＱの愛』を読む（松田正貴）

ガタリの著作のなかに『ＵＩＱの愛』というＳＦ映画のシナリオがある。本書にこのシナリオへの言及があるわけではないが、ジェノスコが本書の各章で打ちだす論点は、この謎めいたテクストの潜在的な力を解き放つ「トリガー」になりうるものが多い。地球を飛びだし宇宙へと目を向けるＳＦ映画が多いなかで、ガタリは陽子やクォークよりも小さな極微的宇宙を描こうとした。映像化がきわめて困難なこのガタリのシナリオは、本書におけるジェノスコの議論と結びあうことで特異な文学的テクストとして息を吹きかえすように思われる。以下、ガタリのシナリオを中心に論をすすめながらそのあたりのことを順番に確認していきたい。

ガタリが映画の構想を練りはじめたのは一九八〇年ごろのことである。さまざまなアイディアが頭に浮かんでいたのだろう。例えばフランツ・カフカの作品に描かれている世界を一編の映画に仕立てあげようとガタリは自らコンテを用意していた（ステファヌ・ナドー編『カフカの夢分析』杉村昌昭訳、水声社、二〇〇八年を参照）。さらにアメリカの映画監督ロバート・クレイマーと共同で彼はＳＦ映画の構想を練りはじめる。しかも自ら構想したこのＳＦ映画をハリウッドで撮影しようと考えたガタリは、シナリオをマイケル・フィリップス（『タクシードライバー』や『未知との遭遇』などのプロデューサー）の事務所に送りつけたりもしている。ガタリがクレイマーと共同で書いていたシナリオは当初アメリカ東部を舞台に、テクノロジーに通じたヒッピーたちのコミューンを想像的に表現しようとするものであった。しかしこのシナリオはマイケル・フィリップスの事務所から「あまりにも政治的すぎる」という理由で突き返されてしまう。それでもガタリは諦めなかった。本書をとおしてジェノスコが明らかにしているように、ガタリは自らのアイディアを何度も練りなおしながら更新していくタイプの思想家で、不発に終わった当初のシナリオを彼はクレイマーとともに全面的に書きなおすのである。そうして改訂された新しいシナリオでは、近未来のフランスが舞台となっており、すべての施設にＩＤカードでアクセスできるような世界が描かれていた。おそらく本書第四章「非シニフィアンの記号論」でジェノスコが論じている「技術的物質性《テクノマテリアリティ》」の映像化をガタリは試みようとしていたのだろう。インターネットがまだ普及していなかったこの時代にガタリはネットワーク社会の到来を予言していたのかもしれない。とはいえこの二つ目のシナリオをめぐってガタリとクレイマーとのあいだに意見の食い違いが見られるようになる。そこでガタリは一九八六年から八七年にかけて今度はひとりでもう一度シナリオを練りなおすのである。ただこのシナリオは長らく日の目を見ることがなかった。

事態が動いたのは二〇一二年、シルヴィア・マグリオーニとグレーム・トムソンがこの三つ目のシナリオの出版に踏みきったのである。フランスの《Editions Amsterdam》から刊行された『ＵＩＱの愛』（*Un amour d'UIQ*）がそれである（二〇一六年に英語版 *A Love of UIQ* も《Univocal》から刊行されている。なお、このシナリオに関する詳細についてはすべてこの英語版序文の解説に拠る）。要するに一般の読者がこのガタリのシナリオを読むことができるようになったのはつい最近のことなのである。まだあまり注目されることのないテクストなので、ここでそのストーリーを確認しておいてもいいだろう。シナリオということもあり、詳細が不明な箇所も少なくはないが、おおよそのストーリーは以下のとおりである。

アレックスという名の生物学者が、ある植物プランクトンのサンプルをもって逃走している場面から物語ははじまる。植物プランクトンの葉緑体を中継装置として用いる「形のない生命体ＵＩＱ」（ＵＩＱは《l'Univers Infra-quark》の頭文字。「クォーク以下の宇宙」の意）が世界中で電波障害を引き起こしているということで、アレックスは「テロリスト」として当局から追われている。ジャーナリストであるフレッドの助けを借りながら、二人はフランクフルト郊外のディスコに逃げこむ。そこで出会ったジャニスというＤＪが二人を「アジト」に匿《かくま》う。アジトとはいえ、不法に占拠された工場の跡地である。分裂症のエリックやＮＡＳＡでエンジニアをしていたスティーヴ、大人びた少女マノウなどさまざまな人物たちがそこに暮らしている。この設定はジェノスコが描くラボルド精神病院の様子を連想させる。「アジト」における共同生活に加わるようになったアレックスはジャニスに謎の生命体ＵＩＱの正体について次のように打ち明ける。

ひょっとしたら、あの空のどこかほかの惑星にも、生命体や知的存在がいるのではないか。僕らはそう思いつづけている。なのに、無限に小さな世界となるとまったく問題にしようとしない。しかし、たぶんあいつはそこからやってくるのだ。陽子や電子、クォークなんかよりもはるかに小さな宇宙から。

アレックスはこの工場跡地にＵＩＱと接触するための通信基地を構築する。アジトに暮らす者たちがみなで協力しながら作りあげたその通信システムをとおしてＵＩＱとのやりとりがはじまる。テクノロジーを創造的に再構成している点や当局による捜査が入るところなど「自由ラジオ」のイメージと重なりあう（自由ラジオ運動についてはフェリックス・ガタリ『政治から記号まで——思想の発生現場から』粉川哲夫・杉村昌昭編訳、インパクト出版会、二〇〇〇年を参照）。やがてモニターに顔のような影が現われ（ＵＩＱが自らの存在を示すためのアイコンのようなもの）、その影と通信するうちに、ＵＩＱは次第に人間の言語を習得しはじめる。ＵＩＱとの通信および教育はおもにマノウとジャニスが担当する。

最終的に「愛」の概念を習得したＵＩＱはジャニスに恋をするのだが、彼女への愛が報われないと知り、悲しみのあまり暴走しはじめる。世界中で通信障害を引き起こし、その感染力を発揮して人間を魚や牛に突然変異させ、その主観性を内側から支配する。どこからともなくやってくる強烈な力に内側から拘束されてしまうというこのような主観性のあり方については、本書第七章「情動と癲癇」においてジェノスコが詳述しているとおりである。映画で言えばクライマックスとなる最後の場面では、ジャニスが生贄となる形で脳に微細な移植物《インプラント》を埋めこまれ、結果的にこの形のない生命体の愛を受け入れることになる。やがて事態は収束するものの、絶望したジャニスは「アジト」の屋上から飛び降りて自殺を図る。地上のコンクリートに体を激しく打ちつけたにもかかわらず、ジャニスは血まみれのまま立ちあがってその場から去っていく。その瞬間、彼女はすでに自らの死さえもＵＩＱに奪われていることを悟り、ここで物語は幕となる。

このシナリオにガタリは前書きを添えており、そこには次のような一節が見られる。

すべては書き改められる。頼りないジャーナリストで作家のフレッドの日記――国際管理機関が厳重に防備された地下室のなかにその原稿を恭《うやうや》しく保存している日記――がそうであるように。読むたびにその表現内容は修正を施され、各項目の意味もまた変化する。

シナリオにはフレッドの日記に関する描写はない。このシナリオが映画として上映されることを見越して、ガタリはフレッドの日記からの回想という設定を盛り込むところまで考えていたのだろう。いずれにせよ、読むたびにテクストの意味が変わり、読者はそのテクスト（あるいはＵＩＱ）が放つエネルギーに感染するというような設定をガタリは考えていた（この設定を実際の映画で実現するにはどうすればよいのだろうか）。本当のところガタリがなぜこのようなシナリオを構想したのかいまだ不明な点も多いし、右に挙げたような断片的な引用をすべてに敷衍するわけにもいかないが、おそらくガタリはわたしたちの主観性が生産されるプロセスに創造的に介入するための媒体としてこの映画を打ちだそうと考えていたのだろう。そこのところを明らかにしてくれるのが、本書第六章でジェノスコが展開するマイナーシネマ論である。マイナーシネマのもつ潜在的な力についてジェノスコは次のように述べている。

マイナーな逃走線はどこかに繋がるもので、情報を伝えるだけでなくそれに耳を傾けさせるものでもあり、最終的にはそれを支持する人々を引き寄せる。とはいえ、これはシネマをとおして仲間を募ることではないし、問題となる結合性が映画の分子的要素――音、色、リズムなど――に還元されるわけでもない。映画の分子的要素は、骨抜きにすることも追い払うこともできない。

それは増殖し、結びあう。たがいに一貫しておらず、それまで交流がなかった諸集団――進歩的な集団であったとしても――のあいだを中継するものとしてそれは役に立つのである。

ガタリ自身は自らが構想した映画をハリウッドで撮影し、メジャーデビューを果たそうと夢見ていたのかもしれないが、結局、彼自身の書いたシナリオが実際に映画として上映されることはなかった。しかし、英語版『UIQの愛』の序文のなかでシルヴィア・マグリオーニとグレーム・トムソンが引用しているパオロ・パゾリーニの言葉にもあるように、「まだ映画として実現されていないシナリオはそれじたいエクリチュールのひとつのジャンルとなりうるものであり、それは小説などよりも積極的で協同的な役割を読者に求める」という意味で、ガタリのシナリオはいまでも潜在的な力を保持しており、「来たるべき読者」の介入によっていつでもその力を解き放つことができるようなテクストとなっている。いわば「現在進行中の作品」なのである。ちなみにガタリが敬愛していたアイルランドの作家ジェイムズ・ジョイスの作品に『フィネガンズ・ウェイク』という小説があるが、これは一九二〇年代後半にジョイスが複数の雑誌に『現在進行中の作品』(*Work in Progress*)のタイトルで寄稿していたものであり、それはまさにガタリのいう「読むたびに表現内容が修正され、各項目の意味が変化する」テクストだった。ジョイスに「とりつかれていた」ガタリがそのようなテクストのあり方に憧れを抱いていたとしても何ら不思議なことではない。

ところで、このようなテクストのあり方もまたジェノスコの論点のひとつとなっている。具体的に言うなら、本書第一章「若き活動家の形成」においてジェノスコが詳述している「第三の物」という概念がそれである。異質混淆的な構成要素のあいだに偶発的で創造的な接続をもたらし、そこへ関与しようとする集団のなかに協同的な結びつきを生じさせる媒体としての「第三の物」をガタリは数多く打ちだした。このことは本書におけるジェノスコの議論を一貫して支えている通奏低音ともなっている。ラボルド精神病院にガタリが導入した「グリッド」という時刻表もまた典型的な「第三の物」であった。さらにジェノスコも強調しているように、媒体となる「第三の物」としての雑誌の発行にガタリは生涯関わりつづけた。このような「第三の物」がもつ潜在的な力を最大化させるために、ガタリはハリウッド映画に目をつけたとも考えられる。そういう意味でも、ガタリのシナリオはそれじたいが言表行為の集合的編成を促す「第三の物」として最初から構想されていたもののように思われるのである。実際に映画として上映されなかったことで、ガタリのシナリオは来たるべき読者との邂逅をつねに待ち構えているテクストという詩的ニュアンスをいっそう強く帯びるようになった。このような点に着目するなら、ガタリの思想圏はさらに文学的言説にまで及ぶことになるだろう。ガタリはすでに文学空間においてもその潜在的な力を発揮しはじめているのかもしれない。

訳者あとがき（杉村昌昭）

本書はGary Genosko, *Félix Guattari: A Critical Introduction*, Pluto Press, 2009の全訳である。原題は直訳すれば「フェリックス・ガタリ――批評的紹介」となるが、内容に鑑みてサブタイトルをこのように改題したことをおことわりしておきたい。

さて、いまではドゥルーズ／ガタリあるいはジル・ドゥルーズについての紹介書や研究書は枚挙にいとまがないくらいあふれているが、それに比べてフェリックス・ガタリ個人に特化した研究書は不釣り合いなほど希少である。その理由はあれこれ考えられるが、端的にいえば、ガタリはアカデミズムの枠内に納まり切らない思想と実践の軌跡を描いた人物だったからだろう。そして、本書はまさにそのガタリの思想と実践の軌跡を情熱的にたどり直した研究として出色の価値を持つといってよい。ちなみにギャリー・ジェノスコの著作はこれが本邦初訳である。

著者のジェノスコは、現在カナダのオンタリオ州にあるオンタリオ工科大学社会学・人文学部教授で、メディア理論・コミュニケーション理論を専門とする学者であるが（マクルーハンやボードリヤールについての著書もある）、なによりもドゥルーズ／ガタリ、とりわけガタリの研究者として国際的につとに知られた人物である。その知識・教養はガタリに劣らないほど広領域・広範囲にわたり、そうした彼の領域横断的関心は本書に遺憾なく発揮されている。

ジェノスコは本書以前にもユニークなガタリの入門書《*Félix Guattari, An Aberrant Introduction*, Continuum 2002》を著わしていて、この本は以前、月曜社の編集者で「ウラゲツ・ブログ」という先端的人文学情報を紹介するブログの主宰者としても知られる小林浩さんによって「本のメルマガ」にいち早く紹介されたことがある。ジェノスコはその他、《*The Guattari Reader*, Edited by Gary Genosko, Blackwell, 1996》というガタリの主要な論文の英訳アンソロジー、あるいは《*Deleuze and Guattari: Critical Assessments of Leading Philosophers*, 3 vol, Routledge, 2001》という世界のドゥルーズ／ガタリ研究を資料的に集成した労作などを刊行していて、英語圏きってのドゥルーズ／ガタリ研究者である。本書はそうしたジェノスコの長期にわたるガタリへの関心を現代社会の諸問題とからめながら展開した独自の「ガタリ論」といえるだろう。

さて、本書を翻訳刊行するきっかけは、三年ほど前に、「ガタリが日本について書いた文章を集めた本を編集刊行したのであなたに送りたい。ついては住所を知らせてほしい」というメールがジェノスコから送られてきたことである。送られてきた本は《Félix Guattari, *Machinic Eros: writings on Japan*, Univocal Publishing, 2015》という本で、確かにガタリが日本に関連して書いた文章（粉川哲夫との対話、高松伸や田原桂一などについて論じたものなど）が集められていたが、そのうちの半分くらいはすでに私が訳出したことがあるものなので、ジェノスコにそのむね通知した（ジェノスコはこの本の邦訳を望んでいたようだが）。

他方、私は二〇一六年に龍谷大学の村澤真保呂氏や増田靖彦氏などを中心に発足した「ガタリ研究会」に参加している英米文学専攻の松田正貴氏に本訳書の原著をガタリ研究の参考書として紹介した。その後、二〇一八年のカルチュラル・タイフーンの大会を龍谷大学で開催する話がもちあがり（六月二三日〜二四日、龍谷大学大宮学舎で開催することに決定）、その海外ゲストとしてジェノスコを招待する話がとんとん拍子ですすんだので、これを機にこのジェノスコの「ガタリ論」を翻訳刊行する企画をかつて拙訳のガタリの訳書を数冊出したことのある法政大学出版局にお願いして、高橋浩貴氏が担当してくださることになった。したがって本訳書は英語に堪能な松田氏が訳し下ろしたものに、私がガタリについての知識をもとに手を加えるというかたちで作業をすすめて完成にこぎつけたものである。

さて、ドゥルーズ研究の中心人物として知られるエリック・アリエズは、「英語圏におけるガタリ研究の先駆者ジェノスコは、われわれにきわめて有効な紹介書を提供してくれた。この本はわれわれが陥っている危機の世紀がまさにガタリの言うとおりのものであるという考えに読者を導いてくれるだろう。そしてこのことは、あまりにも長い間、一口にドゥルーズ哲学と呼ばれてきたものに影響を与えずにはおくまい」という讃辞を本書に寄せているが、以下に本書の「ガタリ論」としての特色を訳者の立場から思いつくままかいつまんで述べてしめくくりとしたい。

（1）ジェノスコはガタリあるいはドゥルーズ／ガタリの思想を形而上学的理論に閉じ込めずに、現代社会の現実的分析に応用するという実用主義的展開を行なっているという点（これはイヌイットやアボリジニーの置かれた現実を論じた第五章に顕著）において比類がない。このジェノスコの基本的姿勢は、えてして西ヨーロッパ的形而上学に囚われすぎる傾向のあるドゥルーズ研究者には見られない英米的プラグマティズムの精神に由来するのだろう。

（2）といってジェノスコは、ガタリの概念的理論志向に無頓着なわけではなく、ガタリの記号論・言語論をも視野に取り込んで精密な分析的査定をも試みている（たとえば第四章「非シニフィアンの記号論」など）。そこには、「抽象的なもの」と「具象的なもの」、「形而上学的なもの」と「自然的・物質的なもの」、あるいは「ミクロなもの」と「マクロなもの」といった対立的参照項を「実存的現実」を動かす（現実に動かしている）装置として機械状に節合しようという、まさに「ガタリ的」な発想が見られ、ガタリがジェノスコに乗り移った感がある。

（3）ジェノスコはガタリの思春期に強い関心を向けてユースホステル運動の活動家としてのガタリに注目し（第一章）、それをラボルド精神病院での（とくに制度をめぐる）活動につなげてガタリの実践的思想家としての自己形成を詳細に論じ（第二章）、さらにそれを横断性の政治的思想家としてのガタリの成熟期の諸概念（「スキゾ分析」、「主観性」、「エコゾフィー」など）に結びつけている（第三章）。これは一般に伝記的要素と思想的要素を結びつけるというオーソドックスな手法ともいえるが、ガタリの理論と実践における特徴を個人と集団の関係への関心（「集団編成」あるいは「動的編成」の問題）に置いて一貫性をもって整理しようとするジェノスコの叙述は説得力がある。

（4）ジェノスコはメディア問題の専門家として、あまり知られていないガタリの映画への関心（日本の「山谷」の映画も含む）をガタリの思想とからめて独自の仕方で論評している（第六章）。この点、原著の副題が「批評的紹介」となっていることを想起しておきたい。つまりジェノスコはガタリの思想・考えに必ずしもピンからキリまで賛同しているわけではなく、この章にかぎらず本書の随所でガタリの考えに対する批評的見解を披歴してもいて、これはジェノスコの自立精神の証として興味深い。言うなればジェノスコはガタリの思想を自分の思想的鋳型に突き合わせながら変奏しているということである。

（5）ジェノスコは近年の世界的危機を人間の「精神の痙攣」としてとらえるガタリに深く影響を受けたイタリアの思想家フランコ・ベラルディの観点をも共有しながら、「情動」と「癲癇」の関係という独創的な視角から現代における「精神の危機」を隠喩的手法を用いてスリリングに論じている（第七章）。

以上、本書におけるジェノスコの個性的論述を私なりに要約してみたが、これは本書の冒頭に置かれたジェノスコ自身による「本書のあらまし」により詳しく説明されているので、これ以上の解説は無用としたい。

ともあれ、本書は単にガタリの思想をパラフレーズしたものではなく、ガタリの思想を参照しながら、そこにジェノスコが自らの現代社会への関心を重ね合わせることによって、ガタリの思想をよりリアルに浮かび上がらせた独自の「ガタリ論」であるといえるだろう。これはアカデミックな学者の世界に入る前に、企業人としてビジネスの世界にもいたというジェノスコの異色の経歴に由来するのかもしれない。何よりも、ややもすると見えにくいガタリにおける哲学思想的次元と政治実践的次元とをつなぐ接続線を明確に可視化しようとしたところにジェノスコの比類のない特異性を見ることができる。

付言するなら、本書はジェノスコ独自の特異な研究書であるにもかかわらず、あるいはそうであるがゆえに、単にガタリ思想に関心のある研究者のみならず、現代社会の根源的問題に関心のある多くの人々にも訴える普遍的内容をそなえている。特異性と普遍性の結合への志向、これもまた本書の大きな特徴をなす生命線といえるだろう。

二〇一八年五月　記

索　引

ア行

29, 265
オサリヴァン、サイモン（O'Sullivan, Simon） 130, 280
オッカンガム、ギィ（Hocquenghem, Guy） 255, 256, 298

カ行

カーティス、イアン（Curtis, Ian） 35, 241–244
カーペンター、エドモンド（Carpenter, Edmund） 163–165, 284, 302
ガイア理論（Gaia hypothesis） 28
『カオスモーズ』（*Chaosmosis*） 14, 17, 26, 103, 122, 244, 263–266, 275, 276, 278, 280–282, 292, 294–297, 308
カステル、マニュエル（Castells, Manuel） 279, 282
カルミッツ、マリン（Karmitz, Marin [*Coup pour coup*]） 203
監獄情報グループ（GIP） 257
『監獄の誕生——監視と処罰』（*Discipline and Punish*） 81, 270, 272, 273, 305
機械（machines） 7–11, 134, 217
　系統流（phylum） 14–18, 24, 28, 29, 37, 95, 100, 118, 124, 125, 129–132, 149, 152–156, 250, 252, 258, 279, 280
　第三の物（third object） 53, 60–62
　ツール（tools） 24, 26, 27, 29, 64, 68, 69, 77–79, 81, 88, 89, 91, 94–96, 102, 112, 135, 137, 177, 188, 257, 268
『機械状無意識』（*Inconscient machinique*） 7, 11, 131, 262, 276, 280–282, 292, 310
記号論（semiotics）
　シニフィアンの記号学（signifying semiologies） 133–135, 137, 150, 152, 208–211, 249
　トリガー（triggers） 128, 136, 145, 146, 150
　非シニフィアン（a-signifying） 13, 29, 30, 53, 59, 127, 128, 131–141, 143–155, 206, 208–211, 214, 221, 250, 258
　表現と内容（expression and content） 15, 134, 136, 149, 236, 237
　部分記号（part-signs） 13, 29, 30, 128, 130–133, 138–149, 152–156, 197, 206, 208, 210, 211, 214, 221, 246, 258
『狂気』（*Dark Side of the Moon*） 34
『狂人の解放』（*Fous à délier*） 33, 35, 214, 217, 218
京都議定書（Kyoto protocol） 107
クーパー、デイヴィッド（Cooper, David） 213, 214, 266, 303
グーピル、ロマン（『三十歳の死』）（Goupil, Romain [*Mourir à trente ans*]） 213, 319
クラストル、ピエール（Clastres, Pierre） 130, 279, 280, 303
グリーンピース（Greenpeace） 103
グリッド（grid [la grille]） 26, 44, 59, 63, 67, 70, 79, 81–89, 96, 158, 159, 299
　——の歴史（history） 86
クロース、ハンス・ペーター（Cloos, Hans Peter） 212, 319
グロッス、エリザベス（Grosz, Elizabeth）

288, 307
ケリアン、アンヌ（Querrien, Anne） 253, 256, 297, 314
現象学（phenomenology） 36, 225, 227–230, 232, 233, 236
ゴージット（gorgets） 187–189
コービン、アントン（Corbijn, Anton） 35, 225, 241, 242, 319
『コントロール』（*Control*） 35, 36, 241–243, 319
コンド、ジョージ（Condo, George） 111, 112

サ行

佐藤満夫（『山谷』）（Sato Mitsuo [*YAMA*]） 203–205, 215, 291, 315, 319
サルトル、ジャン＝ポール（Sartre, Jean-Paul） 5, 6, 52
シアトル（反WTO）（Seattle [anti-WTO]） 96
『時間イメージ』（『シネマ』）（*Time-Image* [*Cinema*]） 33, 130, 280, 289, 303
ジジェク、スラヴォイ（Žižek, Slavoj） 21, 22, 117, 208, 262, 264, 277, 291, 317
シネマ（cinema）
第三——（Third Cinema） 191, 192, 194–196, 198, 288, 289
マイナー——（minor cinema） 33, 35, 94, 191, 192, 195, 197, 200, 214, 215, 219–222, 246
資本主義（capitalism） 3, 12, 22–25, 30, 34, 52, 70, 93, 95, 106, 114, 129, 150–152, 155, 156, 162, 173, 175, 199, 229, 283
統合された世界——（Integrated World Capitalism） 22, 23, 37, 102, 129, 153, 181, 258
『シメール』（*Chimères*） 26, 265, 273, 277, 297, 299, 307, 308, 315
ジャヤメーヌ、ラリーン（Jayamanne, Laleen） 211, 291, 311
ジャンジラール、クロード（Jeangirard, Claude） 70
集合的編成／動的編成／集合体（assemblage） 6, 8, 16, 20, 27, 29, 30, 50, 51, 59, 61, 84, 96, 113, 120, 137, 140, 142, 147, 156, 159, 165, 209, 210, 214, 216, 235, 236, 244, 245, 251–253, 264, 299, 300
自由ラジオ（free radio） 30, 68, 208
主観性（subjectivity） 9, 12–16, 20, 22–29, 37, 43, 51, 52, 63, 64, 68–70, 88–96, 99, 100, 102, 107, 109–115, 117–119, 121, 122, 124, 125, 128–130, 135, 144, 150, 154, 156, 203, 208, 214, 215, 222, 225, 235, 236, 238, 242, 249–252, 257–259, 298
出版（publishing） 26, 42, 48, 49, 52–55, 57, 64–66, 68, 90, 101, 104, 131, 178, 196, 227, 230, 254, 255, 257
学内印刷所（school printery） 55, 62, 252, 268
学内誌（school journal） 48, 52–57, 61, 64, 65
雑誌（journals） 5, 26, 41, 42, 47, 63–66, 90, 164, 252–255, 299
シュナイダー（Schneider） 228–230
シュミット、ジャン（Schmidt, Jean）

220, 221
ジョイ・ディヴィジョン（Joy Division）
35, 241, 242, 319
情動（affect） 35, 36, 154–156
——の欠如（void） 36, 226, 227, 244
——のタイプ（types） 232–238
癲癇的——のこれから（epileptic promise） 245–247
女性解放運動（MLF） 256
信号（signals） 29, 76, 128, 130, 131, 133, 152, 190, 210, 239
『身体なき器官』（*Organs without Bodies*）
21, 264, 317
人民戦線（Popular Front） 47, 48
スキゾ分析（schizoanalysis） 7–9, 13, 14, 16–20, 26, 28, 42, 214, 216, 229, 264
地図作成法（cartography） 8, 18–20, 27, 169
スターリン主義（Stalinism） 106
スターン、ダニエル（Stern, Daniel）
233, 234, 245, 294, 315, 316
正常病（normopathy） 34, 92, 201
精神医学に対するオルタナティヴのための国際ネットワーク（International Network for Alternatives to Psychiatry）
12, 33
『精神分析と横断性』（*Psychanalyse et transversalité*） 6, 7, 9, 261, 262, 267, 270, 271, 297, 310
制度論的学習・研究・教育センター（CERFI） 50, 64, 86, 253–257, 272, 297, 298, 302
制度論的教育学（institutional pedagogy）
40, 43, 46, 50, 51, 63, 67
制度論的研究グループ連合（FGERI）
42, 50, 64, 253
制度論的精神療法（institutional psychotherapy） 42, 50, 51, 61, 63
制度論的精神療法・社会療法作業グループ（GTPSI） 50
ゼプケ、スティーヴン（Zepke, Stephen）
83, 272, 317
『千のプラトー』（*A Thousand Plateaus*）
31, 163, 164, 199, 266, 282–286, 290, 293, 295, 300, 304
ソシュール、フェルディナン・ド（Saussure, Ferdinand de） 131, 133, 134, 208
存在論（ontology） 14, 15, 25, 27, 28, 84, 88, 94, 123, 145, 154, 180, 190, 235, 244, 249, 257
宇宙（universes） 14–18, 20, 25, 52, 66, 114, 121, 124, 128, 141, 154, 180, 210, 214, 244, 247, 249, 252, 288
領土（territories） 14–16, 18, 19, 22, 25, 30, 34, 46, 66, 77, 80, 94, 109, 110, 112, 113, 117, 118, 121, 128, 135, 137, 138, 147, 148, 151, 159, 160, 169, 180, 189, 193, 200, 207, 208, 211, 220, 235, 238, 240, 241, 244

タ行

ダイアグラム（diagrams） 11, 16–19, 26, 36, 81, 83–87, 135, 142, 144, 146–149, 151, 152, 154, 217, 250

タトシアン、アルチュール（Tatossian, Arthur） 228, 232, 233, 294, 316
高松伸（Takamatsu Shin） 117
抽象機械（abstract machine） 81–83, 85, 148, 149, 217, 235, 237, 238, 272
『帝国』（*Empire*） 22–24, 264, 311
ディスクナンバー（disc numbers） 160–165, 167, 168, 170, 172, 175–182, 188, 189
テクノ政治（technopolitics） 27, 150, 154
デランダ、マヌエル（DeLanda, Manuel） 129, 279, 303
デリダ、ジャック（Derrida, Jacques） 145, 146, 282, 305
デルモット、イザベル（Delmotte, Isabelle） 246, 296, 304
テレンバッハ、フーベルトゥス（Tellenbach, Hubert） 232, 233
癲癇（epilepsy） 35–37, 225–232, 239–241, 243–247, 295, 296
同性愛（homosexuality） 193, 254, 255
ドゥパルドン、レイモン（Depardon, Raymond） 212, 220, 319
ドゥピュセ、マリー（Depussé, Marie） 4, 261
ドゥリニー、フェルナン（Deligny, Fernand） 41, 42, 46, 319
ドゥルーズ、ジル（Deleuze, Gilles） 3, 7, 8, 20, 21, 26, 31–33, 40, 41, 70, 72, 74, 81, 84, 120, 130, 131, 140, 143, 144, 158, 162–166, 173, 180, 190, 191, 196, 197, 199, 200, 210, 213, 220, 226, 228, 244, 262, 265, 266, 271–273, 277, 279, 281–286, 289–295, 298–300, 303, 304
特異性（singularity） 8, 9, 12–14, 16, 17, 24, 27, 30, 55, 70, 90–92, 94, 112, 116, 129, 134, 180
ドス、フランソワ（Dosse, François） 41, 70, 78, 261, 267, 271, 272, 275, 297–299, 305
トスケル、フランソワ（Tosquelles, François） 60
トロツキー主義（派）（Trotskyite） 4–6

ナ行

ニコルズ、マイク（『キャッチ22』）（Nichols, Mike［*Catch-22*］） 202, 320
ネグリ、アントニオ（Negri, Antonio） 3, 12, 22–24, 40, 90, 91, 263, 264, 273, 274, 282, 310, 311
ネス、アルネ（Naess, Arne） 28, 123, 124, 278, 314

ハ行

パース、C. S.（Peirce, C. S.） 131, 133, 135, 140, 146, 147
ハート、マイケル（Hardt, Michael） 22–24, 90, 91, 264, 273, 274, 279, 282, 285, 310, 311
バザリア、フランコ（Basaglia, Franco） 198, 216, 217, 292, 301
ハッカー（hackers） 10, 154, 190
パットン、ポール（Patton, Paul） 158, 159, 177, 293, 299, 312, 314
バルト、ロラン（Barthes, Roland） 135,

280, 301
反精神医学（anti-psychiatry） 12, 33–35, 50, 92, 191, 198, 201, 213, 214, 216, 218, 220–222, 266
——とシネマ（cinema） 33, 34, 213–223
フーコー、ミシェル（Foucault, Michel） 27, 67, 81, 82, 88, 91, 92, 94, 95, 221, 222, 254, 270, 272, 273, 293, 297, 305
フェレ、ルネ（Féret, René） 221, 293, 305, 319
フォアマン、ミロス（『カッコーの巣の上で』）（Forman, Milos［*One Flew Over the Cuckoo's Nest*］） 202, 319
ブキャナン、イアン（Buchanan, Ian） 20, 264, 265, 283, 289, 302, 312, 314, 316
ブルステリン、アルフ（Brustellin, Alf［*Germany in Autumn*］） 212, 319
フレネ、セレスタン（Freinet, Célestin） 40, 41, 43, 44, 48, 50, 51, 53–57, 61, 62, 64–68, 252, 268–270, 306
フロイト、ジークムント（Freud, Sigmund） 9, 52, 69–71, 73, 76–78, 105, 197, 215, 262, 271, 306
『分子革命』（*Révolution moléculaire*） 12, 33, 131, 191, 272, 281, 282, 288, 289, 292, 293, 299, 300, 310
『分裂分析的地図作成法』（*Cartographies schizoanalytiques*） 14, 17, 244, 279, 286, 292, 309
平滑と条里（smoothness and striation） 32, 157, 161, 167, 190, 300
情報の条里化（informatic striation） 31, 157, 180, 187, 188
ベーコン、フランシス（Bacon, Francis） 120
ペール・ラシェーズ（Père Lachaise） 4
ヘティノ、オクタビオ（Getino, Octavio） 194, 196, 203, 289, 290, 315
ペトラリア、サンドロ（Petraglia, Sandro） 33, 217
ペトリ、フロランス（Pétry, Florence） 257
ベラルディ、フランコ（Berardi, Franco） 6, 13, 103, 263, 275, 302
ヘルツォーク、ヴェルナー（Herzog, Werner） 241
ベルリンの壁（Berlin Wall） 90, 93, 104
ベロッキオ、マルコ（Bellocchio, Marco） 33, 35, 196, 212, 217, 218, 225, 231, 238, 239, 240–242, 244, 319
『ポケットの中の握り拳』（*Fists in the Pocket*） 35, 36, 212, 218, 219, 225, 231, 238, 242, 243, 319
ボードリヤール、ジャン（Baudrillard, Jean） 6, 261, 301
暴力団（gangs） 203, 204
ヤクザ（yakuza） 203–205
ホステル（hostels） 6, 25, 26, 39, 40, 42, 45–49, 63, 64, 67, 252, 299
アジスト（ajiste） 6, 26
ホワイトレッド、レイチェル（Whiteread, Rachel） 118

マ行

マーギュリス、リン（Margulis, Lynn） 28, 265, 312
マクドナルド、ジョン（MacDonald, John） 162, 285
マクルーハン、マーシャル（MacLuhan, Marshall） 164, 165
マッスミ、ブライアン（Massumi, Brian） 142, 154, 227, 229, 263, 266, 281–283, 290, 293, 294, 296, 301, 304, 312
マテーム（mathemes） 6, 8, 109, 134, 261
マリック、テレンス（『地獄の逃避行』）（Malick, Terrence [*Badlands*]） 206, 319
マルクス、カール（Marx, Karl） 129, 156, 279, 312
『マルチチュード』（*Multitude*） 90, 264, 273, 274, 282, 310
ミクロ政治（micropolitics） 8, 27, 32, 37, 44, 50, 55, 133, 156, 255
　ミクロ物理学（microphysics） 27, 91
ミショー、ジネット（Michaud, Ginette） 70
『三つのエコロジー』（*Three Ecologies*） 26, 27, 95, 99, 104, 120, 123, 264, 274–277, 308, 309
緑の党（Les Verts） 103, 104
ミラー、クリストファー・L.（Miller, Christopher L.） 164, 284, 313
ミルロイ、ジル（Milroy, Jill） 185, 287, 313
ミンコフスカ、フランソワーズ（Minkowska, Françoise） 230, 231, 294
ミンコフスキー、ユージン（Minkowski, Eugène） 36, 227–230, 294, 313
無意識（unconscious） 6–8, 10–12, 14, 43, 64, 69, 70, 72, 73, 133, 209, 249, 261
メタ－モデル（meta-models） 16–19, 24, 28, 215
メッツ、クリスチャン（Metz, Christian） 211
メルロ＝ポンティ、モーリス（Merleau-Ponty, Maurice） 228–230, 294, 313
モーガン、サリー（Morgan, Sally） 185, 287, 313
モラン、エドガール（Morin, Edgar） 206, 291, 313

ヤ行

欲望する機械（desiring-machines） 7, 11, 263
ヨナス、ハンス（Jonas, Hans） 125, 278, 311

ラ行

ライト、ベン（Wright, Ben） 277, 320
ラウス、ティム（Rowse, Tim） 184, 287, 315
ラカン、ジャック（Lacan, Jacques） 3, 5–7, 9–11, 40, 71, 105, 144, 208, 261, 262, 311
ラッツァラート、マウリツィオ（Laz-

zarato, Maurizio) 13, 263, 279, 312
ラップ (rap) 252
ラブロック、J. E. (Lovelock, J. E.) 28, 265, 312
ラボルド精神病院 (Clinique de la Borde) 3, 26, 40, 42, 44, 50, 59, 60, 62, 63, 67, 69–71, 79, 81, 83, 85, 91, 101, 217, 253, 299
ラング、ジャック (Lang, Jack) 102
リー、スパイク (『ドゥ・ザ・ライト・シング』) (Lee, Spike [*Do the Right Thing*]) 211, 319
リオ宣言 (Rio Declaration) 107
リゾーム (rhizomes) 8, 9, 210, 250, 259, 280
リフレイン (refrains) 13, 88, 105, 113–115, 117, 119, 122, 214, 244
領域横断性 (transdisciplinarity) 100, 101, 121, 277, 278
療法教育のための基盤グループ (GET) 50, 51
リンチ、デヴィッド (『イレイザーヘッド』) (Lynch, David [*Eraserhead*]) 196, 212, 219, 319
『ルシェルシュ』 (*Recherches*) 26, 42, 64, 68, 253, 254, 257
ルッリ、ステファノ (Rulli, Stefano) 33, 217
ルラ・ダ・シルヴァ (Lula da Silva) 103
レイン、D. R. (Laing, D. R.) 213–215
レーニン主義 (Leninism) 5, 249
ローチ、ケン (『家庭生活』) (Loach, Ken [*Family Life*]) 222, 319
ロシター、ネッド (Rossiter, Ned) 91, 273, 315
ロビンソン、ピーター (『アサイラム』) (Robinson, Peter [*Asylum*]) 214, 320

ワ行

ワイズマン、フレドリック (Wiseman, Frederick) 222, 320

《叢書・ウニベルシタス　1080》
フェリックス・ガタリ
危機の世紀を予見した思想家

2018年6月8日　初版第1刷発行

ギャリー・ジェノスコ
杉村昌昭／松田正貴 訳
発行所　一般財団法人　法政大学出版局
〒102-0071 東京都千代田区富士見2-17-1
電話 03(5214)5540　振替 00160-6-95814
組版：HUP　印刷：日経印刷　製本：積信堂

Printed in Japan
ISBN978-4-588-01080-4

著　者

ギャリー・ジェノスコ（Gary Genosko）
1959年生まれ。ヨーク大学（カナダ）にて博士号取得。オンタリオ工科大学教授。社会思想、政治思想専攻。著書に *Critical Semiotics: Theory, from Information to Affect*（2016）, *When Technocultures Collide: Innovation from Below and the Struggle for Autonomy*（2013）, *The Party without Bosses: Lessons on Anti-Capitalism from Félix Guattari and Luís Inácio 'Lula' da Silva*（2003）, *Félix Guattari: An Aberrant Introduction*（2002）ほか、編著に *Machinic Eros: Writings on Japan*（2015）, *The Deleuze and Guattari Dictionary*（2013）, *Deleuze and Guattari: Critical Assessments, 3 vols*（2001）, *The Guattari Reader*（1996）などがある。

訳　者

杉村昌昭（すぎむら・まさあき）
1945年生まれ。龍谷大学名誉教授。フランス文学・現代思想専攻。著書に『資本主義と横断性――ポスト戦後への道標』（インパクト出版会）、『分裂共生論――グローバル社会を越えて』（人文書院）、訳書にアザン『パリ大全――パリを創った人々・パリが創った人々』（以文社）、テヴォー『アール・ブリュット――野生芸術の真髄』（人文書院）、ベラルディ（ビフォ）『大量殺人の“ダークヒーロー”――なぜ若者は、銃乱射や自爆テロに走るのか？』（作品社）、ガタリ『分子革命――欲望社会のミクロ分析』『精神分析と横断性――制度分析の試み』（共訳）『精神と記号』、ドゥルーズ／ガタリ『政治と精神分析』（以上、法政大学出版局）などがある。

松田正貴（まつだ・まさたか）
1974年生まれ。大阪電気通信大学講師。20世紀イギリス文学専攻。編書に『ダダイストの睡眠』（高橋新吉著、共和国）、訳書にバックラック『ニューメキシコのD・H・ロレンス――「そこは時間の流れが違う」』（彩流社）、ローズ『性の革命――マリー・ストープス伝』（共訳、関西大学出版局）、ラッツァラート『記号と機械――反資本主義新論』（共訳、共和国）などがある。

叢書・ウニベルシタスより

（表示価格は税別です）

1052　二人称的観点の倫理学　道徳・尊敬・責任
S. ダーウォル／寺田俊郎・会澤久仁子訳　4600円

1053　シンボルの理論
N. エリアス／大平章訳　4200円

1054　歴史学の最前線
小田中直樹編訳　3700円

1055　我々みんなが科学の専門家なのか？
H. コリンズ／鈴木俊洋訳　2800円

1056　私たちのなかの私　承認論研究
A. ホネット／日暮・三崎・出口・庄司・宮本訳　4200円

1057　美学講義
G. W. F. ヘーゲル／寄川条路監訳　4600円

1058　自己意識と他性　現象学的探究
D. ザハヴィ／中村拓也訳　4700円

1059　ハイデガー『存在と時間』を読む
S. クリッチリー，R. シュールマン／串田純一訳　4000円

1060　カントの自由論
H. E. アリソン／城戸淳訳　6500円

1061　反教養の理論　大学改革の錯誤
K. P. リースマン／斎藤成夫・齋藤直樹訳　2800円

1062　ラディカル無神論　デリダと生の時間
M. ヘグルンド／吉松覚・島田貴史・松田智裕訳　5500円

1063　ベルクソニズム〈新訳〉
G. ドゥルーズ／檜垣立哉・小林卓也訳　2100円

1064　ヘーゲルとハイチ　普遍史の可能性にむけて
S. バック＝モース／岩崎稔・高橋明史訳　3600円

1065　映画と経験　クラカウアー、ベンヤミン、アドルノ
M. B. ハンセン／竹峰義和・滝浪佑紀訳　6800円

叢書・ウニベルシタスより

（表示価格は税別です）

1066　図像の哲学　いかにイメージは意味をつくるか
G. ベーム／塩川千夏・村井則夫訳　5000円

1067　憲法パトリオティズム
J.-W. ミュラー／斎藤一久・田畑真一・小池洋平監訳　2700円

1068　カフカ　マイナー文学のために〈新訳〉
G. ドゥルーズ，F. ガタリ／宇野邦一訳　2700円

1069　エリアス回想録
N. エリアス／大平章訳　3400円

1070　リベラルな学びの声
M. オークショット／T. フラー編／野田裕久・中金聡訳　3400円

1071　問いと答え　ハイデガーについて
G. フィガール／齋藤・陶久・関口・渡辺監訳　4000円

1072　啓蒙
D. ウートラム／田中秀夫監訳／逸見修二・吉岡亮訳　4300円

1073　うつむく眼　二〇世紀フランス思想における視覚の失墜
M. ジェイ／亀井・神田・青柳・佐藤・小林・田邉訳　6400円

1074　左翼のメランコリー　隠された伝統の力　一九世紀〜二一世紀
E. トラヴェルソ／宇京賴三訳　3700円

1075　幸福の形式に関する試論　倫理学研究
M. ゼール／高畑祐人訳　4800円

1076　依存的な理性的動物　ヒトにはなぜ徳が必要か
A. マッキンタイア／高島和哉訳　3300円

1077　ベラスケスのキリスト
M. デ・ウナムーノ／執行草舟監訳，安倍三﨑訳　2700円

1078　アルペイオスの流れ　旅路の果てに〈改訳版〉
R. カイヨワ／金井裕訳　3400円

1079　ボーヴォワール
J. クリステヴァ／栗脇永翔・中村彩訳　2700円